"十四五"规划应用型系列教材
国家级一流本科专业建设点配套教材
课程思政融合系列

企业税务筹划与案例解析

（第六版）

主　编　索晓辉　汪华亮　邢铭强

立信会计出版社
LIXIN ACCOUNTING PUBLISHING HOUSE

图书在版编目(CIP)数据

企业税务筹划与案例解析 / 索晓辉，汪华亮，邢铭强主编. —6 版. —上海：立信会计出版社，2021.12
国家级一流本科专业建设点配套教材
ISBN 978 - 7 - 5429 - 6978 - 1

Ⅰ. ①企… Ⅱ. ①索… ②汪… ③邢… Ⅲ. ①企业管理—税务筹划—研究—中国—教材 Ⅳ. ①F812.423

中国版本图书馆 CIP 数据核字(2021)第 252410 号

策划编辑 孙 勇
责任编辑 孙 勇

企业税务筹划与案例解析(第六版)

QIYE SHUIWU CHOUHUA YU ANLI JIEXI

出版发行	立信会计出版社			
地　　址	上海市中山西路 2230 号	邮政编码	200235	
电　　话	(021)64411389	传　真	(021)64411325	
网　　址	www.lixinaph.com	电子邮箱	lixinaph2019@126.com	
网上书店	http://lixin.jd.com	http://lxkjcbs.tmall.com		
经　　销	各地新华书店			

印　　刷	上海万卷印刷股份有限公司		
开　　本	787 毫米×1092 毫米	1/16	
印　　张	17		
字　　数	393 千字		
版　　次	2021 年 12 月第 6 版		
印　　次	2021 年 12 月第 1 次		
印　　数	1—2 100		
书　　号	ISBN 978 - 7 - 5429 - 6978 - 1/F		
定　　价	48.00 元		

如有印订差错，请与本社联系调换

本书编委会

主编：索晓辉　　汪华亮　　邢铭强
编委：索晓辉　　汪华亮　　邢铭强　　王丹华
　　　苗珺珺　　戴婷婷　　王嘉莉　　孙小芳

前　　言

面对复杂多变的市场环境和日益激烈的市场竞争,中小企业要想求生存、得发展,就必须加强税务管理,充分利用税收优惠政策,掌握节税、避税手段,最大限度地合理节税避税,以达到规避纳税风险、降低运作成本、为企业节支增收的目的。但是对于中小企业,特别是越来越多的初创企业来说,纳税往往是一个难题,就算是听过诸多的税务筹划案例,却不知自己该进哪个门,该走哪条道,甚至哪些行为属于节税筹划,哪些行为属于违法的偷漏税行为都分不太清楚。其实,纳税与节税筹划本身并非很难的事情,有时候它们之间就像隔了一层窗户纸,捅破了它,我们就看得清楚它们之间的区别与联系了。当然,要捅开这层窗户纸,就要先搞明白怎样纳税、怎样合理避税以及如何节税筹划。

美国人本杰明·富兰克林曾经说:"人有两件事情是无法避免的,一个是死亡,另一个就是纳税。"避税、节税是增收,但绝不是偷税、漏税,它是一种正常合法的活动,它是企业在遵守税法、依法纳税的前提下,以对法律和税收的详尽研究为基础,通过对现有税法规定的不同税率、不同纳税方式的灵活利用,使企业创造的利润有更多的部分合法留归企业。它如同法庭上的辩护律师,在法律规定范围内,最大限度地保护当事人的合法权益。避税是合法的,是企业应有的经济权利。必须强调一点:合法规避税收与偷税、漏税以及弄虚作假钻税法空子的行为有质的区别。

本书通过对纳税筹划相关知识的讲解和具体案例的分析,结合国内税收制度的特点以及最新的税收法规政策变化,全面介绍了我国新时期主要税种的优惠政策,深刻阐述了企业运用优惠政策进行合理避税的基本原则,重点剖析了运用优惠政策进行合理避税的案例,介绍了现代成功企业经营中的财务节税避税的原则、思路与方法,有利于企业更好地运用政策,掌握方法,依法纳税,合理节税、避税。

本书具有以下三个特点:第一,系统全面。本书除了讲述纳税的基础知识以外,还讲述企业应该怎样合理节税、避税以及常见的节税、避税技巧等。第二,通俗易懂。与一般的纳税筹划方面的书不同,在编写过程中,本书采用了更为简明通俗的语言、更为生动形象的形式来讲解原本枯燥单调的术语及相关操作程序,让以前从未接触过纳税筹划工作的人员也不会因为陌生的专业名词而退却,书中的案例更是有助于读者理解与掌握相关的内容。第三,知识、案例新颖。本书根据最新税制,特别是增值税和个人所得税最新改革的内容编写。

本书对企业会计人员、税务人员及其他有关人员进行合理避税、检查和监督非法税务行为具有重要的指导作用和参考价值。本书也可作为财经管理专业的教学用书。

南京财经大学法学院副教授汪华亮、兰州商学院会计学院副教授邢铭强、资深注册会计师索晓辉进行了本书的策划和主要内容的编写工作，中央财经大学会计学院王丹华硕士、苗珺珺硕士、戴婷婷硕士、孙小芳硕士、王嘉莉硕士参与了编写工作。汪华亮副教授对本书进行了统稿。虽然我们力求完美，但由于时间有限，所以本书也许存在着一些不足和遗憾，希望广大读者谅解并对本书提出宝贵意见。

编　者

2021 年 12 月

目　　录

第一章　税务筹划基础知识

本章重点

(1) 税收、税法的概念与关系。
(2) 税法的构成要素。
(3) 我国现行的各个税种。
(4) 纳税筹划的基础知识。

第一节　税收基本理论

一、税收与税法

(一) 税收

税收是指国家依法对负有纳税义务的单位和个人征收一定的货币和实物。税收是国家取得的收入,是从事社会管理的物质基础。在我国,国家90%以上的收入均来自税收,国家用于国防建设、国民教育、社会保障方面的支出均来自税收收入。

在理解税收的概念时,我们要重点理解以下三个方面:第一,征税的主体是国家,除了国家之外,任何机构和团体,都无权征税;第二,国家征税依据的是其政治权力,这种政治权力凌驾于财产权利之上,没有国家的政治权力为依托,征税就无法实现;第三,征税的基本目的是满足国家的财政需要,以实现其进行阶级统治和满足社会公共需要的职能;第四,税收具有无偿性、强制性和固定性的形式特征。

(二) 税法

税法是指有权的国家机关制定的,有关调整税收分配过程中形成的权利义务关系的法律规范总和。税法可以有广义和狭义之分。从广义上讲,税法是各种税收法律规范的总和,即由税收实体法、税收程序法、税收争讼法等构成的法律体系。从狭义上讲,税法指的是经过国家最高权力机关正式立法的税收法律,如我国的个人所得税法、税收征收管理法等。

税法有多种不同的分类方法,按照税法职能作用的不同,可以将税法分为税收实体法、税收程序法、税收处罚法和税务行政法。

二、税法的构成要素

所谓税法的构成要素,就是国家设立一项税法时,应该予以规定的内容。税法的构成要素一般包括总则、纳税义务人、课税对象、计税依据、税目、税率、纳税环节、纳税期限、纳税地点、减税免税、罚则和附则等项目。

(一)总则

总则主要包括立法依据、立法目的和适用原则等。

(二)纳税义务人

纳税义务人简称纳税人,也称"纳税主体",是税法中规定的直接负有纳税义务的单位和个人。每一种税都有关于纳税义务人的规定,通过规定纳税义务人落实税收任务和法律责任。纳税义务人可以是个人,也可以是单位组织。

为了更好地理解纳税义务人的概念,还必须理解负税人、代扣代缴义务人和纳税单位等三个相关的概念。

负税人是指实际负担税款的单位和个人,纳税人是直接向税务机关缴纳税款的单位和个人,但并不一定就是负税人,有时纳税人如果能够通过一定途径把税款转嫁或转移出去,纳税人就不再是负税人。否则,纳税人同时也是负税人。

代扣代缴义务人指有义务从持有的纳税人收入中扣除其应纳税款并代为缴纳的企业、单位或个人。如个人所得税法规定:个人所得税以所得人为纳税义务人,以支付所得的单位或个人为扣缴义务人。

纳税单位,是指申报缴纳税款的单位,是纳税人的有效集合。为了征管和缴纳税款的方便,可以允许在法律上负有纳税义务的同类型纳税人作为一个纳税单位,填写一份申报表纳税。比如,个人所得税,可以以单个人为纳税单位,也可以夫妇俩为一个纳税单位,还可以一个家庭为一个纳税单位;公司所得税可以以每个分公司为一个纳税单位,也可以以总公司为一个纳税单位。

(三)课税对象

课税对象又称征税对象,是税法中规定的征税的目的物,是国家据以征税的依据。通过规定课税对象,解决了对什么进行征税这一问题。例如,我国增值税的课税对象是货物和应税劳务在生产、流通过程中的增值额。所得税的课税对象是企业利润和个人工资、薪金等所得,房产税的课税对象是房屋,等等。

(四)计税依据

计税依据,又称税基,是指税法中规定的据以计算各种应征税款的直接数量依据或标准,计税依据可以是金额,也可以是物理数量,如重量、体积等。可以这样讲,计税依据是课税对象的数量方面,正确掌握计税依据,是正确计算应纳税额的基础。

不同税种的计税依据是不同的,目前我国各主要税种的计税依据如下:我国增值税的计税依据是货物和应税劳务的增值额;企业所得税的计税依据是企业的利润。

(五)税目

税目是课税对象的具体化,反映具体的征税范围,代表征税的广度。不是所有的税种都规定税目,有些税种的征税对象简单、明确,没有另行规定税目的必要,如房产税等。但是,大多数税种的课税对象都比较复杂,划分具体的税目,可以进一步明确征税范围,解决课税对象的归类问题。

(六) 税率

税率是对征税对象的征收比例或征收程度。税率是计算税额的尺度,也是衡量税负轻重与否的重要标志,它解决了征多少税的问题。我国现行使用的税率主要有以下几种。

(1) 比例税率。即对同一征税对象,不分数额大小,规定相同的征收比例。我国的增值税、城市维护建设税、企业所得税等采用的是比例税率。

(2) 超额累进税率。即把征税对象按数额的大小分成若干等级,每一等级规定一个税率,税率依次提高,但每一纳税人的征税对象则依所属等级同时适用几个税率分别计算,将计算结果相加后得出应纳税款。目前采用这种税率的有个人所得税。

(3) 定额税率。即按征税对象确定的计算单位,直接规定一个固定的税额。目前采用定额税率的有资源税、城镇土地使用税、车船税等。

(4) 超率累进税率。即以征税对象数额的相对率划分若干级距,分别规定相应的差别税率,相对率每超过一个级距的,对超过的部分就按高一级的税率计算征税。目前,采用这种税率的是土地增值税。

(七) 纳税环节

一件产品,从生产到消费一般都要经历生产、批发、零售等几个环节才能最终到达消费者的手中。纳税环节是指税法上规定的课税对象从生产到消费的流转过程中应当缴纳税款的环节。例如,工业品一般要经过产制、批发和零售环节;农产品一般要经过产制、收购、批发和零售环节。这些环节都存在商品流转额,都可以成为纳税环节。但是,为了保证财政收入,以及便于征收管理,国家对不同的商品课税往往确定不同的纳税环节。

按照纳税环节的多少,可将税收课征制度划分为一次课征制和多次课征制。一次课征制是指同一税种在商品流转的全过程中只选择某一环节课征的制度,是纳税环节的一种具体形式。多次课征制是指同一税种在商品流转的全部过程中选择两个或两个以上环节课征的制度。

(八) 纳税期限

我国现行税制的纳税计算期限有三种形式。

(1) 按期纳税。即根据纳税义务的发生时间,通过确定纳税间隔期,实行按期纳税。按期纳税的纳税间隔期分为1日、3日、5日、10日、15日和1个月,共6种期限。

(2) 按次纳税。即根据纳税行为的发生次数确定纳税期限。例如,耕地占用税以及临时经营者,均采取按次纳税的办法。

(3) 按年计征,分期预缴。即按规定的期限预缴税款,年度结束后汇算清缴,多退少补。例如,企业所得税、房产税、土地使用税等。

与之相对应,纳税人、扣缴义务人的申报纳税期限分别是这样:以1个月或者1个季度为一期纳税的,自期满之日起15日内申报纳税;以其他间隔期为纳税期限的,自期满之日起 5 日内预缴税款,于次月 1 日起 15 日内申报纳税并结清上月应纳税款。

（九）纳税地点

纳税地点主要是指根据各个税种纳税对象的纳税环节和有利于对税款的源泉控制而规定的纳税人(包括代征、代扣、代缴义务人)的具体纳税地点。

不同的税种,不同的经济业务,其纳税地点的规定是不同的,国家税收法规都有具体的规定,在办理具体的税收事项时,需要认真地了解这一规定。

（十）减税免税

减税免税是对某些纳税人或课税对象的鼓励或照顾措施。减税是从应征税款中减征部分税款;免税是免征全部税款。长期以来,在我国税收实践中,对减免税的管理总体上讲是偏松的,越权减免问题相当严重。为严肃税法,我国 1994 年的税制改革特别强调将减免税权限集中于国务院。如增值税的暂行条例中均明确规定:免税、减税项目由国务院规定,任何地区、部门不得规定免税、减税项目。

（十一）罚则

主要是指对纳税人违反税法的行为采取的处罚措施。

（十二）附则

附则一般都规定与该法紧密相关的内容,如该法的解释权、生效时间等。

三、我国现行的各税种

目前,我国征收的税种有 20 余种,按照这些税种的性质和作用大致可以分为 5 类。

（一）流转税类

所谓流转税是指在商品流转或劳务提供的过程中,以商品的流转金额或者提供的劳务金额作为征税依据的税种。在我国,流转税主要包括增值税、消费税和关税等税种。

增值税是以从事销售货物或者提供加工、修理修配劳务以及从事进口货物的单位和个人取得的增值额为课税对象所征收的一种税。“营改增”税收制度改革后应税服务也成为增值税的课税对象。

消费税是对我国境内从事生产、委托加工和进口应税消费品的单位和个人,就其销售额或销售数量,在特定环节征收的一种税。简单地说,消费税是对特定的消费品和消费行为征收的一种税。

关税是指海关以进出境的货物或物品为课税对象征税的税种,可以按照货物或商品的流转方向,简单划分为进口关税和出口关税。

（二）资源税类

资源税类包括资源税、城镇土地使用税。主要是对因开发和利用自然资源差异而形成的级差收入发挥调节作用。

（三）所得税类

所谓所得税是指以企业获得的利润,或者个人获得的工资、薪金、劳务收入等个人收入为征收依据的税种。在我国,所得税主要包括:个人所得税和企业所得税。

个人所得税是以个人(自然人)取得的各项应税所得为征税对象所征收的一种税。

企业所得税是对从事生产经营，取得生产经营所得和其他所得的企业、单位课征的一种税。

（四）特定目的税类

特定目的税类包括固定资产投资方向调节税（已停征）、筵席税（很多省区已停征）、城市维护建设税、土地增值税、车辆购置税、耕地占用税，主要是为了达到特定目的，对特定对象和特定行为发挥调节作用。

（五）财产和行为税类

财产和行为税类包括房产税、城市房地产税、车船税、车船使用牌照税、印花税、屠宰税（已停征）、契税，主要是对某些财产和行为发挥调节作用。

上述税种中的关税，以及在进口环节缴纳的增值税、消费税由海关部门负责征收管理；农业税、牧业税、耕地占用税和契税，1996年以前一直由财政机关负责征收管理，1996年以后改由税务机关征收管理（但有部分省市仍由财政机关负责征收）；其他税种由税务机关负责征收管理。

四、税务机构设置

因现行的分税制源自1994年的分税制改革，在当年中央财政收入持续下降的背景下，分税制改革将税种分为中央税、地方税和共享税，旨在提高中央财政收入比重，调动中央和地方两个积极性。而后，经过2002年的所得税分享改革和2016年的全面推进营改增改革，诸如地税征管效率低、地方主体税种缺失等问题愈加凸显。在此背景下，开启了新一轮国地税征管体制改革。

党的十九届三中全会审议通过的《中共中央关于深化党和国家机构改革的决定》明确提出：改革国税地税征管体制，将省级和省级以下国税地税机构合并，具体承担所辖区域内各项税收、非税收入征管等职责。国税地税机构合并后，实行以国家税务总局为主与省（自治区、直辖市）政府双重领导管理体制。

国税地税征管体制改革涉及省、市、县、乡4级大税务机构，面向10多亿纳税人和缴费人，情况复杂、任务艰巨。按照总体上比部委层面改革稍后一些、比地方机构改革稍前一些的进度安排，这次税务机构改革分为七个主要阶段：统一思想保稳定、顶层设计定方案、动员部署鼓干劲、改好省局树样板、市县推进全盖、总结经验找差距、化完善再升级。根据国税地税征管体制改革总体安排，税务系统机构改革将按照先挂牌再"三定"、先把省局改革做稳妥再扎实推进市局及县局改革、先合并国税地税机构再划转社保费和非税收入征管职责的顺序推进。

国税地税征管体制改革，不只是国税地税机构的合并，也是税务部门领导体制运行机制、管理方式、职能职责的一场深刻变革，更是执法和服务标准、业务流程等方面的大统一。

首先，国地税合并这一税务系统机构改革"重头戏"，开启了我国税收征管体制改革的重要变革。通过合理机构设置、整合征管资源、统一执法标准、完善执法程序、严格执法责任、完善办税流程、规范税务行政、共享社会信息，走向一个规范、高效、统一的税收征管体系。

其次,为后续的税收法定和税收体制改革铺好道路。完善地方税体系,个人所得税、消费税、房地产税等的改革,以及一系列税收立法,都是下一步的重点任务。在全面提高税收征管能力建设水平的同时,为国家财政收入的可持续增长奠定良好的体制机制基础,为进一步深化税制改革提供强有力的征管保障。为未来税费制度改革,统一政府收入体系、规范收入分配秩序创造条件,夯实国家治化治理基础。

一是更便利,解决办税"多头跑"。国地税合并后,不仅是解决了国税、地税两头跑,而且意味着统一税收执法,企业可以听到一个声音、看到一个标准,办理涉税事项也会更有底气、更加踏实、更节省成本。

二是更保障,社保、缴费"有规范"。在税收征管体制改革后,将非税收入和社会保险费纳入税务部门征收管理,由于税务部门能够根据个税情况了解和掌握缴费基数,那么过去那种依靠隐瞒和压低社保缴费基数的做法就会失灵。这无疑将使非税收入和社保收入在制度上更具有规范性,在执行上更具刚性,税务部门征管范围的扩大,也会消除之前部门间的信息壁垒,强化一些非税收入的征缴,这有利于建立可持续的社保基金制度,为劳动者提供更有力的保障。

第二节　税　收　筹　划

一、税收筹划的定义及作用

对"税收筹划"概念的定义,目前尚难以从词典和教科书中找出很权威或者很全面的解释,但我们可以从专家学者们的论述中加以概括。

荷兰国际文献局在《国际税收词汇》中是这样定义的:"税收筹划是指纳税人通过经营活动或个人事务活动的安排,实现缴纳最低的税收。"

印度税务专家 N·J·雅萨斯威在《个人投资和税收筹划》一书中说,税收筹划是"纳税人通过财务活动的安排,以充分利用税收法规所提供的包括减免税在内的一切优惠,从而获得最大的税收利益"。

美国南加州 W·B·梅格斯博士在与别人合著的、已发行多版的《会计学》中说道:"人们合理而又合法地安排自己的经营活动,使之缴纳可能最低的税收。他们使用的方法可称之为税收筹划……少缴税和递延缴纳税收是税收筹划的目标所在。"另外,他还说:"在纳税发生之前,有系统地对企业经营或投资行为做出事先安排,以达到尽量地少缴所得税,这个过程就是税收筹划。"

本书认为税收筹划是指纳税人为达到节税目的而制定的科学的节税规划,也就是在税法规定的范围内,在符合立法精神的前提下,通过对经营、投资、理财活动的筹划,而获得的节税收益。

从这个定义中,我们可以看出:

（1）税收筹划的主体是具有纳税义务的单位和个人，即纳税人；

（2）税收筹划的过程或措施必须是科学的，必须在税法规定的范围内，并符合立法精神前提下通过对经营、投资、理财活动的精心安排，才能达到目的；

（3）税收筹划的结果是获得节税收益。

只有满足这三个条件，才能说是税收筹划。

所以，偷税尽管也能达到税款的节省，由于手段的违法，不属于税收筹划的范畴，而被绝对禁止。而不正当避税由于违背国家的立法精神，也不属于税收筹划的范畴。

税收筹划的作用有如下几个。

（1）税收是影响企业投资决策的一个重要因素。投资前进行细致合理的税收筹划，有利于企业正确进行投资决策，使企业的经营活动实现良性循环。

（2）税收筹划有利于增加企业的收益，提高企业竞争力。企业增加收入的方式有两种：提高效益和减轻税负。前者在一定的情况下，虽有所为，但潜力是有一定限度的；而企业通过合理的税收筹划，充分利用税收优惠政策，可以在投资一定的情况下，减轻税负，实现利润最大化。尤其是当两个企业的成本结构和经营管理条件差不多时，通过税收筹划能够增强企业的竞争能力。

（3）企业通过实施合理的税收筹划，可使其经营活动当期享受盈亏互抵优惠，在纳税期间减少纳税额，或通过合法手段加速折旧等会计方法，使其享受赋税延期待遇，使企业在资金调度上更具有灵活性。

（4）正确的税收筹划可对企业的经济行为加以规范，使整个企业投资行为合理、合法，财务活动健康有序。

当前，我国的税收筹划尚处于起步阶段，我们应从理论上将税收筹划与避税、偷税严格区分开来。同时，要规范税收筹划服务，避免其行为产生偏差，并充分发挥税收筹划对税收法规的验证作用，了解税收法规和征管中的不尽合理和不完善之处，以推动依法治税的进程。

二、税收筹划的基本原则

1．合法性原则

税收筹划是在合法条件下进行的，是以国家政府制定的税法为研究对象，对不同的纳税方案进行精细比较后做出的纳税优化选择。而一切违反法律规定，逃避税收负担的行为，都不是税收筹划，属于偷逃税的范畴，显然要坚决加以反对和制止。因此，在税收筹划中必须坚持合法性原则。当然，在筹划实务中坚持合法性原则必须注意以下三个方面：一是要全面、准确地理解税收条款，而不能断章取义，要理解税收政策的立法背景。例如，某网络公司设有网络新闻为了达到节税目的，把员工工资收入分解为工资收入和稿酬收入，从而降低个人所得税税收负担，表面上看好像稿酬收入可以减征30％，符合法律规定，但是税法里的稿酬收入是特指报纸、杂志等传统媒体支出报酬，而不包括网络媒体等向作者支付的报酬，因此这项税收筹划就违背了合法性原则，而属于一种典型的偷税行为；二是要准确分析判断采取的措施是否合法，是否符合税收法律规定。例如，某酒店各服务项目采取分别核算办法进行财务税收核算，但为了降低税收负担，对练歌厅收入采取开具餐饮服务业发票的形式来达到节税目的，那么，这一节税措施由于违反税收法律、法规，显然这种"税收筹划"就是非法的；三是要注意把握税收筹划的时机，要在纳税义务发生之前选择通过经营、投资、理财活动的周密精细的筹划来达到节税目的，而不能在纳税义务已经发生而人为采取所谓补救措施来推迟或逃避纳税义务。

2. 节税效益最大化原则

税收筹划本质是对税款的合法节省。因此，在进行税收筹划，对多种纳税方案进行比较时，通常选择节税效益最大的方案，作为首选方案。当然，在坚持节税效益最大化时，并不是单纯就某一个税种而言，有时也不单是税收问题，还要综合考虑其他很多指标。例如，有时在一项税收筹划当中，对流转税来说是一项节税，但相对增大了所得税税负，因此，不仅要"顾头"，还要"顾尾"，从而理解和把握税收筹划的节税效益最大化原则。

3. 筹划性原则

筹划性表示事先规划、设计、安排的意思。在经济活动中，纳税义务通常具有滞后性，企业交易行为发生后才缴纳增值税或消费税；收益实现或分配之后，才缴纳所得税；财产取得之后，才缴纳财产税。这在客观上提供了对纳税率先做出筹划的可能性。另外，经营、投资和理财活动是多方面的，税收规定也是有针对性的。纳税人和征税对象的性质不同，税收待遇也往往不同，这在另一个方面为纳税人提供了可选择较低税负决策的机会。如果经营活动已经发生，应纳税款已经确定而去偷逃税或欠税，都不能认为是税收筹划。因此，做好税收筹划必须坚持筹划在先的原则。

4. 兼顾性原则

不仅要把税收筹划放在整体经营中加以考虑，而且要以企业整体利益为重。有人认为，税收筹划就是要使企业的纳税额降到最低点，认为纳税越少越好。其实不然，在现实生活中，最优的方案并不一定是税负最轻的方案。因为任何一件事物都有两面性，风险与利益并存。税负减少并不一定等于资本总体收益的增加，有时反而会导致企业总体收益的下降。税收筹划就是进行设计、选择总体收益最大的最优方案。这样，我们就不难理解一些设在我国特区的外资企业为什么违反常理，运用转让定价的办法将利润逆向转移到境外的高税区。这些企业是在逃避外汇管制，追求的正是集团的总体收益而非税负最轻。

三、税收筹划的工作要点

税收筹划应掌握以下要点。

1. 了解税务机关的工作程序

税法强制性的特点，决定了税务机关在企业税收筹划有效性中具有关键作用。众所周知，无论哪一个税种，都在纳税范围的界定上留有余地。只要是税法未明确的行为，税务机关有权根据自身的判断认定是否为应纳税行为。这也给企业进行税收筹划增加了实际难度。因此，在日常税收筹划中，首先，税收筹划人员应保持与税务部门密切的联系与沟通，在某些模糊或新生事物的处理上得到其认可，再进行具体的筹划行为，这是至关重要的；其次，通过密切的联系与沟通，能够尽早获取国家对相关税收政策的调整或新政策出台的信息,及时调整税收筹划方案,降低损失或增加收益;第三,通过对其工作程序的了解,在整个税收筹划中能做到有的放矢,分清轻重缓急,避免或减少无谓的损失。

2. 先让管理层了解税收筹划

开展税收筹划,管理层是否树立起节税意识是关键。企业在市场经济条件下最显著的特征就是它的营利性,它追求的是税后收益的最大化,理所当然应该推崇税收筹划的运用。但是,在现实的法人治理结构中,经营管理者往往不是企业的股权所有者,在这种现状下,管理层会鉴于自己的政绩、考核激励机构先进因素,考虑的大都是企业利润总额的最大化。而利润总额的最大化与税后收益的最大化又经常是一对矛盾体。税收筹划作为一项严密细致的规划性工作,必须依靠自上而下的紧密配合,离开了决策层的支持,就毫无意义可言。

3. 有高素质的管理人员

税收筹划实质是一种高层次、高智力型的财务管理活动,是事先的规划。经营活动一旦发生后,就无法事后补救。因此,税收筹划人员必须要具有综合素质,需要具备税收、会计、财务等专业知识,并全面了解、熟悉企业整个投资、经营、筹资活动,从而预测出不同的纳税方案,进行比较、优化选择,进而做出最有利的决策。在既定的税收筹划方案的规划与指导下,各级管理、业务、会计人员都应该严格照章办事,规范操作,使各项行为朝着同一目标行动。

4. 具体问题具体分析

在现实生活中,税收筹划没有固定的模式和套路,税收筹划的手续与形式也是多样的。因此,在税收筹划过程中,应把握具体问题具体分析的原则,选择最合适的税收筹划方法,不能生搬硬套。此外,要用长远的眼光来选择税收筹划方案。有些税收筹划方案在某一时期税负最低,但却不利于其长远的发展。例如,有学者提出在"固定资产折旧与存货计价"上采用会计核算上选择利润最大化的摊销或成本结转方法,利用"递延税款"科目反映所得税的时间性差异,使得近期所得税快速减少,而未来所得税急剧增加。

这种税收筹划虽然可以获取货币时间价值,但是存在以下 3 个问题。

(1)必须花费一定的人力成本,按照税法要求核算固定资产折旧与存货成本,这种成本的代价是否低于资金所节约的利息。

(2)税收筹划跨越的时间过长,具有无法估计的外部政策变动与内部人员变动的风险,较难确保贯彻实施的一贯性。

(3)利润总额与所得税的巨大配比,造成"山头式"利润的"谷地"与"山峰",大起大落的剧烈变化使企业承受的损失严重,而均衡增长、稳定发展可以避免某些无谓的损失。因此,在税收筹划过程中,应权衡利弊得失。

四、税收筹划的思路

税收筹划是纳税人在法律规定的许可范围内,根据政府的税收政策导向,通过对经营活动的事先筹划与安排,进行纳税方案的优化选择,以尽可能减轻税收负担,获得正当的税收收益行为。它不同于偷逃税,它是在合法范围内实施的,因此,税收筹划就有其客观空间,并不是所有税种都具有相同的筹划空间,进行税收筹划必须首先找到税收筹划的着手处。

（一）从节税空间大的税种着手

节税空间大小有两个因素不能忽略。

一是经济活动与税收相互影响的因素,也就是某个特定税种在经济活动中的地位和作用,当然,对决策有重大影响的税种通常就是税收筹划的重点,因此,纳税人在进行税收筹划之前要先分析哪些税种有税收筹划价值。

企业作为微观经济组织,在进行生产经营活动时,一方面应当考虑本身的经济利益,另一方面也应当自觉地使自身的生产经营行为与国家宏观经济政策的要求尽可能保持一致。例如,当国家的宏观经济政策带有明显的产业倾向时,在市场经济条件下,国家通过税收这种经济手段直接作用于市场,鼓励扶持发展符合国家产业政策,在市场上具有竞争力的产业、产品,因此,企业在进行生产经营决策时,就应当符合国家宏观经济政策的要求,自觉排除国家限制发展的那些产业领域,以此来减少市场风险,增加获利能力。

二是税种自身的因素,这主要看税种的税负弹性,税负弹性大,税收筹划的潜力也越大。一般来说,税源大的税种,税负伸缩的弹性也大。税收筹划当然要瞄准主要税种。另外,税负弹性还取决于税种的要素构成。这主要包括税基、扣除、税率和税收优惠。税基越宽,税率越高,税负就越重;税收扣除越大,税收优惠越多,税负就越轻。

（二）从税收优惠着手

税收优惠是税制设计的基本要素,国家为了实现税收调节功能,一般在税种设计时,都设有税收优惠条款,企业如果充分利用税收优惠条款,就可享受节税效益,因此,用好、用足税收优惠政策本身就是税收筹划的过程。但选择税收优惠作为税收筹划突破口时,应注意两个问题:一是纳税人不得曲解税收优惠条款,滥用税收优惠,以欺骗手段骗取税收优惠;二是纳税人应充分了解税收优惠条款,并按规定程序进行申请,避免因程序不当而失去应有权益。

（三）从纳税人构成着手

按照我国税法规定,凡不属于某税种的纳税人,则无须缴纳该项税收,因此,企业理财进行税收筹划之前,要先考虑能否避开成为某税种纳税人,从而从根本上解决减轻纳税负担问题。当然,在实践中,要做全面综合的考虑,进行利弊分析。比如,《中华人民共和国增值税暂行条例实施细则》第五条规定:"一项销售行为如果既涉及货物又涉及非应税劳务,为混合销售行为。从事货物的生产、批发或零售的企业、企业性单位及个体经营者的混合销售行为,视为销售货物,应当征收增值税;其他单位和个人的混合销售行为,视为销售非应税劳务,不征收增值税。"企业在市场竞争中,由于经营手段和销售方式不断复杂化,同时新技术、新产品的出现使产品的内涵不断扩展,以至于常常出现同一销售行为涉及两个税种的混合销售业务,依据混合销售按"经营主业"划分只征一种税的原则,企业有充分的空间进行税收筹划以获得适合自己企业和产品特点的纳税方式,具体筹划,系统比较,从而获得节税收益。

每一税种尽管都明确规定出各自的纳税人,但现实生活的多样性及特殊性是税法不能完全包容的。企业要从其经济利益角度出发,无论纳税怎样公正、正当、合理,都是企业直接经济利益的一种损失。市场经济是一种法治经济,企业在生产经营过程中要想合理、合法的节税,就应该充分研究现行税收法律法规,运用科学的方法和巧妙的手段进行经营管理和财务管理,采用灵活的方法来减轻税收负担,以便减少税金支出,降低耗费,增加企业收益。

（四）从影响纳税额的几个因素着手

影响应纳税额的因素有两个,即计税依据和税率,计税依据越小,税率越低,应纳税额也越小,因此,进行税收筹划,无非是从这两个因素入手,找到合理、合法的办法来降低应纳税额。

例如,企业所得税计税依据为应纳税所得额,税法规定企业应纳税所得额＝收入总额－允许扣除项目金额,具体计算过程中又规定了复杂的纳税调增、纳税调减项目,因此,企业进行税收筹划的空间就更大了。

 课程思政案例

依法纳税　人人有责

2021年税务部门公布了在娱乐圈引起轩然大波的郑爽案件查处的有关情况:郑爽通过拆分收入、假借增资等方式隐匿"天价片酬",未依法申报个人收入1.91亿元,偷税4 526.96万元,其他少缴税款2 652.07万元,对郑爽追缴税款、加收滞纳金并处罚款共计2.99亿元。张恒及相关企业涉嫌策划、帮助郑爽偷逃税款,也将依法受到处理。本案中,当事人就不同收入采取的偷逃税手法不同,税务机关相应处以不同倍数罚款。对改变收入性质偷逃税部分处以4倍罚款,对收取所谓"增资款"完全隐瞒收入偷逃税部分处以5倍罚款,体现了过罚相当的原则。

2018年以来,有关部门加强对影视行业"天价片酬""阴阳合同"、偷逃税款等问题的治理,影视行业纳税规范性总体有了较大提升。郑爽案件中,有1.08亿元是通过虚假"增资"方式获取的,当事人因担心违法行为暴露,又撤销了之前签订的增资协议,属于"假中造假"。通过假借增资隐瞒收入偷逃税是一种新手法,在外部形式和程序链条上都很严密,单纯从纳税申报数据或者从相关合同的表象上看都难以发现端倪。依据《中华人民共和国个人所得税法》等相关规定,郑爽2019年已提供完毕演艺服务并实际取得片酬,已发生税法规定的纳税义务,应当依法申报纳税。相关当事人策划操控的所谓解除"增资协议",是事后以欺骗、隐瞒手段对税务机关执法的不法妨碍,不能改变郑爽纳税义务已经发生且未如实申报导致少缴税款的既定事实,不影响对其偷税行为性质和金额的认定。依法诚信纳税是每个公民应尽义务,影视行业从业人员不能心存侥幸、触犯法律。

由于郑爽在5年内未因逃避缴纳税款受过刑事处罚或者被税务机关给予二次以上行政处罚,应依据《中华人民共和国税收征收管理法》第六十三条规定,对郑爽追缴税款,加收滞纳金,并处以罚款。目前郑爽已缴清了税款和滞纳金,后续是否追究其刑事责任取决于其能否按期缴清罚款。如郑爽在规定期限内没有缴清罚款,税务机关依法移送公安机

关处理后,其将面临被追究刑事责任的后果。

税务部门坚持以事实为依据,以法律为准绳,在前期进行全面深入检查基础上做出的处罚决定兼顾了法律和社会效果的统一,维护了税收征管秩序,彰显了社会公平正义。本案能够警示影视从业者加强自律,带头承担社会责任。

无德莫谈艺。公众人物的言行不仅反映着自身的修养与素质,而且在一定程度上潜移默化影响着他人的思想和行为。个别影视公众人物急功近利、失德失范、违反法律,因其特殊的社会影响力,可能会对整个社会风气产生不良影响。影视行业健康发展离不开影视从业人员的崇德自律。影视从业人员要将德艺双馨作为自己的毕生追求,守住"底线",远离"红线",始终保持对法律的敬畏,大力弘扬社会主义核心价值观,担当起引领社会风气和文明进步的重要责任。

 **本章练习题**

一、名词解释

1. 税收
2. 纳税义务人
3. 计税依据
4. 课税对象
5. 流转税
6. 税收筹划

二、思考题

1. 有的人认为税收筹划就是偷税漏税,你认同这种说法吗？我们应该如何正确理解税收筹划？

2. 在现代经济条件下,如何依法纳税并合理规划纳税方案,谋求最大的经济利益,成为企业理财的行为规范和基本出发点,企业应该如何进行税收筹划？

第二章 增值税的税务筹划

本章重点

自 2016 年 5 月 1 日之后,增值税成为我国当之无愧的第一大税种。2019 年 4 月 1 日,我国又发布了一系列增值税税率优惠减免政策。本章重点如下。

(1) 增值税的含义。

(2) 增值税的纳税人。

(3) 增值税的征税范围。

(4) 增值税的税率和征收率。

(5) 一般纳税人应纳增值税税额的计算。

(6) 小规模纳税人应纳增值税税额的计算。

(7) 特殊经营行为和行业的增值税处理。

(8) 增值税的税务筹划。

(9) 增值税的税收优惠。

第一节 增值税的计算与缴纳

一、增值税概述

(一) 增值税的概念

增值税是以单位和个人生产经营过程中取得的增值额为课税对象征收的一种税。在我国境内,凡具有以下行为的单位和个人,均需要缴纳增值税。

(1) 销售货物。

(2) 提供加工和修理修配劳务。

(3) 销售服务,指提供交通运输服务、邮政服务、电信服务、建筑服务、金融服务、现代服务和生活服务。

(4) 销售无形资产,指有偿转让无形资产,是转让无形资产所有权或者使用权的业务活动。

(5) 销售不动产,指有偿转让不动产,是转让不动产所有权的业务活动。

（6）进口货物，指申报将货物从境外运至我国海关境内。

（二）增值税的计税原理

增值税的计税原理是通过增值税的计税方法体现出来的。增值税的计税原理是以每一生产经营环节发生的货物或劳务的销售额为计税依据，然后按规定税率计算出货物或劳务的整体税负，同时通过税款抵扣方式将外购项目在以前环节已纳的税款予以扣除，从而完全避免重复征税。该原理具体体现在以下几个方面：

（1）按全部销售额计算税款，但只对货物或劳务价值中新增价值部分征税；

（2）实行税款抵扣制度，对以前环节已纳税款予以扣除；

（3）随着货物的销售逐个环节转移，最终消费者是全部税款的承担者，但政府并不直接向消费者征税，而是在生产经营的各个环节分段征收，各个环节的纳税人并不承担增值税税款。

（三）增值税改革

为促进第三产业发展，从 2012 年 1 月 1 日起，我国在部分地区和行业开展"营改增"改革试点。2013 年 8 月 1 日，"营改增"范围推广至全国。2016 年 5 月 1 日，征收营业税的行业全部改为征收增值税，在全国范围内全面推开营业税改征增值税试点，将建筑业、房地产业、金融业、生活服务业纳入试点范围，由缴纳营业税改为缴纳增值税。至此，营业税全部改征增值税，营业税成为我国税收制度发展史的组成部分，流通环节由增值税全覆盖。

二、纳税人、扣缴义务人与合并纳税

（一）增值税纳税人与扣缴义务人

1. 纳税人

根据《增值税暂行条例》的规定，凡在中华人民共和国境内销售货物或者提供加工、修理修配劳务，销售服务、无形资产或者不动产，以及进口货物的单位或个人，为增值税的纳税人。

单位是指一切从事销售或进口货物，提供应税劳务，销售应税服务、无形资产或不动产的单位，包括企业、行政单位、事业单位、军事单位、社会团体及其他单位。

个人是指从事销售或进口货物，提供应税劳务，销售应税服务、无形资产或不动产的个人，包括个体工商户和其他个人。

单位租赁或承包给其他单位或者个人经营的，以承租人或承包人为纳税人。

对报关进口的货物，以进口货物的收货人或办理报关手续的单位和个人为进口货物的纳税人。

2. 扣缴义务人

中华人民共和国境外单位或个人在境内提供应税劳务，在境内未设有经营机构的，其应纳税款以境内代理人为扣缴义务人；在境内没有代理人的，以购买方为增值税扣缴义务人。

中华人民共和国境外单位或个人在境内销售服务、无形资产或者不动产，在境内未设有经营机构的，以购买方为增值税扣缴义务人。财政部和国家税务总局另有规定的除外。

中华人民共和国境外单位或个人在境内销售货物或提供加工、修理修配劳务是指销售货物的起运地或所在地在境内，提供的应税劳务发生地在境内。

在境内销售服务、无形资产或者不动资产,是指:

(1) 服务(租赁不动产除外)或者无形资产(自然资源使用权除外)的销售方或购买方在境内;

(2) 所销售或者租赁的不动产在境内;

(3) 销售自然资源使用权的,自然资源在境内;

(4) 财政部和国家税务总局规定的其他情形。

(二) 合并纳税

两个或者两个以上的纳税人,经财政部和国家税务总局批准可以视为一个纳税人合并纳税。具体办法由财政部和国家税务总局另行规定。

(三) 增值税纳税人的类别

1. 增值税纳税人分类的依据

根据《增值税暂行条例》及其实施细则的规定,划分一般纳税人和小规模纳税人的基本依据是纳税人的会计核算是否健全,以及企业规模的大小。衡量企业规模的大小一般以年销售额为依据,现行增值税制度是以纳税人年应税销售额的多少来衡量企业规模的大小的。会计核算健全是指能够按照国家统一的会计制度规定设置账簿,根据合法、有效凭证进行核算。

2. 划分一般纳税人与小规模纳税人的目的

对增值税纳税人进行分类,主要是为了适应纳税人经营管理规模差异大、财务核算水平不一的实际情况。分类管理有利于税务机关加强对重点税源的管理,简化小型企业的计算缴纳程序,也有利于对专用发票正确使用与安全管理要求的落实。

这两类纳税人在税款计算方法、适用税率以及管理办法上都有所不同。对一般纳税人实行凭发票抵扣的计税方法,对小规模纳税人则规定了简便易行的计税方法和征收管理方法。

(四) 增值税小规模纳税人

1. 小规模纳税人的标准

小规模纳税人是指年销售额在规定标准以下,并且会计核算不健全,不能按规定报送有关税务资料的增值税纳税人。会计核算不健全是指不能正确核算增值税的销项税额、进项税额和应纳税额。

根据《增值税暂行条例》及其实施细则规定,小规模纳税人的标准如下。

1) 一般规定

为完善增值税制度,进一步支持中小微企业发展,现将统一增值税小规模纳税人标准如下:①增值税小规模纳税人标准为年应征增值税销售额 500 万元及以下;②按照《中华人民共和国增值税暂行条例实施细则》第二十八条规定已登记为增值税一般纳税人的单位和个人,在 2018 年 12 月 30 日前,可转登记为小规模纳税人,其未抵扣的进项税额作转出处理。

2) 特殊规定

年应税销售额超过小规模纳税人标准的其他个人按小规模纳税人纳税;年应税销售额超过规定标准但不经常发生应税行为的单位和个体工商户,以及非企业性单位、不经常发生应税行为的企业,可选择按照小规模纳税人纳税。

旅店业和饮食业纳税人销售非现场消费的食品,属于不经常发生的增值税应税行为,自 2013 年 5 月 1 日起,可以选择按小规模纳税人缴纳增值税。

兼有销售货物、提供加工修理修配劳务以及应税服务,且不经常发生应税行为的单位和个体工商户可选择按小规模纳税人纳税。

小规模纳税人的标准由国务院财政、税务主管部门规定。

2. 小规模纳税人的管理

我国对小规模纳税人实行简易办法征收增值税,一般不得使用增值税专用发票,只能开具增值税普通发票。

(五) 一般纳税人

1. 一般纳税人的登记范围

按照《国务院关于取消和调整一批行政审批项目等事项的决定》(国发〔2015〕11 号)精神,国家税务总局对增值税一般纳税人管理的有关事项进行了调整。我国增值税一般纳税人资格取得实行登记制,登记事项由增值税纳税人向其主管税务机关申请办理。《增值税一般纳税人登记管理办法》(国家税务总局令第 43 号)已经 2017 年 11 月 30 日国家税务总局 2017 年度第 2 次局务会议审议通过,自 2018 年 2 月 1 日起施行。

1) 一般纳税人资格登记

增值税纳税人,年应税销售额超过财政部、国家税务总局规定的小规模纳税人标准的,除另有规定外,应当向主管税务机关申请一般纳税人资格登记。

年应税销售额,是指纳税人在连续不超过 12 个月或 4 个季度的经营期内累计应征增值税销售额,包括纳税申报销售额、稽查查补销售额、纳税评估调整销售额。

销售服务、无形资产或者不动产有扣除项目的纳税人,其应税行为年应税销售额按未扣除之前的销售额计算。纳税人偶然发生的销售无形资产、转让不动产的销售额,不计入应税行为年应税销售额。

2) 营业税改征增值税试点纳税人一般纳税人的认定

(1) 一般规定。除试点实施前已取得增值税一般纳税人资格并兼有应税服务的试点纳税人外,营业税改征增值税试点实施前,"营改增"应税行为年销售额超过 500 万元的试点纳税人,应向主管税务机关申请办理增值税一般纳税人资格登记,具体登记办法由国家税务总局制定。

试点纳税人试点实施前的应税行为年销售额按以下公式换算:

应税行为年销售额=连续不超过 12 个月应税行为营业额合计÷(1+3%)。

按照营业税规定差额征收营业税的试点纳税人,其应税行为营业额按未扣除之前的营业额计算。

试点实施前已取得增值税一般纳税人资格并兼有"营改增"应税行为的试点纳税人,不需要重新申请登记,由主管税务机关制作、送达"税务事项通知书",告知纳税人。

试点实施后,试点纳税人应按照相关规定,办理增值税一般纳税人资格登记。按"营改增"有关规定,在确定销售额时可以差额扣除的试点纳税人,其应税行为年销售额按未扣除之前的销售额计算。

（2）例外规定。应税服务年销售额超过规定标准的其他个人不属于一般纳税人；不经常提供应税服务的非企业性单位、企业和个体工商户可选择按照小规模纳税人纳税。

年应税销售额未超过规定标准的纳税人，会计核算健全，能够提供准确税务资料的，可以向主管税务机关办理一般纳税人资格登记，成为一般纳税人。

会计核算健全，是指能够按照国家统一的会计制度规定设置账簿，根据合法、有效凭证核算。

符合一般纳税人条件的纳税人应当向主管税务机关申请一般纳税人资格登记。

除国家税务总局另有规定外，一经登记为一般纳税人，不得转为小规模纳税人。

（3）特殊规定。兼有销售货物、提供加工修理修配劳务以及应税服务的纳税人，应税货物及劳务销售额与应税服务销售额分别计算，分别适用增值税一般纳税人资格登记标准。

（4）其他规定。年应税销售额未超过财政部、国家税务总局规定的小规模纳税人标准以及新开业的纳税人，可以向主管税务机关申请一般纳税人资格登记。

对提出申请并且能够按照国家统一的会计制度设置账簿，根据合法、有效凭证核算，能够提供准确税务资料的纳税人，主管税务机关应当为其办理一般纳税人资格登记。

（5）不办理资格登记的情形。下列纳税人不办理一般纳税人资格登记：

第一，个体工商户以外的其他个人，其他个人指自然人；

第二，选择按照小规模纳税人纳税的非企业性单位，非企业性单位是指行政单位、事业单位、军事单位、社会团体和其他单位；

第三，选择按照小规模纳税人纳税的、不经常发生应税行为的企业，不经常发生应税行为的企业是指非增值税纳税人，不经常发生应税行为是指其偶然发生增值税应税行为。

2. 一般纳税人资格登记程序

年应税销售额未超过增值税小规模纳税人标准以及新开业的增值税纳税人，可以向主管税务机关申请增值税一般纳税人资格登记。

纳税人办理一般纳税人资格登记的程序如下。

（1）纳税人向主管税务机关填报"增值税一般纳税人资格登记表"，并提供税务登记证件；"税务登记证件"包括纳税人领取的由工商行政管理部门核发的加载法人和其他组织统一社会信用代码的营业执照。

（2）纳税人填报内容与税务登记信息一致的，主管税务机关当场登记。

（3）纳税人填报内容与税务登记信息不一致，或者不符合填列要求的，税务机关应当场告知纳税人需要补正的内容。

除财政部、国家税务总局另有规定外，纳税人自其选择的一般纳税人资格生效之日起，按照增值税一般计税方法计算应纳税额，并按照规定领用增值税专用发票。

3. 其他纳税人的管理

纳税人年应税销售额超过财政部、国家税务总局规定标准，且符合有关政策规定，选择按小规模纳税人纳税的，应当向主管税务机关提交书面说明。

个体工商户以外的其他个人年应税销售额超过规定标准的，不需要向主管税务机关提交书面说明。

4. 办理登记的时限

纳税人年应税销售额超过规定标准的,在申报期结束后 15 个工作日内按照相关规定办理登记手续;未按规定时限办理的,主管税务机关应当在规定期限结束后 5 个工作日内制作"税务事项通知书",告知纳税人应当在 5 个工作日内向主管税务机关办理相关手续;逾期仍不办理的,次月起按销售额依照增值税税率计算应纳税额,不得抵扣进项税额,直至纳税人办理相关手续为止。

三、征税范围

(一) 我国现行增值税的征税范围

"营改增"之前,我国增值税征税范围包括货物的生产、批发、零售和进口 4 个环节,2016 年 5 月 1 日以后,伴随着营业税改征增值税试点实施办法以及相关配套政策的实施,"营改增"试点行业扩大到销售服务、无形资产或者不动产(以下称应税行为),增值税征税范围覆盖第一产业、第二产业和第三产业,包括应税销售行为和进口货物。

1. 销售货物

"货物"是指有形动产,包括电力、热力和气体在内。销售货物是指有偿转让货物的所有权。"有偿"不仅指从购买方取得货币,还包括取得货物或其他经济利益。

2. 销售劳务

劳务是指纳税人提供的加工和修理修配劳务。加工是指受托加工货物,加工后的货物所有权仍属于委托者的业务,即委托方提供原料及主要材料,受托方按照委托方的要求制造货物并收取加工费的业务;修理修配是指受托对损伤和丧失功能的货物进行修复,使其恢复原状和功能的业务。这里的"提供加工和修理修配劳务"都是指有偿提供加工和修理修配劳务。但单位或个体工商户聘用的员工为本单位或雇主提供加工、修理修配劳务不包括在内。提供应税劳务,是指有偿提供劳务。单位或者个体工商户聘用的员工为本单位或者雇主提供劳务,不包括在内。

3. 销售服务

销售服务,是指提供交通运输服务、邮政服务、电信服务、建筑服务、金融服务、现代服务、生活服务。

(1) 交通运输服务。交通运输服务,是指使用运输工具将货物或者旅客送达目的地,使其空间位置得到转移的业务活动,包括陆路运输服务、水路运输服务、航空运输服务和管道运输服务。

(2) 邮政服务。邮政服务,是指中国邮政集团公司及其所属邮政企业提供邮件寄递、邮政汇兑和机要通信等邮政基本服务的业务活动,包括邮政普遍服务、邮政特殊服务和其他邮政服务。

(3) 电信服务。电信服务,是指有线、无线的电磁系统或者光电系统等各种通信网络资源,提供语音通话服务,传达、发射、接收或者应用图像、短信等电子数据和信息的业务活动,包括基础电信服务和增值电信服务。

（4）建筑服务。建筑服务，是指各类建筑物、机筑物及其附属设施的建造、修缮、装饰，线路、管道、设备、设施等的安装以及其他工程作业的业务活动，包括工程服务、安装服务、修缮服务、装饰服务和其他建筑服务。

（5）金融服务。金融服务，是指经营金融保险的业务活动，包括贷款服务、直接收费金融服务、保险服务和金融商品转让服务。

（6）现代服务。现代服务，是指围绕制造业、文化产业、现代物流产业等提供技术性、知识性服务的业务活动，包括研发和技术服务、信息技术服务、文化创意服务、物流辅助服务、租赁服务、鉴证咨询服务、广播影视服务、商务辅助服务和其他现代服务。

（7）生活服务。生活服务，是指为满足城乡居民日常生活需求提供的各类服务活动，包括文化体育服务、教育医疗服务、旅游娱乐服务、餐饮住宿服务、居民日常服务和其他生活服务。

4. 销售无形资产

销售无形资产，是指有偿转让无形资产，是转让无形资产所有权或者使用权的业务活动。

无形资产，是指不具实物形态，但能带来经济利益的资产，包括技术、商标、著作权、商誉、自然资源使用权和其他权益性无形资产。

技术，包括专利技术和非专利技术。

自然资源使用权，包括土地使用权、海域使用权、探矿权、采矿权、取水权和其他权益性无形资产。其他权益性无形资产，包括基础设施资产经营权、公共事业特许权、配额、经营权（包括特许经营权、连锁经营权、其他经营权）、经销权、分销权、代理权、会员权、席位权、网络游戏虚拟道具、域名、名称权、肖像权、冠名权、转会费等。

5. 销售不动产

销售不动产，是指有偿转让不动产，是转让不动产所有权的业务活动。

不动产，是指不能移动或者移动后会引起性质、形状改变的财产，包括建筑物、构筑物等。建筑物，包括住宅、商业营业用房、办公楼等可供居住、工作或者进行其他活动的建造物。构筑物，包括道路、桥梁、隧道、水坝等建造物。

转让建筑物有限产权或者永久使用权的，转让在建的建筑物或者构筑物所有权的，以及在转让建筑物或者构筑物时一并转让其所占土地的使用权的，按照"销售不动产"缴纳增值税。

有偿，是指取得货币、货物或者其他经济利益。

6. 进口货物

进口货物是指申报进入我国海关境内的货物。确定一项货物是否属于进口货物，必须看其是否办理了报关进口手续。通常，境外产品要输入境内，必须向我国海关申报进口，并办理有关报关手续。只要是报关进口的应税货物，均属于增值税征税范围，在进口环节缴纳增值税（享受免税政策的货物除外）。

（二）视同销售货物行为的征税

单位或个体工商户的下列行为，视同销售货物，征收增值税。

（1）将货物交付其他单位或者个人代销。

（2）销售代销货物。

（3）设有两个以上机构并实行统一核算的纳税人，将货物从一个机构移送其他机构用于销售，但相关机构设在同一县（市）的除外。

用于销售，是指售货机构发生以下情形之一的经营行为：①向购货方开具发票；②向购货方收取货款。

售货机构的货物移送行为有上述两项情形之一的，应当向所在地税务机关缴纳增值税；未发生上述情形的，则应由总机构统一缴纳增值税。

如果售货机构只就部分货物向购买方开具发票或收取货款，则应当区别不同情况并分别向总机构所在地或分支机构所在地税务机关缴纳税款。

（4）将自产或委托加工的货物用于非增值税应税项目。

（5）将自产、委托加工的货物用于集体福利或个人消费。

（6）将自产、委托加工或购进的货物作为投资，提供给其他单位或个体工商户。

（7）将自产、委托加工或购进的货物分配给股东或投资者。

（8）将自产、委托加工或购进的货物无偿赠送给其他单位或者个人。

（9）单位和个体工商户向其他单位或个人无偿销售应税服务、无偿转让无形资产或者不动产，但用于公益事业或者社会公众为对象的除外。

（10）财政部和国家税务总局规定的其他情形。

对上述行为视同销售货物或提供应税劳务，按规定计算销售额并征收增值税。一是为了防止通过这些行为逃避纳税，造成税基被侵蚀，税款流失；二是为了避免税款抵扣链条的中断，导致各环节税负的不均衡，造成重复征税。

四、税率

（一）增值税税率的基本规定

根据确定增值税税率的基本原则，我国增值税设置了一档基本税率和一档低税率，此外还有对出口货物实施零税率。营业税改征增值税试点实施后，又增加了两档税率。

（1）纳税人销售货物、劳务、有形动产租赁服务或者进口货物，除第2、4、5条应有规定外，从2019年4月1日起，税率为13%。

（2）纳税人销售交通运输、邮政、基础电信、建筑、不动产租赁服务，销售不动产，转让土地使用权，销售或者进口下列货物，从2019年4月1日起，税率为9%：

① 粮食等农产品、食用植物油、食用盐；

② 自来水、暖气、冷气、热水、煤气、石油液化气、天然气、二甲醚、沼气、居民用煤炭制品；

③ 图书、报纸、杂志、音像制品、电子出版物；

④ 饲料、化肥、农药、农机、农膜；

⑤ 国务院规定的其他货物。

（3）纳税人销售服务（金融服务、现代服务、生活服务）、无形资产的税率为6%。

（4）纳税人出口货物，税率为零；但是国务院另有规定的除外。

（5）境内单位和个人跨境销售国务院规定范围内的服务、无形资产，税率为零。

（6）销售货物、劳务，提供的跨境应税行为，符合免税条件的，免税。

（二）征收率

增值税征收率是指对特定的货物或特定的纳税人发生的应税销售行为在某一生产流通环节应纳税额与销售额的比率。增值税征收率适用于两种情况，一是小规模纳税人；二是一般纳税人发生应税销售行为按规定可以选择简易计税方法计税的。

由于小规模纳税人会计核算不健全，无法准确核算进项税额和销项税额，在增值税征收管理中，采用简便方式，按照其销售额和规定的征收率计算缴纳增值税，不准许抵扣进项税，也不允许自行开具增值税专用发票。

1. 征收率的一般规定

（1）下列情况适用5%征收率：

① 小规模纳税人销售自建或者取得的不动产；

② 一般纳税人选择简易计税方法计税的不动产销售；

③ 房地产开发企业中的小规模纳税人，销售自行开发的房地产项目；

④ 其他个人销售其取得（不含自建）的不动产（不含其购买的住房）；

⑤ 一般纳税人选择简易计税方法计税的不动产经营租赁；

⑥ 小规模纳税人出租（经营租赁）其取得的不动产（不含个人出租住房）；

⑦ 其他个人出租（经营租赁）其取得的不动产（不含住房）；

⑧ 个人出租住房，应按照5%的征收率减按1.5%计算应纳税额；

⑨ 一般纳税人和小规模纳税人提供劳务派遣服务选择差额纳税的；

⑩ 一般纳税人2016年4月30日前签订的不动产融资租赁合同，或以2016年4月30日前取得的不动产提供的融资租赁服务，选择适用简易计税方法的；

⑪ 一般纳税人收取试点前开工的一级公路、二级公路、桥、闸通行费，选择适用简易计税方法的；

⑫ 一般纳税人提供人力资源外包服务，选择适用简易计税方法的；

⑬ 纳税人转让2016年4月30日前取得的土地使用权，选择适用简易计税方法的。

（2）除上述适用5%征收率以外的纳税人选择简易计税方法发生的应税销售行为，除了第2条的特殊政策，均为3%。

2. 征收率的特殊政策

（1）适用3%征收率的某些一般纳税人和小规模纳税人可以减按2%计征增值税。

① 一般纳税人销售自己使用过的属于《增值税暂行条例》第十条不得抵扣且未抵扣进项税固定资产的，按照简易办法3%的征收率减按2%征收增值税。

② 小规模纳税人销售自己使用过的固定资产，减按2%征收率征收增值税。

③ 纳税人销售旧货，按照简易办法3%的征收率减按2%征收增值税。

（2）提供物业管理服务的纳税人，向服务接受方收取的自来水水费，以扣除对外支付的自来水水费后的余额为销售额，按照简易办法3%的征收率计算缴纳增值税。

（3）小规模纳税人提供劳务派遣服务，以取得的全部价款和价外费用为销售额，按照简易办法3%的征收率计算缴纳增值税。

（4）非企业性单位中的一般纳税人提供的研发、信息技术服务、鉴证咨询、销售技术和著作权等无形资产,可以选择简易办法按照 3% 的征收率计算缴纳增值税。

(5)一般纳税人提供教育辅导服务的,可以选择简易办法 3% 的征收率计算缴纳增值税。

(6)自 2018 年 5 月 1 日起,增值税一般纳税人生产销售和批发、零售抗癌药品,可选择按照简易办法依照 3% 征收率计算缴纳增值税。

(7)自 2019 年 3 月 1 日起,增值税一般纳税人生产销售和批发、零售罕见病药品,可以选择按照简易计税办法依照 3% 的征收率计算缴纳增值税。纳税人应单独核算罕见药品的销售额。未单独核算的,不得适用上述规定的简易征收政策。

(三)兼营行为的税率选择

纳税人发生应税销售行为适用不同税率或征收率的,应当分别核算适用不同税率或征收率的销售额,未分别核算销售额的,按照以下方法适用税率或征收率:

(1)兼有不同税率的应税销售行为,从高适用税率。

(2)兼有不同征收率的应税销售行为,从高适用征收率。

(3)兼有不同税率和征收率的应税销售行为,从高适用税率。

(4)纳税人销售活动板房、机器设备、钢结构件等自产货物的同时提供建筑、安装服务,不属于"营改增通知"第四十条规定的混合销售,应分别核算货物和建筑服务的销售额,分别适用不同的税率或者征收率。

五、增值税的计税方法

增值税的计税方法,包括一般计税方法、简易计税方法和扣缴计税方法。

(一)增值税的一般计税方法

一般纳税人销售货物、提供加工修理修配劳务、销售服务、无形资产或者不动产适用一般计税方法计税。

$$当期应纳增值税额 = 当期销项税额 - 当期进项税额$$
$$当期销项税额 = 当期销售货物、服务的销售额 \times 相应税率$$
$$当期进项税额 = 当期购入货物、服务的销售额 \times 相应税率$$

一般计税方法下的销售额不包括销项税额,纳税人采用销售额和销项税额合并定价方法的,按照下列公式计算销售额:

$$销售额 = 含税销售额 \div (1 + 税率)$$

一般纳税人发生财政部和国家税务总局规定的特定应税行为,可以选择适用简易计税方法计税,但一经选择,36 个月内不得变更。

1. 销项税额

销项税额是纳税人应税销售行为产生的销售额与税率的乘积,该概念是相对于进项税额来说的,定义销项税额是为了区别于应纳税额。其计算公式如下:

$$销项税额 = 销售额 \times 税率$$

或:

$$销项税额 ＝ 组成计税价格 \times 税率$$

由于：

$$销项税额 ＝ 销售额 \times 税率$$

在增值税税率一定的情况下,计算销项税额的关键就在于正确、合理地确定销售额。

1）销售额的一般规定

《增值税暂行条例》第六条规定,销售额为纳税人发生应税销售行为收取的全部价款和价外费用,但不包括收取的销项税额。

向购买方收取的各种价外费用,具体包括手续费、补贴、基金、集资费、返还利润、奖励费、违约金、延期付款利息滞纳金,赔偿金、包装费、包装物租金、储备费、优质费、运输装卸费、代收款项、代垫款项及其他各种性质的价外收费。上述价外费用无论按照会计制度如何核算,都应并入销售额计税。但上述价外费用不包括以下内容：

（1）受托加工应征消费税的消费品所代收代缴的消费税；

（2）符合条件代为收取的政府性基金或行政事业性收费；

（3）以委托方名义开具发票代委托方收取的款项；

（4）销售货物的同时代办保险等而向购买方收取的保险费,以及向购买方收取的代购买方缴纳的车辆购置税、车辆牌照费。

此外,由于消费税属于价内税,因此,凡征收消费税的货物在计征增值税额时,其应税销售额应包括消费税税金。

2）特殊销售方式的销售额

在市场竞争过程中,纳税人会采取某些特殊、灵活的销售方式销售货物、销售服务、无形资产或者不动产,以求扩大销售、占领市场。这些特殊销售方式及销售额的确定方法如下。

（1）以折扣方式销售货物。折扣销售是指销售方在销售货物、提供应税劳务、销售服务、无形资产或不动产时,因购买方需求量大等原因,而给予的价格方面的优惠。

这里需要解释的是：折扣销售有别于现金折扣,现金折扣通常是为了鼓励购货方及时偿还货款而给予的折扣优待,现金折扣发生在销货之后,而折扣销售则是与实现销售同时发生的,销售折扣不得从销售额中减除。

销售折扣与销售折让是不同的,销售折让通常是指由于货物的品种或质量等原因引起销售额的减少,即销货方给予购货方未予退货状况下的价格折让。销售折让可以通过开具红字专用发票从销售额中减除,未按规定开具红字增值税专用发票的,不得扣减销项税额或销售额。

需要着重说明的是,纳税人发生应税销售行为,如将价款和折扣额在同一张发票上的"金额"栏分别注明的,可按折扣后的销售额征收增值税。未在同一张发票"金额"栏注明折扣额,而仅在发票的"备注"栏注明折扣额的,折扣额不得从销售额中减除；未在同一张发票上分别注明的,以价款为销售额,不得扣减折扣额。

（2）以旧换新方式销售货物。以旧换新销售是指纳税人在销售货物时,有偿回收旧货物的行为。按照新货同期销售价确定销售额,不得减扣旧货物的收购价。

但是金银首饰以旧换新业务，可以按照销售方实际收到的不含增值税的全部价款征收增值税。

（3）以还本销售方式销售货物。所谓还本销售，指销货方将货物出售之后，按约定的时间，一次或分次将购货款部分或全部退还给购货方，退还的货款即为还本支出。这种方式实际上是一种筹资行为，是用货物换取资金的使用价值，到期还本不付息的方法。纳税人采取还本销售货物的，其销售额就是货物的销售价格，不得从销售额中减除还本支出。

（4）采取以物易物方式销售。以物易物是一种特殊的购销方式，购销双方不以货币结算，而是以同等价款的货物相互结算，从而实现货物购销。双方都应作购销处理，以各自发出的货物核算销售额并计算销项税额，以各自收到的货物核算购货额及进项税额。在以物易物活动中，双方应各自开具合法的票据，必须计算销项税额，但如果收到货物不能取得相应的增值税专用发票或者其他增值税扣税凭证，不得抵扣进项税额。

（5）直销企业增值税销售额确定。直销企业的经营模式主要有两种：一是直销员按照批发价向直销企业购买货物，再按照零售价向消费者销售货物；二是直销员仅起到中介作用，直销企业按照零售价向直销员介绍的消费者销售货物，并另外向直销员支付报酬。根据直销企业的经营模式，直销企业增值税的销售额的确定分以下两种。

① 直销企业先将货物销售给直销员，直销员再将货物销售给消费者的，直销企业的销售额为其向直销员收取的全部价款和价外费用。直销员将货物销售给消费者时，应按照现行规定缴纳增值税。

② 直销企业通过直销员向消费者销售货物，直接向消费者收取货款，直销企业的销售额为其向消费者收取的全部价款和价外费用。

（6）包装物押金计税问题。包装物是指纳税人包装本单位货物的各种物品。为了促使购货方尽早退回包装物以便周转使用，一般情况下，销货方向购货方收取包装物押金，购货方在规定的期间内返回包装物，销货方再将收取的包装物押金返还。根据税法规定，纳税人为销售货物而出租出借包装物收取的押金，单独记账的、时间在 1 年内、又未过期的，不并入销售额征税；但对逾期未收回不再退还的包装物押金，应按所包装货物的适用税率计算纳税。

这里需要注意两个问题：一是"逾期"的界定，"逾期"是以 1 年（12 个月）为期限的；二是押金属于含税收入，应先将其换算为不含税销售额再并入销售额征税。另外，包装物押金与包装物租金不能混淆，包装物租金属于价外费用，在收取时便并入销售额征税。

对销售除啤酒、黄酒以外的其他酒类产品收取的包装物押金，无论是否返还以及会计上如何核算，均应并入当期销售额征税。

（7）贷款服务的销售额。贷款服务，以提供贷款服务取得的全部利息以及利息性质的收入为销售额。银行提供贷款服务按期计收利息的，结息日当日计收的全部利息收入，均应计入结息日所属期的销售额，按照现行规定计算缴纳增值税。

自 2018 年 1 月 1 日起，资管产品管理人运营资管产品提供的贷款服务以 2018 年 1 月 1 日起产生的利息以及利息性质的收入为销售额。

（8）直接收费金融服务的销售额。直接收费金融服务，以提供直接收费金融服务收取的手续费、佣金、酬金、管理费、服务费、经手费、开户费、过户费、结算费、转托管费等各类费用为销售额。

（9）发卡机构、清算机构和收单机构提供银行卡跨机构资金清算服务，按照以下规定执行。

① 发卡机构以其向收单机构收取的发卡行服务费为销售额，并按照此销售额向清算机构开具增值税发票。

② 清算机构以其向发卡机构、收单机构收取的网络服务费为销售额，并按照发卡机构支付的网络服务费向发卡机构开具增值税发票，按照收单机构支付的网络服务费向收单机构开具增值税发票。清算机构从发卡机构取得的增值税发票上记载的发卡行服务费，一并计入清算机构的销售额，并由清算机构按照此销售额向收单机构开具增值税发票。

③ 收单机构以其向商户收取的收单服务费为销售额，并按照此销售额向商户开具增值税发票。

3）按差额确定销售额

虽然原营业税征税范围的全行业均纳入了增值税的征收范围，但是目前仍然有无法通过抵扣机制避免重复征税的情况存在，因此引入了差额征税的办法，解决纳税人税收负担增加问题。以下项目属于按差额确定销售额。

（1）金融商品转让的销售额。金融商品转让，按照卖出价扣除买入价后的余额为销售额。转让金融商品出现的正负差，将盈亏相抵后的余额作为销售额。若相抵后出现负差，可结转下一个纳税期与下期转让金融商品销售额相抵，但年末时仍出现负差的，不得转入下一个会计年度。

（2）经纪代理服务的销售额。经纪服务代理，以取得的全部价款和价外费用，扣除向委托方收取并代为支付的政府性基金或行政事业性收费后的余额为销售额。向委托方收取的政府性基金或者行政事业性收费，不得开具增值税专用发票。

（3）融资租赁和融资性售后回租业务的销售额：① 经人民银行、银监会（现银保监会，下同）或者商务部批准从事融资租赁业务的试点纳税人（包括经上述部门备案从事融资租赁业务的试点纳税人），提供融资租赁服务，以取得的全部价款和价外费用，扣除支付的借款利息（包括外汇借款和人民币借款利息）、发行债券利息和车辆购置税后的余额为销售额；② 经人民银行、银监会或者商务部批准从事融资租赁业务的试点纳税人，提供融资性售后回租业务，其取得的全部价款和价外费用（不含本金），扣除支付的借款利息、发行债券利息后的余额作为销售额。③经人民银行、银监会或者商务部批准从事融资租赁业务的，纳税人根据2016年4月30日前签订的有形动产融资性售后回租合同，在合同到期前提供的有形动产融资性售后回租服务，可继续按照有形动产融资租赁服务缴纳增值税，并选择以下方法之一计算销售额：

a. 以向承租方收取的全部价款和价外费用，扣除向承租方收取的价款本金，以及对外支付的借款利息（包括外汇借款和人民币借款利息）、发行债券利息后的余额为销售额。纳税人提供有形动产融资性售后回租服务，计算当期销售额时可以扣除的价款本金，为书面合同约定的当期应当收取的本金。无书面合同或者书面合同没有约定的，为当期实际收取的本金。纳税人提供有形动产融资性售后回租服务，向承租方收取的有形动产价款本金，不得开具增值税专用发票，可以开具普通发票。b. 以向承租方收取的全部价款和价外费用，扣除支付的借款利息（包括外汇借款和人民币借款利息）、发行债券利息后的余额为销售额。

经商务部授权的省级商务主管部门和国家经济技术开发区批准的从事融资租赁业务的试点纳税人，2016 年 5 月 1 日后实收资本达到 1.7 亿元的，从达到标准的当月起照上述（3）中的第①、②、③项规定执行；2016 年 5 月 1 日后实收资本未达到 1.7 亿元但注册资本达到 1.7 亿元的，在 2016 年 7 月 31 日前仍可按照上述（3）中的第①、②、③项规定执行，2016 年 8 月 1 日后开展的融资租赁业务和融资性售后回租业务不得按照上述（3）中的第①、②、③项规定执行。

（4）航空运输企业的销售额，不包括代收的机场建设费和代售其他航空运输企业客票而代收转付的价款。

自 2018 年 1 月 1 日起，航空运输销售代理企业提供境外航段机票代理服务，以取得的全部价款和价外费用，扣除向客户收取并支付给其他单位或者个人的境外航段机票结算款和相关费用后的余额为销售额。其中，支付给境内单位或者个人的款项，以发票或行程单为合法有效凭证；支付给境外单位或者个人的款项，以签收单据为合法有效凭证，税务机关对签收单据有疑义的，可以要求其提供境外公证机构的确认证明。

航空运输销售代理企业提供境内机票代理服务，以取得的全部价款和价外费用，扣除向客户收取并支付给航空运输企业或其他航空运输销售代理企业的境内机票净结算款和相关费用后的余额为销售额。其中，支付给航空运输企业的款项，以国际航空运输协会（IATA）开账与结算计划（BSP）对账单或航空运输企业的签收单据为合法有效凭证；支付给其他航空运输销售代理企业的款项，以代理企业间的签收单据为合法有效凭证。航空运输销售代理企业就取得的全部价款和价外费用，向购买方开具行程单，或开具增值税普通发票。

（5）试点纳税人中一般纳税人提供客运场站服务，以其取得的全部价款和价外费用，扣除支付给承运方运费后的余额为销售额。

（6）试点纳税人提供旅游服务，可以选择以取得的全部价款和价外费用，扣除向旅游服务购买方收取并支付给其他单位个人的住宿费、餐饮费、交通费、签证费、门票费和支付其他接团旅游企业的旅游费用后的余额为销售额。

选择上述办法计算销售额的试点纳税人，向旅游购买方收取并支付的上述费用，不得开具增值税专用发票，可以开具普通发票。

（7）试点纳税人提供建筑服务适用简易计税方法的，以取得的全部价款和价外费用扣除支付的分包款后的余额为销售额。

（8）房地产开发企业中一般纳税人销售其开发的房地产项目（选择简易计税的房地产老项目除外），以取得的全部价款和价外费用，扣除受让土地时向政府部门支付的土地价款后的余额为销售额。"向政府部门支付的土地价款"，包括土地受让人向政府部门支付的征地和拆迁补偿费用、土地前期开发费用、土地出让收益等。

（9）纳税人转让不动产缴纳增值税差额扣除的有关规定。

① 纳税人转让不动产，按照有关规定差额缴纳增值税的，如因丢失等原因无法提供取得不动产时的发票，可向税务机关提供其他能证明契税计税金额的完税凭证等资料，进

行差额扣除。

② 纳税人以契税计税金额进行差额扣除的,按照下列公式计算增值税应纳税额。

2016 年 4 月 30 日及以前缴纳契税的:

增值税应纳税额 = [全部交易价格(含增值税) － 契税计税金额(含营业税)]/(1＋5%)×5%

2016 年 5 月 1 日及以后缴纳契税的:

增值税应纳税额 = [全部交易价格(含增值税)÷(1＋5%) － 契税计税金额(不含增值税)]×5%

③ 纳税人同时保留取得不动产时的发票和其他能证明契税计税金额的完税凭证等资料的,应当凭发票进行差额扣除。

4) 视同销售行为销售额的确定

纳税人发生应税销售行为的情形,价格明显偏低并无正当理由的,或者发生应税销售行为但无销售额的,主管税务机关有权按照下列顺序核定其计税销售额:

(1) 按纳税人最近时期同类货物的平均销售价格确定;

(2) 按其他纳税人最近时期同类货物的平均销售价格确定;

(3) 按组成计税价格确定销售额,组成计税价格计算公式为:

$$组成计税价格 = 成本×(1＋成本利润率)$$

5) 含税销售额的换算

现行增值税是价外税,即纳税人向购买方销售货物或应税劳务所收取的价款中不应包含增值税税款,价款和税款在增值税专用发票上分别注明。对于一般纳税人发生的应税销售行为,采用销售额和销项税额合并定价方法的,按照如下公式换算:

$$不含税销售额 = 含税销售额/(1＋税率)$$

公式中的税率为发生应税销售行为时按《增值税暂行条例》所规定使用的税率。

2. 进项税额

进项税额,是指纳税人购进货物、加工修理修配劳务、服务、无形资产或者不动产,支付或者负担的增值税额。

1) 准予从销项税额中抵扣的进项税额

(1) 从销售方或提供方取得的增值税专用发票上注明的增值税额(含税控机动车销售统一发票,下同)。

(2) 从海关取得的海关进口增值税专用缴款书上注明的增值税额。增值税一般纳税人进口货物时应准确填报企业名称,确保海关缴款书上的企业名称和税务登记的企业名称一致。税务机关将进口货物取得的属于增值税抵扣范围的海关缴款书信息与海关采集的缴款信息进行稽核比对。经稽核比对相符后,海关缴款书上注明的增值税额可作为进项税额在销售税额中抵扣。稽核比对不相符,所列税额暂不得抵扣,待核查确认海关缴款书票面信息和纳税人实际进口业务一致时,海关缴款书所注明的增值税额可作为进行税额在销项税额中抵扣。

(3) 自境外单位或者个人购进劳务、服务、无形资产或者境内的不动产,从税务机关或者扣缴义务人取得的代扣代缴税款的完税凭证上注明的增值税额。

（4）购进农产品进项税额的扣除。从2019年4月1日起，纳税人购进农产品，按下列规定抵扣进项税额。

① 除下面的②项规定外，纳税人购进农产品，取得一般纳税人开具的增值税专用发票或海关进口增值税专用缴款书的，以增值税专用发票或海关进口增值税专用缴款书上注明的增值税额为进项税；从按照简易计税办法依照3%征收率计算缴纳增值税的小规模纳税人取得增值税专用发票的，以增值税专用发票上注明的金额和9%的扣除率计算进项税额；取得（开具）农产品销售发票或收购发票的，以农产品销售发票或收购发票上注明的农产品买价和9%的扣除率计算进项税额。

② 自2019年4月1日起，纳税人购进农产品，原适用10%扣除率的，扣除率调整为9%。纳税人购进用于生产或者委托加工13%税率货物的农产品，按照10%的扣除率计算进项税额。

③ 纳税人从批发、零售环节购进适用免征增值税政策的蔬菜、部分鲜活肉蛋而取得的普通发票，不得作为计算抵扣进项税额的凭证。

纳税人凭完税凭证抵扣进项税额的，应当具备书面合同、付款证明和境外单位的对账单或者发票。资源不全的，其进项税额不得从销项税额中抵扣。

（5）纳税人购进国内旅客运输服务，其进项税额允许从销项税额中抵扣。

（6）纳税人未取得增值税专用发票准予扣除的进项税额的确定，自2019年4月1日起，纳税人未取得增值税专用发票，暂按照以下规定确定进项税额：

① 取得增值税电子普通发票的，为发票上注明的税额；

② 取得注明旅客身份信息的航空运输电子客票行程单的，为按照下列公式计算进项税额：

$$航空旅客运输进项税额 = （票价＋燃油附加费）/(1＋9\%)×9\%$$

③ 取得注明旅客身份信息的铁路车票的，为按照下列公式计算的进项税额：

$$铁路旅客运输进项税额 = 票面金额/(1＋9\%)×9\%$$

④ 取得注明旅客身份信息的公路、水路等其他客票，按照下列公式计算进行税额：

$$公路、水路等其他旅客运输进项税额 = 票面税额/(1＋3\%)×3\%$$

（7）进项税额的加计扣除政策，自2019年4月1日至2021年12月31日，允许生产、生活性服务业纳税人按照当期可抵扣进项税额加计10%，抵减应纳税额。自2019年10月1日至2021年12月31日，允许生活性服务业纳税人按照当期可抵扣进项税额加计15%。

① 生产、生活性服务业纳税人，是指提供邮政服务、电信服务、现代服务、生活服务（以下称四项服务）取得的销售额占全部销售额的比重超过50%的纳税人。四项服务的具体范围与增值税征税范围的相关规定相同。

生产性服务业于2019年3月31日前设立的纳税人，自2018年4月至2019年3月期间的销售额(经营期不满 12 个月的,按照实际经营期的销售额)符合上述规定条件的,自 2019 年 4 月 1 日起适用加计抵减政策。

2019 年 4 月 1 日后设立的纳税人,自设立之日起 3 个月的销售额符合上述规定条件的,自登记为一般纳税人之日起适用加计抵减政策。

生活性服务业于 2019 年 9 月 30 日前设立的纳税人,自 2018 年 10 月至 2019 年 9 月期间的销售额(经营期不满 12 个月的,按照实际经营期的销售额)符合上述规定条件的,自 2019 年 10 月 1 日起适用加计抵减 15% 的政策。

2019 年 10 月 1 日后设立的纳税人,自设立之日起 3 个月的销售额符合上述规定条件的,自登记为一般纳税人之日起适用加计抵减 15% 的政策。

2019 年 3 月 31 日前设立,自 2018 年 4 月至 2019 年 3 月期间的销售额均为零的纳税人,以首次产生销售额当月起连续 3 个月的销售额确定适用加计抵减政策。

2019 年 4 月 1 日后设立,且自设立之日起 3 个月的销售额均为零的纳税人,以首次产生销售额当月起连续 3 个月的销售额确定适用加计抵减政策。

纳税人确定适用加计抵减政策后,当年内不再调整,以后年度是否适用,根据上年度销售额计算确定。

纳税人可计提但未计提的加计抵减额,可在确定适用加计抵减政策当期一并计提。

② 纳税人应按照当期可抵扣进项税额的 10% 或 15% 计提当期加计抵减额。按照现行规定不得从销项税额中抵扣的进项税额,不得计提加计抵减额;已计提加计抵减额的进项税额,按规定作进项税额转出的,应在进项税额转出当期,相应调减加计抵减额。计算公式如下:

$$当期计提加计抵减额 = 当期可抵扣进项税额 \times 10\% 或 15\%$$
$$当期可抵减加计抵减额 = 上期末加计抵减额余额 + 当期计提加计抵减额 - 当期调减加计抵减额$$

③ 纳税人应按照现行规定计算一般计税方法下的应纳税额(以下称抵减前的应纳税额)后,区分以下情形加计抵减:

第一,抵减前的应纳税额等于零的,当期可抵减加计抵减额全部结转下期抵减;

第二,抵减前的应纳税额大于零,且大于当期可抵减加计抵减额的,当期可抵减加计抵减额全额从抵减前的应纳税额中抵减;

第三,抵减前的应纳税额大于零,且小于或等于当期可抵减加计抵减额的,以当期可抵减加计抵减额抵减应纳税额至零。未抵减完的当期可抵减加计抵减额,结转下期继续抵减。

④ 纳税人出口货物劳务、发生跨境应税行为不适用加计抵减政策,其对应的进项税额不得计提加计抵减额。

纳税人兼营出口货物劳务、发生跨境应税行为且无法划分不得计提加计抵减额的进项税额,按照以下公式计算:

$$不得计提加计抵减额的进项税 = 当期无法划分的全部进项税额 \times \frac{当期出口货物劳务和发生跨境应税行为的销售额}{当期全部销售额}$$

⑤ 纳税人应单独核算加计抵减额的计提、抵减、调减、结余等变动情况。骗取适用加

计抵减政策或虚增加计抵减额的,按照《税收征管法》等有关规定处理。

⑥ 加计抵减政策执行到期后,纳税人不再计提加计抵减额,结余的加计抵减额停止抵减。

(8) 关于项目运营方利用信托资金融资过程中增值税进项税额抵扣问题。

项目运营方利用信托资金融资进行项目建设开发是指项目运营方与经批准成立的信托公司合作进行项目建设开发,信托公司负责筹集资金并设立信托计划,项目运营方负责项目建设和运营,项目建设完成后,项目资产归项目运营方所有。该经营模式下项目运营方在项目建设期内取得的增值税专用发票和其他抵扣凭证,允许其按现行增值税有关规定予以抵扣。

上述规定自2010年10月1日起施行。此前未抵扣的进项税额允许其抵扣,已抵扣的不做进项税额转出。

(9) 进口环节进项税额的抵扣,增值税税法对进口环节进项税额抵扣条件做了特殊规定:对海关代征进口环节增值税开具的增值税专用缴款书上标明有两个单位名称,既有代理进口单位名称,又有委托进口单位名称的,只准予其中取得专用缴款书原件的一个单位抵扣税款。申报抵扣税款的委托进口单位,必须提供相应的海关代征增值税专用缴款书原件、委托代理合同及付款凭证,否则,不予抵扣进项税额。

(10) 蜂窝数字移动通信用塔(杆),属于《固定资产分类与代码》(GB/T 14885—1994)中的"其他通信设备"(代码699),其增值税进项税额可以按照现行规定从销项税额中抵扣。

(11) 煤炭采掘企业增值税进项税额抵扣有关事项,自2015年11月1日起,煤炭采掘企业增值税进项税额抵扣有关事项政策如下。

① 煤炭采掘企业购进的巷道附属设备及其相关的应税货物、劳务和服务,用于除开拓巷道以外的其他巷道建设和掘进,或者用于巷道回填、露天煤矿生态恢复的应税货物、劳务和服务,其进项税额允许从销项税额中抵扣。

② 所称的巷道,是指为采矿提升、运输、通风、排水、动力供应、瓦斯治理等而掘进的通道,包括开拓巷道和其他巷道。其中,开拓巷道,是指为整个矿井或一个开采水平(阶段)服务的巷道。所称的巷道附属设备,是指以巷道为载体的给排水、采暖、降温、卫生、通风、照明、通讯、消防、电梯、电气、瓦斯抽排等设备。

(12) 纳税人认定或登记为一般纳税人前进项税额抵扣问题。纳税人自办理税务登记至认定或登记为一般纳税人期间,未取得生产经营收入,未按照销售额和征收率简易计算应纳税额申报缴纳增值税的,其在此期间取得的增值税扣税凭证,可以在认定或登记为一般纳税人后抵扣进项税额。

(13) 自2018年1月1日起,纳税人支付的道路、桥、闸通行费,按照以下规定抵扣进项税额。

① 纳税人支付的道路通行费,按照收费公路通行费增值税电子普通发票上注明的增值税额抵扣进项税额。

2018年1月1日至6月30日,纳税人支付的高速公路通行费,如暂未能取得收费公路通行费增值税电子普通发票,可凭取得的通行费发票(不含财政票据,下同)上注明的收费金额按照下列公式计算可抵扣的进项税额:

$$\text{高速公路通行费可抵扣进项税额} = \text{高速公路通行费发票上注明的金额} \div (1+3\%) \times 3\%$$

2018 年 1 月 1 日至 12 月 31 日，纳税人支付的一级、二级公路通行费，如暂未能取得收费公路通行费增值税电子普通发票，可凭取得的通行费发票上注明的收费金额按照下列公式计算可抵扣进项税额：

$$\text{一级、二级公路通行费可抵扣进项税额} = \text{一级、二级公路通行费发票上注明的金额} \div (1+5\%) \times 5\%$$

② 纳税人支付的桥、闸通行费，暂凭取得的通行费发票上注明的收费金额按照下列公式计算可抵扣的进项税额：

$$\text{桥、闸通行费可抵扣进项税额} = \text{桥、闸通行费发票上注明的金额} \div (1+5\%) \times 5\%$$

（14）建筑业进项税额抵扣的特殊规定。建筑企业与发包方签订建筑合同后，以内部授权或者三方协议等方式授权集团内其他纳税人（以下称第三方）为发包方提供建筑服务，并由第三方直接与发包方结算工程款的，由第三方向发包方开具增值税发票，发包方可凭实际提供建筑服务的纳税人开具的增值税专用发票抵扣进项税额。

（15）自 2018 年 1 月 1 日起纳税人租入固定资产、不动产，既用于一般计税方法计税项目，又用于简易计税方法计税项目、免征增值税项目、集体福利或个人消费的，其进项税额准予从销项税额中全额抵扣。

纳税人取得的增值税扣税凭证不符合法律、行政法规或者国家税务总局有关规定的，其进项税额不得从销项税额中抵扣。

增值税扣税凭证，是指增值税专用发票、海关进口增值税专用缴款书、农产品收购发票、农产品销售发票和完税凭证。

纳税人凭完税凭证抵扣进项税额的，应对具备书面合同、付款证明和境外单位的对账单或者发票。资料不全的，其进项税额不得从销项税额中抵扣。

2）不得从销项税额中抵扣的进项税额

下列项目的进项税额不得从销项税额中抵扣。

（1）用于简易计税方法计税项目、免征增值税项目、集体福利或者个人消费的购进货物、加工修理修配劳务、服务、无形资产和不动产。

（2）非正常损失的购进货物，以及相关的加工修理修配劳务和交通运输服务。

（3）非正常损失的在产品、产成品所耗用的购进货物（不包括固定资产）、加工修理修配劳务和交通运输服务。

（4）非正常损失的不动产，以及该不动产所耗用的购进货物、设计服务和建筑服务。

（5）非正常损失的不动产在建工程所耗用的购进货物、设计服务和建筑服务。

（6）购进的旅客运输服务、贷款服务、餐饮服务、居民日常服务和娱乐服务。

一般情况下，对于一般纳税人购买的旅客运输服务、餐饮服务、居民日常服务和娱乐服务，难以准确地界定接受劳务的对象是企业还是个人，因此，一般纳税人购进的旅客运输服务、餐饮服务、居民日常服务和娱乐服务的进项税额不得从销项税额中抵扣。

对于贷款服务进项税不得抵扣,也就是利息支出进项税不得抵扣的规定,主要是考虑如果允许抵扣借款利息,从根本上打通融资行为的增值税抵扣链条,按照增值税"道道征道道扣"的原则,首先就应当对存款利息征税。但在现有条件下,难度很大,一方面涉及对居民存款征税,无法解决专用发票的开具问题,也与当下实际存款利率为负的现状不符。

(7) 纳税人接受贷款服务向贷款方支付的与该笔贷款直接相关的投融资顾问费、手续费、咨询费等,其进项税不得从销项税中扣除。

提供保险服务的纳税人以现金赔付方式承担机动车辆保险责任的,将应付给被保险人的赔偿金直接支付给车辆修理劳务提供方,不属于保险公司购进车辆修理劳务,其进项税额不得从保险公司销项税额中抵扣。

纳税人提供的其他财产保险服务,比照上述规定执行。

(8) 财政部和国家税务总局规定的其他情形。

第(4)、(5)所称货物,是指不动产实体的材料和设备,包括建筑装饰材料和给排水、采暖、卫生、通风、照明、通讯、煤气、消防、中央空调、电梯、电气、智能化楼宇设备及配套设施。

(9) 适用一般计税方法的纳税人,兼营简易计税方法计税项目、免征增值税项目而无法划分不得抵扣的进项税额,按照下列公式计算不得抵扣的进项税额:

$$\text{不得抵扣的进项税额} = \text{当期无法划分的全部进项税额} \times \left(\text{当期简易计税方法计税项目销售额} + \text{免征增值税项目销售额}\right) \div \text{当期全部销售额}$$

(10) 一般纳税人已抵扣进项税额的固定资产、无形资产或者不动产,发生《增值税暂行条例》和"营改增通知"规定的不得从销项税额中抵扣进项税额情形的,按照下列公式计算不得抵扣的进项税额:

$$\text{不得抵扣的进项税额} = \text{固定资产、无形资产或者不动产净值} \times \text{适用税率}$$

固定资产、无形资产或者不动产净值,是指纳税人根据财务会计制度计提折旧或摊销后的余额。

(11) 有下列情形之一者,应当按照销售额和增值税税率计算应纳税额,不得抵扣进项税额,也不得使用增值税专用发票:

① 一般纳税人会计核算不健全,或者不能够提供准确税务资料的;

② 应当办理一般纳税人资格登记而未办理的。

该规定是为了加强对符合一般纳税人条件的纳税人的管理,防止利用一般纳税人和小规模纳税人的两种不同的征税办法少缴税款。

3. 正确计算应纳税额

在确定了销项税额和进项税额后,就可以得出实际应纳税额,基本计算公式为:

$$\text{应纳税额} = \text{当期销项税额} - \text{当期进项税额}$$

1) 计算应纳税额的时间界定

计算应纳税额,在确定时间界限时,应掌握以下有关规定。

(1) 销项税额的时间界定。增值税纳税人销售货物或提供了应税劳务后,什么时间计算销项税额,关系到当期销项税额的大小。关于销项税额的确定时间,总的原则是销项税额的确定不得滞后。

(2)进项税额抵扣时限的界定。进项税额是纳税人购进货物或接受应税劳务所支付或负担的增值税额,进项税额的大小直接影响应纳税额的多少。

增值税一般纳税人取得2017年1月1日及以后开具的增值税专用发票、海关进口增值税专用缴款书、机动车销售统一发票、收费公路通行费增值税电子普通发票,取消认证确认、稽核比对、申报抵扣的期限。纳税人在进行增值税纳税申报时,应当通过本省(自治区、直辖市和计划单列市)增值税发票综合服务平台对上述扣税凭证信息进行用途确认。

增值税一般纳税人取得2016年12月31日及以前开具的增值税专用发票、海关进口增值税专用缴款书、机动车销售统一发票,超过认证确认、稽核比对、申报抵扣期限,但符合规定条件的,仍可按照相关规定,继续抵扣进项税额。

自2019年3月1日起,扩大取消增值税发票认证的纳税人范围。将取消增值税发票认证的纳税人范围扩大至全部一般纳税人。一般纳税人取得增值税发票(包括增值税专用发票、机动车销售统一发票、收费公路通行费增值税电子普通发票)后,可以自愿使用增值税发票选择确认平台查询、选择用于申报抵扣、出口退税或者代办退税的增值税发票信息。

(3)海关完税凭证进项税额的抵扣时限。增值税一般纳税人取得2017年1月1日及以后开具的海关进口增值税专用缴款书,取消认证确认、稽核比对、申报抵扣的期限。纳税人在进行增值税纳税申报时,应当通过本省(自治区、直辖市和计划单列市)增值税发票综合服务平台对上述扣税凭证信息进行用途确认。

增值税一般纳税人取得2016年12月31日及以前开具的海关进口增值税专用缴款书,超过认证确认、稽核比对、申报抵扣期限,但符合规定条件的,仍可按照相关规定,继续抵扣进项税额。

(4)未按期申报抵扣增值税进项税额处理。增值税一般纳税人取得的增值税专用发票以及海关进口增值税专用缴款书,未在规定期限内到税务机关办理认证(按规定不用认证的纳税人除外)或者申报抵扣的,不得抵扣进项税额。

增值税一般纳税人除客观原因以外的其他原因造成增值税扣税凭证未按期申报抵扣的,仍按照现行增值税扣税凭证申报抵扣有关规定执行。

客观原因包括如下类型:

第一,因自然灾害、社会突发事件等不可抗力原因造成增值税扣税凭证未按期申报抵扣;第二,有关司法、行政机关在办理业务或者检查中,扣押、封存纳税人账簿资料,导致纳税人未能按期办理申报手续;第三,税务机关信息系统、网络故障,导致纳税人未能及时取得认证结果通知书或稽核结果通知书,未能及时办理申报抵扣;第四,由于企业办税人员伤亡、突发危重疾病或者擅自离职,未能办理交接手续,导致未能按期申报抵扣;第五,国家税务总局规定的其他情形。

2)进项税额不足抵扣的税务处理

纳税人在计算应纳税额时,当期销项税额小于当期进项税额不足抵扣的部分,可以结转下期继续抵扣。

原增值税一般纳税人兼有应税服务的，截至本地区试点实施之日前的增值税期末留抵税额，不得从应税服务的销项税额中抵扣。

3）扣减当期进项税额的规定

由于增值税采用"购进扣税法"，当期购进的货物或应税劳务如果未确定用于不得抵扣进项税额项目，其进项税额会在当期销项税额中予以抵扣。但已经抵扣进项税额的购进货物或应税劳务如果事后改变用途，如用于职工福利或个人消费，购进货物发生非正常损失，在产品或产成品发生非正常损失，根据税法规定，应将购进货物或应税劳务的进项税额从当期的进项税额中扣减。无法准确确定该项进项税额的，按当期实际成本计算应扣减的进项税额。

这里需要注意的是，所称"从当期发生的进项税额中扣减"，是指已抵扣进项税额的购进货物、劳务、服务、无形资产、不动产是在哪一个时期发生上述情况的，就从这个发生期内纳税人的进项税额中扣减，而无须追溯到这些购进货物、劳务、服务、无形资产、不动产抵扣进项税额的那个时期。另外，对无法准确确定该项进项税额的，"按当期实际成本计算应扣减的进项税额"。该做法是指其扣减进项税额的计算依据不是按该货物、劳务、服务、无形资产、不动产的原进价，而是按发生上述情况的当期该货物、劳务、服务、无形资产、不动产的"实际成本"与征税时该货物、劳务、服务、无形资产、不动产适用的税率计算应扣减的进项税额。

$$实际成本 = 进价 + 运费 + 保险费 + 其他有关费用$$

前述实际成本的计算公式，如果属于进口货物是完全适用的；如果是国内购进的货物、劳务、服务、无形资产、不动产，主要包括进价和运费两大部分。

如果有下列情况之一的，应当按照销售额和增值税税率计算应纳税额，不得抵扣进项税额，也不得使用增值税专用发票：

（1）一般纳税人会计核算不健全，或者不能够提供准确税务资料的。

（2）应当办理一般纳税人资格等级而未办理的。

4）销售折让、中止或者退回涉及销项税额和进项税额的税务处理

纳税人适用一般计税方法计税的，因销售折让、中止或者退回而退还给购买方的增值税额，应当从当期的销项税额中扣减；因销售折让、中止或者退回而收回的增值税额应当从当期的进项税额中扣减。开具增值税专用发票后，应税销售行为发生退回或者折让、开票有误等情形，应按国家税务总局的规定开具红字增值税专用发票。未按规定开具红字增值税专用发票的不得扣减销项税额或者销售额。

增值税一般纳税人因发生应税销售行为退回或者折让而退还给购买方的增值税税额，应从发生应税销售行为中退回或者折让当期的销项税额中扣减；因购进货物、劳务、服务、无形资产、不动产退回或者折让而收回的增值税额，应从发生应税销售行为退回或者折让当期的进项税额中扣减。

对于一些企业在发生购进货物、劳务、服务、无形资产、不动产退回或折让并收回价款

和增值税额时,没有相应减少当期进项税额,造成进项税额虚增,减少纳税的现象,这是税法所不能允许的,都将被认定为是逃避缴纳税款行为,并按逃避缴纳税款予以处罚。

5)向供货方取得返还收入的税务处理

自 2004 年 7 月 1 日起,对商业企业向供货方收取的与商品销售量、销售额挂钩(如以一定比例、金额、数量计算)的各种返还收入,均应按照平销返利行为的有关规定冲减当期增值税进项税金。应冲减进项税金的计算公式调整为:

$$当期应冲减进项税金 = 当期取得的返还资金 \div \left(1 + 所购货物适用增值税税率\right) \times 所购货物适用增值税税率$$

商业企业向供货方收取的各种返还收入,一律不得开具增值税专用发票。

6)一般纳税人注销时进项税额的处理

一般纳税人注销或被取消一般纳税人资格,转为小规模纳税人时,其存货不作进项税额转出处理,其留抵税额也不予以退税。

7)金融机构开展个人实物黄金交易业务增值税的处理

(1)对于金融机构从事的实务黄金交易业务,实行金融机构各省级分行和直属一级分行所属地市级分行、支行按照规定的预征率预缴增值税,由省级分行和直属一级分行统一清算缴纳。

发生实物黄金交易行为的分理处、储蓄所等应按月计算实物黄金的销售数量、金额,上报其上级支行。

各支行、分理处、储蓄所应依法向机构所在地主管国家税务局申请办理税务登记。各支行应按月汇总所属分理处、储蓄所上报的实物黄金销售额和本支行的实物黄金销售额,按照规定的预征率计算增值税预征税额,向主管税务机关申报缴纳增值税。

$$预征税额 = 销售额 \times 预征率$$

各省级分行和直属一级分行应向机构所在地主管国家税务局申请办理税务登记,申请认定增值税一般纳税人资格。按月汇总所属地市分行或支行上报的实物黄金销售额和进项税额,按照一般纳税人方法计算增值税应纳税额,根据已预征税额计算应补税额,向主管税务机关申报缴纳。

$$应纳税额 = 销项税额 - 进项税额$$
$$应补税额 = 应纳税额 - 预征税额$$

当期进项税额大于销项税额的,其留抵税额结转下期抵扣,预征税额大于应纳税额的,在下期增值税应纳税额中抵减。

从事实物黄金交易业务的各级金融机构取得的进项税额,应当按照现行规定划分不可抵扣的进项税额,作进项税额转出处理。

预征率由各省级分行和直属一级分行所在地省级国家税务局确定。

(2)金融机构所属分行、支行、分理处、储蓄所等销售实物黄金时,应当向购买方开具国家税务总局统一监制的普通发票,不得开具银行自制的金融专业发票,普通发票领购事宜由各分行、支行办理。

（3）金融机构从事经其行业主管部门允许的贵金属交易业务，可比照销售个人实物黄金，实行统一清算缴纳的办法；已认定为增值税一般纳税人的金融机构，可根据《增值税专用发票使用规定》及相关规定领购、使用增值税专用发票。

8）纳税人转让不动产增值税征收管理暂行办法

纳税人转让其取得的不动产，包括以直接购买、接受捐赠、接受投资入股、自建及抵债等各种形式取得的不动产，适用本办法。

一般纳税人转让其 2016 年 4 月 29 日前取得（不含自建）的不动产，可以选择适用简易计税方法计税，以取得的全部价款和价外费用扣除不动产购置原价或者取得不动产时的作价后的余额为销售额，按照 5% 的征收率计算应纳税额。

一般纳税人转让其 2016 年 4 月 29 日前自建的不动产，可以选择适用简易计税方法计税，以取得的全部价款和价外费用为销售额，按照 5% 的征收率计算应纳税额。纳税人应按照上述计税方法向不动产所在地主管地税机关预缴税款，向机构所在地主管国税机关申报纳税。

一般纳税人转让其 2016 年 5 月 1 日后取得（不含自建）的不动产，适用一般计税方法，以取得的全部价款和价外费用为销售额计算应纳税额。纳税人应以取得的全部价款和价外费用扣除不动产购置原价或者取得不动产时的作价后的余额，按照 5% 的预征率向不动产所在地主管税务机关预缴税款，向机构所在地主管税务机关申报纳税。

一般纳税人转让其 2016 年 5 月 1 日后自建的不动产，适用一般计税方法，以取得的全部价款和价外费用为销售额计算应纳税额。纳税人应以取得的全部价款和价外费用，按照 5% 的预征率向不动产所在地主管税务机关预缴税款，向机构所在地主管税务机关申报纳税。

小规模纳税人转让其取得（不含自建）的不动产，以取得的全部价款和价外费用扣除不动产购置原价或者取得不动产时的作价后的余额为销售额，按照 5% 的征收率计算应纳税额。小规模纳税人转让其自建的不动产，以取得的全部价款和价外费用为销售额，按照 5% 的征收率计算应纳税额。

9）纳税人跨县（市、区）提供建筑服务增值税征收管理暂行办法

纳税人跨县（市、区）提供建筑服务，按照以下公式计算应预缴税款，适用一般计税方法计税的：

$$应预缴税款 = （全部价款和价外费用 - 支付的分包款）÷ (1 + 9\%) × 2\%$$

适用简易计税方法计税的：

$$应预缴税款 = （全部价款和价外费用 - 支付的分包款）÷ (1 + 3\%) × 3\%$$

纳税人取得的全部价款和价外费用扣除支付的分包款后的余额为负数的，可在结转下次预缴税款时继续扣除。纳税人应按照工程项目分别计算应预缴税款，分别预缴。

纳税人按照上述规定从取得的全部价款和价外费用中扣除支付的分包款，应当取得符合法律、行政法规和国家税务总局规定的合法有效凭证，否则不得扣除。

10）纳税人提供不动产经营租赁服务增值税征收管理暂行办法

一般纳税人出租其 2016 年 4 月 30 日前取得的不动产，可以选择适用简易计税方法，

按照 5% 的征收率计算应纳税额。不动产所在地与机构所在地不在同一县（市、区）的，纳税人应按照上述计税方法向不动产所在地主管税务机关预缴税款，向机构所在地主管税务机关申报纳税。

一般纳税人出租其 2016 年 5 月 1 日后取得的不动产，适用一般计税方法计税。不动产所在地与机构所在地不在同一县（市、区）的，纳税人应按照 3% 的预征率向不动产所在地主管税务机关预缴税款，向机构所在地主管税务机关申报纳税。

小规模纳税人出租不动产，按照以下规定缴纳增值税：单位和个体工商户出租不动产（不含个体工商户出租住房），按照 5% 的征收率计算应纳税额；个体工商户出租住房，按照 5% 的征收率减按 1.5% 计算应纳税额；其他个人出租不动产（不含住房），按照 5% 的征收率计算应纳税额，向不动产所在地主管地税机关申报纳税；其他个人出租住房，按照 5% 的征收率减按 1.5% 计算应纳税额，向不动产所在地主管地税机关申报纳税。

① 纳税人出租不动产适用一般计税方法计税的，按照以下公式计算应预缴税款：

$$应预缴税款 = 含税销售额 \div (1 + 9) \times 3\%$$

② 纳税人出租不动产适用简易计税方法计税的，除个人出租住房外，按照以下公式计算应预缴税款：

$$应预缴税款 = 含税销售额 \div (1 + 5\%) \times 5\%$$

③ 个体工商户出租住房，按照以下公式计算应预缴税款：

$$应预缴税款 = 含税销售额 \div (1 + 5\%) \times 1.5\%$$

11）房地产开发企业不动产经营租赁服务的增值税处理

（1）房地产开发企业中的一般纳税人，出租自行开发的房地产老项目，可以选择适用简易计税方法，按照 5% 的征收率计算应纳税额。纳税人出租自行开发的房地产老项目与其机构所在地不在同一县（市）的，应按照上述计税方法在不动产所在地预缴税款后，向机构所在地主管税务机关进行纳税申报。

房地产开发企业中的一般纳税人，出租其 2016 年 5 月 1 日后自行开发的与机构所在地不在同一县（市）的房地产项目，应按照 3% 预征率在不动产所在地预缴税款后，向机构所在地主管税务机关进行纳税申报。

（2）房地产开发企业中的小规模纳税人，出租自行开发的房地产项目，按照 5% 的征收率计算应纳税额。纳税人出租自行开发的房地产项目与其机构所在地不在同一县（市）的，应按照上述计税方法在不动产所在地预缴税款后，向机构所在地主管税务机关进行纳税申报。

12）房地产开发企业（一般纳税人）销售自行开发税务房地产项目增值税征收管理暂行办法

房地产开发企业中的一般纳税人（以下简称一般纳税人）销售自行开发的房地产项目，适用一般计税方法计税，按照取得的全部价款和价外费用，扣除当期销售房地产项目对应的土地价款后的余额计算销售额。销售额的计算公式如下：

$$销售额 = (全部价款和价外费用 - 当期允许扣除的土地价款) \div (1 + 9\%)$$

$$\text{当期允许扣除} \atop \text{的土地价款} = \left(\text{当期销售房地产} \atop \text{项目建筑面积} \div \text{房地产项目可供} \atop \text{销售建筑面积}\right) \times \text{支付的} \atop \text{土地价款}$$

当期销售房地产项目建筑面积,是指当期进行纳税申报的增值税销售额对应的建筑面积。

房地产项目可供销售建筑面积,是指房地产项目可以出售的总建筑面积,不包括销售房项目时未单独作价结算的配套公共设施的建筑面积。

支付的土地价款,是指向政府、土地管理部门或受政府委托收取土地价款的单位直接支付的土地价款。

一般纳税人销售自行开发的房地产老项目,可以选择适用简易计税方法按照 5% 的征收率计税。一经选择简易计税方法计税的,36 个月内不得变更为一般计税方法计税。

一般纳税人采取预收款方式销售自行开发的房地产项目,应在收到预收款时按照 3% 的预征率预缴增值税。应预缴税款按照以下公式计算:

$$\text{应预缴税款} = \text{预收款} \div (1 + \text{适用税率或征收率}) \times 3\%$$

适用一般计税方法计税的,按照 9% 的适用税率计算;适用简易计税方法计税的,按照 5% 的征收率计算。

房地产开发企业的一般纳税人应在取得预收款的次月纳税申报期向主管税务机关预缴税款。

房地产开发企业的一般纳税人销售自行开发的房地产项目,兼有一般计税方法计税、简易计税方法计税、免征增值税的房地产项目而无法划分不得抵扣的进项税额的,应以《建筑工程施工许可证》注明的"建设规模"为依据进行划分。

$$\text{不得抵扣的} \atop \text{进项税额} = \text{当期无法划分的} \atop \text{全部进项税额} \times \left(\text{简易计税、免税} \atop \text{房地产项目建设规模} \div \text{房地产项目} \atop \text{总建设规模}\right)$$

 【例 2 - 1】

某商业企业为增值税一般纳税人,2019 年 5 月采用分批收款方式批发商品,合同规定不含税销售总金额为 300 万元,本月收回 50% 货款,其余货款于 6 月 10 日前收回。由于购货方资金紧张,本月实际收回不含税销售额 100 万元;零售商品实际取得销售收入 228 万元,其中包括以旧换新方式销售商品实际取得收入 50 万元,收购的旧货作价 6 万元;购进商品取得增值税专用发票,支付价款 180 万元、增值税 23.4 万元,购进税控收款机取得增值税专用发票,支付价款 0.3 万元、增值税 0.039 万元,该税控收款机作为固定资产管理;从一般纳税人购进的货物发生非正常损失,账面成本 4 万元。

要求:计算该企业 5 月应纳增值税(本月取得的相关发票均在本月认证并抵扣)。

该企业采用分期收款方式销售货物,纳税义务发生时间是合同规定的收款日期当天。由于实际收到的货款小于合同规定本月应收回的货款,因此应按照合同规定的本月应收回的货款计算销项税额。采用以旧换新方式销售货物,按照新货物的销售额计算销项税额,旧货的收购价格不得从销售额中扣减。

销项税额 = [150 + (228 + 6)/(1 + 13%)] × 13% = 44.18(万元)

购进税控收款机取得增值税专用发票,支付的进项税额可以抵扣;从一般纳税人购进货物发生非正常损失,不得抵扣进项税额。

准予抵扣的进项税额 = 23.4 + 0.039 - 4 × 13% = 22.919(万元)

应纳增值税 = 44.18 - 22.919 = 21.261(万元)

 【例 2 - 2】

某企业为增值税一般纳税人,2019 年 5 月发生以下业务。

(1)从农业生产者手中收购玉米 40 吨,每吨收购价 3 000 元,共计支付收购价款 120 000 元。企业将收购的玉米从收购地直接运往异地的某酒厂生产加工药酒,酒厂在加工过程中代垫辅助材料款 15 000 元。药酒加工完毕,企业收回药酒时取得酒厂开具的增值税专用发票,注明加工费 30 000 元、增值税额 3 900 元,加工的药酒当地无同类产品市场价格。本月内企业将收回的药酒批发售出,取得不含税销售额 260 000 元。

(2)购进货物取得增值税专用发票,注明金额 450 000 元、增值税额 58 500 元;本月将已验收入库货物的 80% 零售,取得含税销售额 565 000 元,20% 用于本企业集体福利。

(3)购进原材料取得增值税专用发票,注明金额 160 000 元、增值税额 20 800元,材料验收入库。本月生产加工一批新产品 450 件,每件成本价 380 元(无同类产品市场价格),全部售给本企业职工,取得不含税销售额 171 000 元。月末盘存发现上月购进的原材料被盗,金额 50 000 元。

(4)销售使用过的一台机器(购进时未抵扣进项税额),取得含税销售额32 440 元。

(5)当月逾期押金收入 12 430 元。

要求:试计算该企业 5 月应纳的增值税税额(假定本月取得的相关票据均符合税法规定并在本月认证抵扣进项税额)。

计算业务(1)中应缴纳的增值税:

销项税额 = 260 000 × 13% = 33 800(元)

应抵扣的进项税额 = 120 000 × 10% + 5 100 = 17 100(元)

应纳增值税税额 = 33 800 - 17 100 = 16 700(元)

计算业务(2)中应缴纳的增值税:

销项税额 = 565 000/(1 + 13%) × 13% = 65 000(元)

应抵扣的进项税额＝58 500×80％＝46 800(元)

应纳增值税税额＝65 000－46 800＝18 200(元)

计算业务(3)中应缴纳的增值税：

销项税额＝450×380×(1＋10％)×13％＝22 230(元)

进项税额转出＝50 000×9％＝4 500(元)

应抵扣的进项税额＝20 800－4 500＝16 300(元)

应纳增值税税额＝22 230－16 300＝5 930(元)

计算业务(4)中应缴纳的增值税：

销售使用过的机器应纳增值税＝32 440/(1＋3％)×4％×1/2＝629.90(元)

计算业务(5)中应缴纳的增值税：

押金收入应纳增值税税额＝12 430/(1＋13％)×13％＝1 430(元)

该企业5月应纳增值税税额为：

16 700＋18 200＋5 930＋629.90＋1 430＝42 889.9(元)

【例 2－3】

A电子设备生产企业(本题下称A企业)与B商贸公司(本题下称B公司)均为增值税一般纳税人,2019年6月有关经营业务如下。

(1) A企业从B公司购进生产用原材料和零部件,取得B公司开具的增值税专用发票,注明货款180万元、增值税23.4万元。

(2) B公司从A企业购电脑600台,每台不含税单价0.45万元,取得A企业开具的增值税专用发票,注明货款270万元、增值税35.1万元。B公司以销货款抵顶应付A企业的货款和税款后,实付购货款90万元、增值税15.3万元。

(3) A企业为B公司制作大型电子显示屏,开具了普通发票,取得含税销售额9.04万元、调试费收入2.26万元。制作过程中委托C公司进行专业加工,支付加工费2万元、增值税0.26万元,取得C公司增值税专用发票。

(4) B公司从农民手中购进免税农产品,收购凭证上注明支付收购货款30万元。入库后,将收购的农产品40％作为职工福利消费,60％零售给消费者并取得含税收入33.79万元。

(5) B公司销售电脑和其他物品取得含税销售额288.15万元,均开具普通发票。

要求：

（1）计算 A 企业 2 月应缴纳的增值税；

（2）计算 B 公司 2 月应缴纳的增值税（本月取得的相关票据均在本月认证并抵扣）。

分析过程如下。

A 企业：

（1）销售电脑销项税额 ＝ 600 × 0.45 × 13% ＝ 35.1（万元）

（2）制作显示屏销项税额 ＝（9.04 ＋ 2.26）/(1 ＋ 13%) × 13% ＝ 1.3（万元）

（3）当期应扣除进项税额 ＝ 23.4 ＋ 0.26 ＝ 23.66（万元）

（4）应缴纳增值税 ＝ 35.1 ＋ 1.3 － 23.66 ＝ 12.74（万元）

B 公司：

（1）销售材料销项税额 ＝ 180 × 13% ＝ 23.4（万元）

（2）销售农产品销项税额 ＝ 33.79/(1 ＋ 9%) × 9% ＝ 2.79（万元）

（3）销售电脑销项税额 ＝ 288.15/(1 ＋ 13%) × 13% ＝ 33.15（万元）

销项税额合计 ＝ 23.4 ＋ 2.79 ＋ 33.15 ＝ 59.34（万元）

（4）购电脑进项税额 ＝ 600 × 0.45 × 13% ＝ 35.1（万元）

（5）购农产品进项税额 ＝（30 × 9%）× 60% ＝ 1.62（万元）

应扣除进项税额合计 ＝ 35.1 ＋ 1.62 ＝ 36.72（万元）

（6）应缴纳增值税 ＝ 59.34 － 36.72 ＝ 22.62（万元）

（二）小规模纳税人使用简易计税方法

小规模纳税人提供应税服务适用简易计税方法计税。

$$当期应纳增值税额 ＝ 当期销售额 × 征收率$$

 【案例 2 - 4】

某餐馆为增值税小规模纳税人，2019 年 6 月取得含增值税的餐饮收入总额为 12.36 万元。

要求：计算该餐馆 6 月应缴纳的增值税税额。

（1）6 月取得的不含税销售额 ＝ 12.36 ÷（1 ＋ 3%）＝ 12（万元）

（2）6 月应缴纳增值税税额 ＝ 12 × 3% ＝ 0.36（万元）

纳税人适用简易计税方法计税的，因销售折让、中止或者退回而退还给购买方的销售额，应当从当期销售额中扣减。扣减当期销售额后仍有余额造成多缴的税款，可以从以后的应纳税额中扣减。

对小规模纳税人发生上述情况而退还销售额给购买方，依照规定将所退的款项扣减当期销售额的，如果小规模纳税人已就该项业务委托税务机关为其代开了增值税专用发票的，应按规定申请开具红字专用发票。

【案例 2-5】

　　某小规模纳税人仅经营某项应税服务,适用 3% 的征收率。2019 年 5 月发生一笔销售额为 1 000 元的业务并就此缴纳了增值税。6 月该业务由于合理原因发生退款。(销售额均为不含税销售额)。

　　(1) 假设 6 月该企业应税服务的销售额为 5 000 元,则:

　　6 月最终的计税销售额＝5 000－1 000＝4 000(元)

　　6 月缴纳的增值税＝4 000×3%＝120(元)

　　(2) 假设 6 月该企业应税服务销售额为 600 元,7 月该企业应税服务销售额为 5 000 元,则:

　　6 月最终的计税销售额＝600－600＝0(元)

　　6 月应纳增值税额＝0×3%＝0(元)

　　6 月销售额不足扣减的部分(600－1 000)而多缴的税款为 12 元(400×3%),可以从以后纳税期的应纳税额中扣减。

　　7 月企业实际缴纳的税额＝5 000×3%－12＝138(元)

　　或 7 月企业实际缴纳的税额＝(5 000－400)×3%＝138(元)

　　(三) 扣缴计税方法

　　境外单位或者个人在境内提供应税行为,在境内未设有经营机构的,扣缴义务人按照下列公式计算应扣缴税额:

$$应扣缴税额 = 接受方支付的价款 \div (1+税率) \times 税率$$

六、增值税的申报与缴纳

　　(一) 增值税纳税义务、扣缴义务的发生时间

　　增值税纳税义务发生时间,是指增值税纳税义务人、扣缴义务人发生应税、扣缴税款行为应承担纳税义务、扣缴义务的时间。这一规定在增值税管理中非常重要,说明纳税义务发生时间一经确定,必须按此时间计算应缴税款。

　　1. 应税销售行为纳税义务发生时间的一般规定

　　(1) 销售货物或者应税劳务,为收讫销售款项或者取得索取销售款项凭据的当天;先开具发票的,为开具发票的当天。

　　(2) 进口货物,为报关进口的当天。

　　(3) 增值税扣缴义务发生时间为纳税人增值税纳税义务发生的当天。

2. 应税销售行为纳税义务发生时间的具体规定

销售货物或者提供应税劳务的纳税义务发生时间,按销售结算方式的不同,具体如下。

(1) 采取直接收款方式销售货物,不论货物是否发出,均为收到销售款或取得索取销售款凭据的当天。纳税人生产经营活动中采取直接收款方式销售货物,已将货物移送对方并暂估销售收入入账,但既未取得销售款或取得索取销售款凭据也未开具销售发票的,其增值税纳税义务发生时间为取得销售款或取得索取销售款凭据的当天;先开具发票的,为开具发票的当天。

(2) 采取托收承付和委托银行收款方式销售货物,为发出货物并办妥托收手续的当天。

(3) 采取赊销和分期收款方式销售货物,为书面合同约定收款日期的当天。无书面合同或者书面合同没有约定收款日期的,为货物发出的当天。

(4) 采取预收货款方式销售货物,为货物发出的当天。但生产销售、生产工期超过 12 个月的大型机械设备、船舶、飞机等货物,为收到预收款或者书面合同约定的收款日期的当天。

(5) 委托其他纳税人代销货物,为收到代销单位销售的代销清单或者收到全部或者部分货款的当天;未收到代销清单及货款的,其纳税义务发生时间为发出代销货物满 180 日的当天。

(6) 销售应税劳务,为提供劳务同时收讫销售款或取得索取销售款的凭据的当天。

(7) 纳税人发生视同销售货物行为,为货物移送的当天。

(8) 纳税人提供建筑服务、租赁服务采用预收款方式的,其纳税义务发生的时间为收到预收款的当天。

(9) 纳税人从事金融商品转让的,为金融商品所有权转移的当天。

(10) 纳税人发生视同销售服务、无形资产或者不动产情形的,其纳税义务发生的时间为服务、无形资产转让完成的当天或者不动产权属变更的当天。

(二) 纳税的最后期限

增值税的纳税期限规定为 1 日、3 日、5 日、10 日、15 日、1 个月或者 1 个季度,以 1 个季度为纳税期限的规定适用于小规模纳税人以及财政部和国家税务总局规定的其他纳税人。纳税人的具体纳税期限,由主管税务机关根据纳税人应纳税额的大小分别核定;不能按照固定期限纳税的,可以按次纳税。

增值税行业以 1 个季度为纳税期限的规定适用于小规模纳税人、银行、财务公司、信托投资公司、信用社,以及财政部和国家税务总局规定的其他纳税人。不能按照固定期限纳税的,可以按次纳税。

纳税人以 1 个月或者 1 个季度为纳税期的,自期满之日起 15 日内申报纳税;以 1 日、3 日、5 日、10 日或者 15 日为一期纳税的,自期满之日起 5 日内预缴税款,于次月 1 日起 15 日内申报纳税并结清上月应纳税款。

扣缴义务人解缴税款的期限,按照上述规定执行。

（三）纳税地点

（1）固定业户应当向其机构所在地主管税务机关申报纳税。总机构和分支机构不在同一县（市）的，应当分别向各自所在地主管税务机关申报纳税；经国务院财政、税务主管部门或者其授权的财政、税务机关批准，可以由总机构汇总向总机构所在地主管税务机关申报纳税。

总机构和分支机构不在同一省、自治区、直辖市的，经财政部和国家税务总局批准，可以由总机构汇总向总机构所在地的主管税务机关申报纳税。

总机构和分支机构不在同一县（市），但在同一省、自治区、直辖市范围内的，经省、自治区、直辖市财政厅（局）、国家税务局审批同意，可以由总机构汇总向总机构所在地的主管税务机关申报纳税。

（2）固定业户到外县（市）销售货物或者劳务，应当向其机构所在地的主管税务机关报告外出经营事项，并向其机构所在地的主管税务机关申报纳税；未报告的，应当向销售地或者劳务发生地的主管税务机关申报纳税；未向销售地或者劳务发生地的主管税务机关申报纳税的，由其机构所在地的主管税务机关补征税款。

（3）非固定业户销售货物或者提供应税劳务和应税行为，应当向销售地或者劳务和应税行为发生地主管税务机关申报纳税。未向销售地或者劳务和应税行为发生地主管税务机关申报纳税的，由其机构所在地或居住地主管税务机关补征税款。

（4）其他个人提供建筑服务，销售或者租赁不动产，转让自然资源使用权，应向建筑服务发生地、不动产所在地、自然资源所在地主管税务机关申报纳税。

（5）纳税人跨县（市）提供建筑服务，在建筑服务发生地预缴税款后，向机构所在地主管税务机关进行纳税申报。

（6）纳税人销售不动产，在不动产所在地预缴税款后，向机构所在地主管税务机关进行纳税申报。

（7）纳税人租赁不动产，在不动产所在地预缴税款后，向机构所在地主管税务机关进行纳税申报。

一般纳税人跨省（自治区、直辖市或者计划单列市）提供建筑服务或者销售、出租取得的与机构所在地不在同一省（自治区、直辖市或者计划单列市）的不动产，在机构所在地申报纳税时，计算的应纳税额小于已预缴税额，且差额较大的，由国家税务总局通知建筑服务发生地或者不动产所在地省级税务机关，在一定时期内暂停预缴增值税。

（8）进口货物增值税纳税地点，进口货物应当由进口人或其代理人向报关地海关申报纳税。

扣缴义务人应当向其机构所在地或者居住地的主管税务机关申报缴纳其扣缴的税款。

（四）增值税纳税申报表的格式

一般纳税人增值税纳税申报表的格式如表 2-1 所示。

表 2-1

增值税纳税申报表(一般纳税人适用)

根据国家税收法律法规及增值税相关规定制定本表。纳税人不论有无销售额,均应按税务机关核定的纳税期限填写本表,并向当地税务机关申报。

税款所属时间:自 年 月 日至 年 月 日　　　填表日期: 年 月 日　　　金额单位:元至角分

纳税人识别号								所属行业:		
纳税人名称	(公章)	法定代表人姓名			注册地址			生产经营地址		
开户银行及账号				登记注册类型				电话号码		

项　　目		栏次	一般项目		即征即退项目	
			本月数	本年累计	本月数	本年累计
销售额	(一)按适用税率计税销售额	1				
	其中:应税货物销售额	2				
	应税劳务销售额	3				
	纳税检查调整的销售额	4				
	(二)按简易办法计税销售额	5				
	其中:纳税检查调整的销售额	6				
	(三)免、抵、退办法出口销售额	7			—	—
	(四)免税销售额	8			—	—
	其中:免税货物销售额	9			—	—
	免税劳务销售额	10			—	—
税款计算	销项税额	11				
	进项税额	12				
	上期留抵税额	13				
	进项税额转出	14				
	免、抵、退应退税额	15			—	—
	按适用税率计算的纳税检查应补缴税额	16			—	—
	应抵扣税额合计	17=12+13−14−15+16		—		—
	实际抵扣税额	18(如 17<11,则为17,否则为11)				

（续表）

项　目		栏次	一般项目		即征即退项目	
			本月数	本年累计	本月数	本年累计
税款计算	应纳税额	19＝11－18				
	期末留抵税额	20＝17－18				—
	简易计税办法计算的应纳税额	21				
	按简易计税办法计算的纳税检查应补缴税额	22			—	—
	应纳税额减征额	23				
	应纳税额合计	24＝19＋21－23				
税款缴纳	期初未缴税额（多缴为负数）	25				
	实收出口开具专用缴款书退税额	26				—
	本期已缴税额	27＝28＋29＋30＋31				
	① 分次预缴税额	28			—	—
	② 出口开具专用缴款书预缴税额	29			—	—
	③ 本期缴纳上期应纳税额	30				
	④ 本期缴纳欠缴税额	31				
	期末未缴税额（多缴为负数）	32＝24＋25＋26－27				
	其中：欠缴税额（≥0）	33＝25＋26－27			—	—
	本期应补（退）税额	34＝24－28－29			—	—
	即征即退实际退税额	35	—		—	
	期初未缴查补税额	36			—	—
	本期入库查补税额	37			—	—
	期末未缴查补税额	38＝16＋22＋36－37			—	—

授权声明	如果你已委托代理人申报，请填写下列资料： 　　为代理一切税务事宜，现授权 （地址）　　　　　　　　　为本纳税人的代理 申报人，任何与本 申报表有关的往来文件，都可寄予此人。 　　授权人签字：	申报人声明	本纳税申报表是根据国家税收法律法规及相关规定填报的，我确定它是真实的、可靠的、完整的。 声明人签字：

（五）小规模纳税人的增值税纳税申报表如何填报

小规模纳税人增值税纳税申报表的格式如表2-2所示。

表2-2

增值税纳税申报表(适用小规模纳税人)

纳税人识别号：□□□□□□□□□□□□□□□□□□

纳税人名称(公章)：　　　　　　　　　　　　　　金额单位：元(列至角分)

税款所属期：　年　月　日至　年　月　日　填表日期：　年　月　日

	项　目	栏次	本期数	本年累计
一、计税依据	(一)应征增值税货物及劳务不含税销售额(3%征收率)	1		
	其中:税务机关代开的增值税专用发不含税销售额	2		
	税控器具开具的普通发票不含税销售额	3		
	(二)销售使用过的应税固定资产不含税销售额(5%征收率)	4	—	—
	其中:税控器具开具的普通发票不含税销售额	5	—	—
	(三)免税货物及劳务销售额	6		
	其中:税控器具开具的普通发票销售额	7		
	(四)出口免税货物销售额	8		
	其中:税控器具开具的普通发票销售额	9		
二、税款计算	本期应纳税额	10		
	本期应纳税额减征额	11		
	应纳税额合计	12=10-11		
	本期预缴税额	13		—
	本期应补(退)税额	14=12-13		—

纳税人或代理人声明：此纳税申报表是根据国家税收法律的规定填报的,我确定它是真实的、可靠的、完整的。	如纳税人填报,由纳税人填写以下各栏：
	办税人员(签章)：　　　　　　　财务负责人(签章)：
	法定代表人(签章)：　　　　　　联系电话：
	如委托代理人填报,由代理人填写以下各栏：
	代理人名称：　　　经办人(签章)：　　　联系电话：
	代理人(公章)：

受理人：　　　　　　　　　受理日期：　年　月　日　　　受理税务机关(签章)：

第二节　增值税筹划方略及分析

一、从增值税纳税人身份入手的税收筹划

增值税是以商品和劳务在流转过程中产生的增值额作为征税对象而征收的一种流转税。按照我国增值税法的规定,增值税是对在我国境内销售货物或者加工、修理修配劳务(以下简称劳务),销售服务、无形资产、不动产以及进口货物的单位和个人,就其销售货物、劳务、服务、无形资产、不动产(以下统称应税销售行为)的增值额和货物进口金额为计税依据而课征的一种流转税。为了严格增值税的征收管理和对某些经营规模小的纳税人简化计算办法,我国《增值税暂行条例》参照国际惯例,将纳税人按其经营规模及会计核算健全与否分为一般纳税人和小规模纳税人。

根据《增值税暂行条例》《增值税暂行条例实施细则》和《营业税改增值税试点实施办法》(财税[2016]36 号)等相关文件的规定,小规模纳税人认定标准如下:

(1)根据《财政部 税务总局关于统一增值税小规模纳税人标准的通知》(2018 年 4 月 4 日,财税[2018]33 号)第一条规定,自 2018 年 5 月 1 日,增值税小规模纳税人标准为年应征增值税销售额 500 万元及以下。

(2)根据《财政部税务总局关于统一增值税小规模纳税人标准的通知》(2018 年 4 月 4 日,财税[2018]33 号)第二条规定,自 2018 年 5 月 1 日起,按照《中华人民共和国增值税暂行条例实施细则》第二十八条规定已登记为增值税一般纳税人的单位和个人,在 2018 年 12 月 31 日前,可转登记为小规模纳税人,其未抵扣的进项税额作转出处理。

(3)年应税销售额超过小规模纳税人标准的其他个人按小规模纳税人纳税。

(4)非企业性单位、不经常发生应税行为的企业可选择按小规模纳税人纳税。

根据《增值税一般纳税人资格认定管理办法》的规定,应税额未超过财政部、国家税务总局规定的小规模纳税人标准的,可以申请增值税一般纳税人认定。但须符合有固定经营场所、会计核算健全等条件。

增值税一般纳税实行凭增值税专用发票抵扣税款的制度,应纳税额＝当期销项税额－当期进项税额;对增值税小规模纳税人而言,应纳税额＝当期应税销售额×征收率。

那么,未达到标准的纳税人究竟要在什么条件下认定为一般纳税人或小规模纳税人才能降低该纳税人现金流出量呢?本文将介绍以下几种测算方法。

(一)无差别平衡点增值率判别法

从两类纳税人的计税原理看,在销售价格相同的情况下,应纳税额的大小取决于增值率的大小。设当期不含税销售额为 S,可抵扣购进项目不含税购进额(适用增值税税率均为 A)为 P,小规模纳税人的征收率为 B,设 X 为增值率,则 $X=(S-P)/S$。

一般纳税人应纳增值税额＝$S\times A-P\times A$,小规模纳税人应纳增值税额＝$S\times B$,当两类纳税人应纳税额相等时,即 $S\times A-P\times A=S\times B$,增值率为无差别平衡点增值率,

即：X（平衡点）$=(S-P)/S=B/A$，

（1）如果 $X>B/A$（平衡点），小规模纳税人应纳税额小于一般纳税人，适宜选择作为小规模纳税人。

（2）如果 $X<B/A$（平衡点），一般纳税人应纳税额小于小规模纳税人，适宜选择作为一般纳税人。

（二）含税购货金额占含税销售额比重判别法

当纳税人的数据是含税销售额和含税购进金额时，可根据含税购货金额占含税销售额比重大小来进行纳税人身份的选择测算。假设当期含税销售额为 S，含税购货金额为 P；假定一般纳税人销售和购进适用的增值税税率均为 A，小规模纳税人征收率为 B。

一般纳税人应纳增值税额 $=S/(1+A)\times A-P/(1+A)\times A$，小规模纳税人应纳增值税额 $=S/(1+B)\times B$，当两类纳税人应纳税额相等时，即 $S/(1+A)\times A-P/(1+A)\times A=S/(1+B)\times B$ 为平衡点，解得平衡点含税购进额和含税销售额的关系为：$P=S\times(A-B)/[A\times(1+B)]$。

（1）如果 $P>S\times(A-B)/[A\times(1+B)]$，一般纳税人应纳税额小于小规模纳税人，适宜选择作为一般纳税人。

（2）如果 $P<S\times(A-B)/[A\times(1+B)]$ 时，小规模纳税人应纳税额小于一般纳税人，适宜选择作为小规模纳税人。

将本题改为，预计年含税销售额为 60 万元，含税购进额为 40 万元，又将如何进行纳税人身份的选择？

含税购进额 $P=40$ 万元；

$S\times(A-B)/[A\times(1+B)]=60\times(13\%-3\%)\div[13\%\times(1+3\%)]=60\times0.746\,8=44.81$（万元）；

$P<S\times(A-B)/[A\times(1+B)]$，适宜选择作为小规模纳税人。

【例 2-6】

甲企业是一家商贸企业，预计年不含税销售额为 70 万元，不含税购进额为 60 万元（都可以抵扣）。未超过国家规定的小规模纳税人标准，属于小规模纳税人，适用 3% 的征收率。但甲企业会计核算比较健全，可以申请成为增值税一般纳税人，适用 13% 的增值税税率。甲企业应该如何选择自己的纳税人身份呢？

方案一：继续以小规模纳税人的身份缴纳增值税

$$继续小规模纳税人 \xrightarrow{\text{增值税计算}} 不含税销售额\times征收率$$

本年应纳增值税额 $=70\times3\%=2.1$（万元）

方案二：申请以一般纳税人的身份缴纳增值税

$$申请为一般纳税人 \xrightarrow{增值税计算} 不含税增值额×增值税率$$

本年应纳增值税额＝(70－60)×13％＝1.3(万元)

方案二比方案一少纳增值税：2.1－1.3＝0.8(万元)

二、从增值税纳税时间入手的税收筹划

税法所规定的增值税纳税义务发生时间如下：

(1)采取直接收款方式销售货物，不论货物是否发出，均为收到销售款或者取得索取销售款凭据的当天；纳税人生产经营活动中采取直接收款方式销售货物，已将货物移送对方并暂估销售收入入账，但既未取得销售款或取得索取销售款凭据也未开具销售发票的，其增值税纳税义务发生时间为取得销售款或取得索取销售款凭据的当天；但先开具发票的，为开具发票的当天。

(2)采取托收承付和委托银行收款方式销售货物，为发出货物并办妥托收手续的当天。

(3)采取赊销和分期收款方式销售货物，为书面合同约定的收款日期的当天，无书面合同的或者书面合同没有约定收款日期的，为货物发出的当天。

(4)采取预收货款方式销售货物，为货物发出的当天，但生产销售生产工期超过12个月的大型机械设备、船舶、飞机等货物，为收到预收款或者书面合同约定的收款日期的当天。

(5)委托其他纳税人代销货物，为收到代销单位的代销清单或者收到全部或者部分货款的当天；未收到代销清单及货款的，为发出代销货物满180天的当天。

(6)销售应税劳务，为提供劳务同时收讫销售款或者取得索取销售款的凭据的当天。

(7)纳税人发生除将货物交付其他单位或者个人代销和销售代销货物以外的视同销售货物行为，为货物移送的当天。

综上，采用赊销和分期收款方式，可以为企业节约大量的流动资金。企业可以运用上文所述方案推迟纳税义务时间，延迟缴纳税额，充分利用资金时间价值，提高资金使用效率。

【例2－7】

增值税纳税时间的税收筹划

A公司8月发生的销售业务3类，货款共计3 000万元，其中，第一笔500万元，现金结算；第二笔800万元，验收后收款；第三笔1 700万元，一年后收款。该公司有两个选择：一是全部采用直接收款的合同，二是在合同中约定收款时间。该公司该如何选择？

方案一：全部采取直接收款方式的合同

$$直接收款合同 \xrightarrow{货款} 当月全部计算销售额$$

如果企业若全部采取直接收款方式的合同，则应当当月全部计算销售额。

计提销项税额＝3 000×13％＝390（万元）。

方案二：在合同中约定收款时间

$$约定收款时间 \xrightarrow{货款} 延期计算缴纳销售额$$

对未收到的 800 万和 1 700 万元，通过与购买方签订合同，约定收款日期。

则当月计提销项税额＝500×13％＝65（万元）

剩下 325（390－65）万元就可以延缓纳税时间。

三、从农产品免税政策着手的税收筹划

根据《中华人民共和国增值税暂行条例》第 15 条的规定，农业生产者销售的自产农产品免征增值税，但其他生产者销售的农产品不能享受免税待遇。农业，是指种植业、养殖业、林业、牧业、水产业。农业生产者，包括从事农业生产的单位和个人。农产品，是指初级农产品，具体范围由财政部、国家税务总局确定。销售农产品免税必须符合上述条件，否则，就无法享受免税的待遇。同时，根据《中华人民共和国增值税暂行条例》第 8 条的规定，购进农产品，除取得增值税专用发票或者海关进口增值税专用缴款书外，按照农产品收购发票或者销售发票上注明的农产品买价和 9％（2019 年 4 月 1 日以后降为 9％）的扣除率计算的进项税额。进项税额计算公式：

$$进项税额＝买价×扣除率$$

如果农业生产者希望自己对产品进行深加工使其增值以后再出售，就无法享受免税待遇，往往获得比深加工之前更差的效果，摆脱这种状况就需要通过适当的安排使自己既能够享受免税待遇同时还可以有机会对初级农产品进行加工使其增值。

 **【例 2-8】**

在某乡镇农村，一些农户在田间地角栽种了大量速生材，目前，已进入砍伐期。一些农户直接出售原木，每立方米价格为 200 元。另一些农户则不满足廉价出售原木，自己对原木进行深加工，如将原木加工成薄板、包装箱等再出售。假设加工每立方米原木需要耗用电力 6 元、人工费 4 元，因此，其出售价最低为每立方米 210 元。但是这个价格没有人愿意收购，深加工以后的原木产品的价格反而要以比没有加工的原木更低。请分析其中的原因并提出纳税筹划方案。

方案一：农户进行深加工

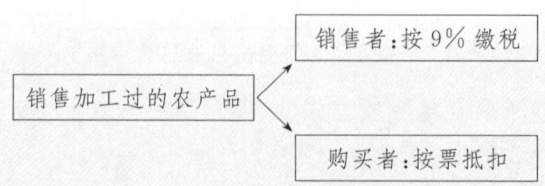

农户出售的原木属于免税农业产品，增值税一般纳税人收购原木后，可以抵扣9％的税款。因此，增值税一般纳税人收购200元的原木可抵扣18元税金，原材料成本只有182元。而农户将深加工的产品出售给工厂，工厂不能计提进项税。根据这种情况，增值税一般纳税人只愿意以192元的价格收购深加工的产品（182元的原木成本加上加工所耗用的电力和人工费10元）。另外，深加工后的农产品已不属于免税产品，农户还要纳增值税和所得税（如果达不到增值税起征点，可以免征增值税）。这样，对原木进行深加工的农户最后收入反而达不到200元，仅为192元。在这种情况下，农户深加工农业产品是失败的，这既有不能享受税收优惠的原因，也有增值率太低的因素。

方案二：直接出售原木和劳务

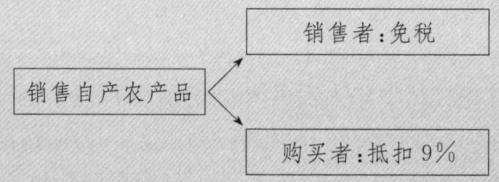

经过纳税筹划，可以采取另一种方式来避免出现以上情况，即农户将原木直接出售给工厂，工厂收购原木后雇用农户加工。通过改变加工方式，农户出售200元的原木可得收入200元，工厂雇用农户加工，6元的电费由工厂支付，还可以抵扣进项税额，工厂另外向农户支付人工费4元。这样，农户可得收入204元，比农户自行深加工增收了12元（204－192），企业也可抵扣农产品的18元税款以及电费所含进项税额，使成本得以降低。

四、从增值税结算方式着手的税收筹划

根据《中华人民共和国增值税暂行条例》第19条的规定，增值税纳税义务发生时间如下：

（1）发生应税销售行为的，为收讫销售款项或者取得索取销售款项凭据的当天；先开具发票的，为开具发票的当天。

（2）进口货物，为报关进口的当天。

根据《中华人民共和国增值税暂行条例实施细则》第38条的规定，收讫销售款项或者取得索取销售款项凭据的当天，按销售结算方式的不同，具体为以下几种：

（1）采取直接收款方式销售货物，不论货物是否发出，均为收到销售款或者取得索取销售款凭据的当天；

（2）采取托收承付和委托银行收款方式销售货物，为发出货物并办妥托收手续的当天；

（3）采取赊销和分期收款方式销售货物，为书面合同约定的收款日期的当天，无书面合同的或者书面合同没有约定收款日期的，为货物发出的当天；

（4）采取预收货款方式销售货物，为货物发出的当天，但生产销售生产工期超过12个月的大型机械设备、船舶、飞机等 货物，为收到预收款或者书面合同约定的收款日期的当天；

（5）委托其他纳税人代销货物，为收到代销单位的代销清单或者收到全部或者部分货款的当天。未收到代销清单及货款的，为发出代销货物满180天的当天；

（6）销售应税劳务，为提供劳务同时收讫销售款或者取得索取销售款的凭据的当天；

（7）纳税人发生视同销售货物行为，为货物移送的当天。

纳税人可以充分利用上述增值税纳税义务发生时间的规定，通过适当调整结算方式进行纳税筹划。例如，采取赊销和分期收款方式销售货物时，购买方在合同约定时间无法支付货款，则应当及时修改合同，以确保销售方在收到货款后再缴纳增值税，否则，销售方则需要在合同约定的付款日期（在该日期实际上并未收到货款）产生增值税的纳税义务并应当在随后的纳税期限到来后缴纳增值税。对于委托销售的，如果发出代销货物即将满180天仍然未收到代销清单及货款，则应当及时办理退货手续，否则就产生了增值税的纳税义务。

【例 2 - 9】

从增值税结算方式入手的税收筹划

甲公司委托乙公司代销一批货物。甲公司于 2019 年 1 月 1 日发出货物，2019 年 12 月 1 日收到乙公司的代销清单和全部货款 113 万元。甲公司是按月缴纳增值税的企业。甲公司应当在何时缴纳增值税？并提出纳税筹划方案。

方案一：发出代销货物满 180 天的当天计算增值税

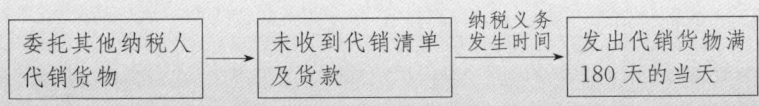

发出代销货物满 180 天，即 2019 年 6 月 29 日计算增值税，应纳增值税＝113÷（1＋13％）×13％＝13（万元）。甲公司应当在 7 月 15 日之前缴纳 13 万元的增资税（如有进项税额，可以抵扣进项税额后再缴纳）。

方案二:在收到代销清单及货款时计算增值税

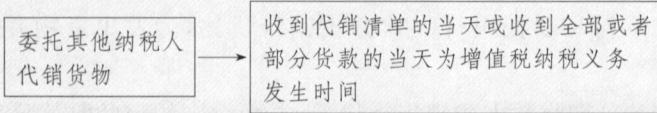

经过纳税筹划,甲公司为了避免在发出货物满180天时产生增值税的纳税义务,可以在发出货物179天之时,即2019年6月28日,要求乙公司退还代销的货物,然后在2019年6月29日与乙公司重新办理代销货物手续。这样,甲公司就可以在实际收到代销清单及113万元的货款时计算13万元的增值税销项税额,并于2020年1月15日之前缴纳增值税。

五、从增值税销售优惠着手的税收筹划

销售折扣,是指企业在销售货物或提供应税劳务的行为发生后,为了尽快收回资金而给予债务方一定价格上的优惠的形式。销售折扣通常采用"3/10、1/20、N/13"等符号。这三种符号的含义是:如果债务方在10天内付清款项,则折扣额为3%;如果在20天内付清款项,则折扣额为1%;如果在30天内付清款项,则应全额支付。由于销售折扣发生在销售货物之后,本身并不属于销售行为,而为一种融资性的理财行为,因此销售折扣不得从销售额中减除,企业应当按照全部销售额计算缴纳增值税。销售折扣在实际发生时计入财务费用。

从企业税负角度考虑,折扣销售方式优于销售折扣方式。如果企业面对的是一个信誉良好的客户,销售货款回收的风险较小,那么企业可以考虑通过修改合同,将销售折扣方式改为折扣销售方式。

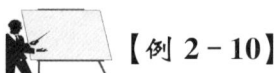【例 2 - 10】

销售折扣和折扣销售的增值税税收筹划

企业与客户签订的合同约定不含税销售额为100 000元,合同中约定的付款期为40天。如果对方可以在20天内付款,将给予对方3%的销售折扣,即3 000元。指出该企业可以通过什么方式进行纳税筹划。

方案一:销售折扣

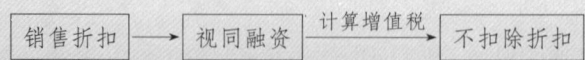

企业采取销售折扣的方式,折扣额不能从销售额中扣除,企业应按照100 000元的销售额计算增值税销项税额。这样,增值税销项税额=100 000×13%=13 000(元)。

方案二：折扣销售

折扣销售 ⟶ 开在同一张发票上 —计算增值税→ 可以扣除

企业在承诺给对方 3％ 的折扣的同时，将合同中约定的付款期缩短为 20 天，这样就可以在给对方开具增值税专用发票时，将以上折扣额与销售额开在同一张发票上，使企业按照折扣后的销售额计算销项税额，增值税销项税额＝100 000×（1－3％）×13％＝12 610（元）。这样，企业收入没有降低，但节省了 390（3 000×13％）元的增值税。当然，这种方法也有缺点，因为如果对方企业没有在 20 天内付款，企业会遭受损失。

六、从增值税起征点着手的税收筹划

根据《营业税改征增值税试点实施办法》，个人发生应税行为的销售额未达到增值税起征点的，免征增值税；达到起征点的，全额计算缴纳增值税。增值税起征点不适用于登记为一般纳税人的个体工商户。关于起征点，具体从以下几个方面解读。

（一）适用范围

增值税起征点仅适用于财税〔2016〕36 号文的附件 1《营业税改征增值税试点实施办法》第一条规定的个人，包括：个体工商户和其他个人，但不适用登记为一般纳税人的个体工商户，即增值税起征点仅适用于个体工商户小规模纳税人和其他个人。

（二）销售额的确定

销售额不包括其应纳增值税税额。采用销售额和应纳税额合并定价方法的，按照下列公式计算销售额：

$$销售额＝含税销售额÷（1＋征收率）$$

纳税人应税销售额达到增值税起征点的，应全额计算缴纳增值税，不应仅就超过增值税起征点的部分计算缴纳增值税。

增值税起征点幅度如下：

① 按期纳税的，为月销售额 5 000～20 000 元（含本数）。

② 按次纳税的，为每次（日）销售额 300～500 元（含本数）。

起征点的调整由财政部和国家税务总局规定。省、自治区、直辖市财政厅（局）和国家税务局应当在规定的幅度内，根据实际情况确定本地区适用的起征点，并报财政部和国家税务总局备案。

综上，个人和个体户的不含税销售额如果在当地规定的增值税起征点附近，应当尽量使自己不含税销售额低于税法规定的起征点，从而享受免税的优惠待遇。

临界点 A＝销售额－起征点－销售额×3％，若 A＞0，则需要适当降低销售额使收益达到最大值。

【例 2 - 11】

某个体工商户销售水果、杂货，每月含税销售额为 20 600 元左右，当地财政厅和国家税务局规定的增值税起征点为 20 000 元。该个体商户如何进行税务筹划才能使收益最大？

方案一：保持当前每月 20 600 元的含税销售额

保持当前的销售额 $\longrightarrow$ 销售额超过起征点 $\xrightarrow{\text{纳税}}$ 税收负担＝销售额×3％

每月不含税销售额＝20 600÷（1＋3％）＝20 000（元）

达到增值税起征点，全年应纳增值税额＝20 600÷（1＋3％）×3％×12＝7 200（元）

如不考虑其他税费，该个体户每年收入＝20 600×12－7 200＝240 000（元）

方案二：将每月含税销售额降低为 20 500 元

适当降低销售额 $\longrightarrow$ 销售额不超过起征点 $\xrightarrow{\text{不纳税}}$ 税收负担＝0

每月不含税销售额＝20 500÷（1＋3％）＝19 902.91（元）

没有达到增值税起征点，不需缴纳增值税。

如不考虑其他税费，该个体户每年收入＝20 500×12＝246 000（元）

方案二下销售额降低了，但收入反而较方案一增加了 246 000－240 000＝6 000（元）

第三节　增值税的减税与免税

一、法定免税项目

（1）农业生产者销售的自产农产品。农业，是指种植业、养殖业、林业、牧业、水产业。农业生产者，包括从事农业生产的单位和个人。农产品，是指初级农产品，具体范围由财政部、国家税务总局确定。

（2）避孕药品和用具。

（3）古旧图书。古旧图书是指向社会收购的古书和旧书。

（4）直接用于科学研究、科学试验和教学的进口仪器、设备。

（5）外国政府、国际组织无偿援助的进口物资和设备。

（6）由残疾人的组织直接进口供残疾人专用的物品。

（7）销售的自己使用过的物品，自己使用过的物品是指其他个人（自然人）使用过的物品。

除上述规定外，增值税的免税、减税项目由国务院规定，任何地区、部门均不得规定免税、减税项目。

纳税人兼营免税、减税项目的，应当分别核算免税、减税项目的销售额；未分别核算销售额的，不得免税、减税。

纳税人销售货物或者应税劳务适用免税规定的，可以放弃免税，依照《增值税暂行条例》的规定缴纳增值税。放弃免税后，36个月内不得再申请免税。

安置残疾人单位既符合促进残疾人就业增值税优惠政策条件，又符合其他增值税优惠政策条件的，可同时享受多项增值税优惠政策，但年度申请退换增值税总额不得超过本年度内应纳增值税总额。

纳税人既有增值税即征即退、先征先退项目，也有出口等其他增值税应税项目的，增值税即征即退和先征后退项目不参与出口项目免抵退税计算。纳税人应分别核算增值税即征即退、先征后退项目和出口等其他增值税应税项目，分别申请享受增值税即征即退、先征后退和免抵退税政策。

二、粮食和食用植物油

（1）对承担粮食收储任务的国有粮食购销企业销售的粮食免征增值税。对其他粮食企业经营粮食，除下列项目免征增值税外，一律征收增值税：①军队用粮，指凭军用粮票和军粮供应证按军供价供应中国人民解放军和中国人民武装警察部队的粮食；②救灾救济粮，指经县（含）以上人民政府批准，凭救灾救济粮票（证）按规定的销售价格向需要救助的灾民供应的粮食；③水库移民口粮，指经县（含）以上人民政府批准，凭水库移民口粮票（证）按规定的销售价格供应给水库移民的粮食。对销售食用植物油业务，除政府储备食用植物油的销售继续免征增值税外，一律照章征收增值税。

（2）享受免税优惠的国有粮食购销企业可继续使用增值税专用发票。自1999年8月1日起，凡国有粮食购销企业销售粮食，一律开具增值税专用发票。国有粮食购销企业开具增值税专用发票时，应当比照非免税货物开具增值税专用发票，企业记账销售额为"价税合计"数。属于一般纳税人的生产、经营单位从国有粮食购销企业购进的免税粮食，可依照国有粮食购销企业开具的增值税专用发票注明的税额抵扣进项税额。

（3）凡享受免征增值税的国有粮食购销企业，均按增值税一般纳税人认定，并进行纳税申报、日常检查及有关增值税专用发票的各项管理。

（4）对粮食部门经营的退耕还林还草补助粮，凡符合国家规定标准的，比照"救灾救济粮"免征增值税。

（5）自2002年6月1日起，对中国储备粮总公司及各分公司所属的政府储备食用植物油承储企业，按照国家指令计划销售的政府储备食用植物油，可比照《国家税务总局关于国有粮食购销企业开具粮食销售发票有关问题的通知》（国税明电〔1999〕10号）及《国家税务总局关于加强国有粮食购销企业增值税管理有关问题的通知》（国税函〔1999〕560

号)的有关规定执行,允许其开具增值税专用发票并纳入增值税防伪税控系统管理。

自 2014 年 5 月 1 日起,上述增值税免税政策适用范围由粮食扩大到粮食和大豆,并可对免税业务开具增值税专用发票。此前发生的大豆销售行为,税务机关已处理的,不再调整;尚未处理的,可按上述规定执行。

三、饲料

免征增值税饲料产品的范围包括如下几项:

(1) 单一大宗饲料,指以一种动物、植物、微生物或矿物质为来源的产品或其副产品。其范围仅限于糠麸、酒糟、鱼粉、草饲料、饲料级磷酸氢钙及除豆粕以外的菜籽粕、棉籽粕、向日葵粕、花生粕等粕类产品。饲用鱼油、饲料级磷酸二氢钙也按照"单一大宗饲料"对待。其中,饲用鱼油自 2003 年 1 月 1 日起免征增值税,饲料级磷酸二氢钙自 2007 年 1 月 1 日起免征增值税。

(2) 混合饲料,指由两种以上单一大宗饲料、粮食、粮食副产品及饲料添加剂按照一定的比例配置,其中单一大宗饲料、粮食及粮食副产品的掺兑比例不低于 95% 的饲料。

(3) 配合饲料,指根据不同的饲养对象、饲养对象的不同生长发育阶段的营养需要,将多种饲料原料按饲料配方经工业生产后,形成的能满足饲养动物全部营养需要(除水分外)的饲料。自 2013 年 9 月 1 日起,精料补充料免征增值税。精料补充料是指补充草食动物的营养,将多种饲料和饲料添加剂按照一定比例配制的饲料。

(4) 复合预混料,指能够按照国家有关饲料产品的标准要求量,全面提供动物饲养相应阶段所需微量元素(4 种或以上)、维生素(8 种或以上),由微量元素、维生素、氨基酸和非营养性添加剂中任何两类或两类以上的组分与载体或稀释剂按一定比例配置的均匀混合物。

(5) 浓缩饲料,指由蛋白质、复合预混料及矿物质等按一定比例配制的均匀混合物。

矿物质微量元素舔砖,是以四种以上微量元素、非营养性添加剂和载体为原料,经高压浓缩制成的块状预混物,可供牛、羊等牲畜直接食用。

宠物饲料不属于免征增值税的饲料。

四、财政部、国家税务总局规定的其他增值税优惠政策

(一) 关于资源综合利用产品和劳务增值税优惠政策

为进一步推动资源综合利用和节能减排,规范和优化增值税政策,自 2015 年 7 月 1 日起,国家对资源综合利用产品和劳务增值税优惠政策进行了整合和调整。

(1) 税收优惠的内容纳税人销售自产的资源综合利用产品和提供资源综合利用劳务(以下称销售综合利用产品和劳务),可享受增值税即征即退政策。具体综合利用的资源名称、综合利用产品和劳务名称、技术标准和相关条件、退税比例等按照《资源综合利用产品和劳务增值税优惠目录》(财税〔2015〕78 号,以下简称《目录》)的相关规定执行。

(2) 享受资源综合利用产品和劳务增值税优惠的条件。纳税人从事《目录》所列的资源综合利用项目,其申请享受增值税即征即退政策时,应同时符合下列条件:①属于增值

税一般纳税人;②销售综合利用产品和劳务,不属于国家发展改革委《产业结构调整指导目录》中的禁止类、限制类项目;③销售综合利用产品和劳务,不属于环境保护部《环境保护综合名录》中的"高污染、高环境风险"产品或者重污染工艺;④综合利用的资源,属于环境保护部《国家危险废物名录》列明的危险废物的,应当取得省级及以上环境保护部门颁发的《危险废物经营许可证》,且许可经营范围包括该危险废物的利用;⑤纳税信用等级不属于税务机关评定的 C 级或 D 级。

纳税人在办理退税事宜时,应向主管税务机关提供其符合上述条件以及《目录》规定的技术标准和相关条件的书面声明材料,未提供书面声明材料或者出具虚假材料的,税务机关不得给予退税。

(3)已享受增值税即征即退政策的纳税人,自不符合《资源综合利用产品和劳务增值税优惠目录》第二条规定的条件以及《目录》规定的技术标准和相关条件的次月起,不再享受增值税即征即退政策。

(4)已享受增值税即征即退政策的纳税人,因违反税收、环境保护的法律法规受到处罚(警告或单次 1 万元以下罚款除外)的,自处罚决定下达的次月起 36 个月内,不得享受本通知规定的增值税即征即退政策。

(5)纳税人应当单独核算适用增值税即征即退政策的综合利用产品和劳务的销售额和应纳税额。未单独核算的,不得享受增值税即征即退政策。

(二)医疗卫生的增值税优惠政策

1. 关于非营利性医疗机构的税收政策

对非营利性医疗机构自产自用的制剂,免征增值税。

非营利性医疗机构的药房分离为独立的药品零售企业,应按规定征收各项税收。

2. 关于营利性医疗机构的税收政策

对营利性医疗机构取得的收入,按规定征收各项税收。但为了支持营利性医疗机构的发展,对营利性医疗机构取得的收入,直接用于改善医疗卫生条件的,自其取得执业登记之日起,3 年内对其自产自用的制剂免征增值税。

对营利性医疗机构的药房分离为独立的药品零售企业,应按规定征收各项税收。

3. 疾病控制机构和妇幼保健机构等的服务收入

关于疾病控制机构和妇幼保健机构等卫生机构按照国家规定的价格取得的卫生服务收入(含疫苗接种和调拨、销售收入),免征各项税收。不按照国家规定的价格取得的卫生服务收入不得享受这项政策。

4. 血站

自 1999 年 11 月 1 日起,对血站供应给医疗机构的临床用血免征增值税。血站是指根据《中华人民共和国献血法》的规定,由国务院或省级人民政府卫生行政部门批准的,从事采集、提供临床用血,不以营利为目的的公益性组织。

5. 供应非临床用血

属于增值税一般纳税人的单采血浆站销售非临床用人体血液,可以按照简易办法依照 6% 征收率计算应纳税额,但不得对外开具增值税专用发票;也可以按照销项税额抵扣进项税额的办法依增值税适用税率计算应纳税额。

（三）修理修配劳务的增值税优惠

1. 飞机修理

自 2000 年 1 月 1 日起，对飞机维修劳务增值税实际税负超过 6％的部分即征即退。

2. 铁路货车修理

自 2001 年 1 月 1 日起，对铁路系统内部单位为本系统修理货车的业务免征增值税。"铁路系统内部单位"包括中国南方、北方机车车辆工业集团公司所属企业，其为铁路系统修理铁路货车的业务免征增值税。

3. 飞机维修企业的国外飞机维修业务

对承揽国内、国外航空公司飞机维修业务的企业（以下简称"飞机维修企业"）所从事的国外航空公司飞机维修业务，实行免征本环节增值税应纳税额、直接退还相应增值税进项税额的办法。

飞机维修企业应分别核算国内、国外飞机维修业务的进项税额；未分别核算或者未准确核算进项税额的，由主管税务机关进行核定。造成多退税款的，予以追回；涉及违法犯罪的，按有关法律法规规定处理。

（四）软件产品的增值税优惠

自 2011 年 1 月 1 日起，软件产品执行以下增值税政策（财税〔2011〕100 号）。所称软件产品，是指信息处理程序及相关文档和数据，包括计算机软件产品、信息系统和嵌入式软件产品。

1. 增值税优惠政策

（1）增值税一般纳税人销售其自行开发生产的软件产品，按基本税率征收增值税后，对其增值税实际税负超过 3％的部分实行即征即退政策。

（2）增值税一般纳税人将进口软件产品进行本地化改造后对外销售，其销售的软件产品可享受第(1)款规定的增值税即征即退政策。本地化改造是指对进口软件产品进行重新设计、改进、转换等，单纯对进口软件产品进行汉字化处理不包括在内。

2. 满足下列条件的可以享受上述增值税优惠政策

（1）取得省级软件产业主管部门认可的软件检测机构出具的检测证明材料；

（2）取得软件产业主管部门颁发的《软件产品登记证书》或著作权行政管理部门颁发的《计算机软件著作权登记证书》。

3. 软件产品增值税即征即退税额的计算

（1）软件产品（含嵌入式软件产品）增值税即征即退税额的计算方法：

$$\text{即征即退税额} = \text{当期软件产品增值税应纳税额} - \text{当期软件产品销售额} \times 3\% \text{当期软件产品增值税应纳税额}$$

$$= \text{当期软件产品销项税额} - \text{当期软件产品可抵扣进项税额}$$

当期软件产品销项税额＝当期软件产品销售额×适用税率

（2）当期嵌入式软件产品销售额的计算公式：

$$当期嵌入式软件产品销售额 = 当期嵌入式软件产品与计算机硬件、机器设备销售额合计 - 当期计算机硬件、机器设备销售额$$

计算机硬件、机器设备销售额按照下列顺序确定：①按纳税人最近同期同类货物的平均销售价格计算确定；②按其他纳税人最近同期同类货物的平均销售价格计算确定；③按计算机硬件、机器设备组成计税价格计算确定。

$$计算机硬件、机器设备组成计税价格 = 计算机硬件、机器设备成本 \times (1 + 10\%)$$

4. 办理退税手续

按照上述办法计算，即征即退税额大于零时，税务机关应按规定，及时办理退税手续。

5. 进项税额分摊

增值税一般纳税人在销售软件产品的同时销售其他货物或者应税劳务的，对于无法划分的进项税额，应按照实际成本或销售收入比例确定软件产品应分摊的进项税额；对专用于软件产品开发生产设备及工具的进项税额，不得进行分摊。纳税人应将选定的分摊方式报主管税务机关备案，并自备案之日起一年内不得变更。

专用于软件产品开发生产的设备及工具，包括但不限于用于软件设计的计算机设备、读写打印器具设备、工具软件、软件平台和测试设备。

6. 成本核算

对增值税一般纳税人随同计算机硬件、机器设备一并销售的嵌入式软件产品，如果适用上述规定按照组成计税价格计算确定计算机硬件、机器设备销售额，应分别核算成本。未分别核算或者核算不清的，不得享受上述政策。

（五）供热企业的增值税优惠

对供热企业向居民个人（以下称居民）供热而取得的采暖费收入继续免征增值税。向居民供热而取得的采暖费收入，包括供热企业直接向居民收取的、通过其他单位向居民收取的和由单位代居民缴纳的采暖费。

免征增值税的采暖费收入，应当按照《增值税暂行条例》第十六条的规定单独核算。通过热力产品经营企业向居民供热的热力产品生产企业，应当根据热力产品经营企业实际从居民取得的采暖费收入占该经营企业采暖费总收入的比例确定免税收入比例。

（六）蔬菜流通环节增值税免税政策

自2012年1月1日起，免征蔬菜流通环节增值税。

（1）对从事蔬菜批发、零售的纳税人销售的蔬菜免征增值税。蔬菜是指可作副食的草本、木本植物，包括各种蔬菜、菌类植物和少数可作副食的木本植物。蔬菜的主要品种参照《蔬菜主要品种目录》执行。

经挑选、清洗、切分、晾晒、包装、脱水、冷藏、冷冻等工序加工的蔬菜，属于《关于免征蔬菜流通环节增值税有关问题的通知》（财税〔2011〕137号）所述蔬菜的范围。

各种蔬菜罐头不属于财税〔2011〕137号文件所述蔬菜的范围。蔬菜罐头是指蔬菜经处理、装罐、密封、杀菌或无菌包装而制成的食品。

（2）纳税人既销售蔬菜又销售其他增值税应税货物的，应分别核算蔬菜和其他增值税应税货物的销售额；未分别核算的，不得享受蔬菜增值税免税政策。

（七）制种行业增值税政策

制种企业在下列生产经营模式下生产种子，属于农业生产者销售自产农产品，免征增值税。

（1）制种企业利用自有土地或承租土地，雇佣农户或雇工进行种子繁育，再经烘干、脱粒、风筛等深加工后销售种子。

（2）制种企业提供亲本种子委托农户繁育并从农户手中收回，再经烘干、脱粒、风筛等深加工后销售种子。

（八）有机肥产品免征增值税政策

自2008年6月1日起，纳税人生产销售和批发、零售有机肥产品免征增值税。享受免税政策的有机肥产品是指有机肥料、有机-无机复混肥料和生物有机肥。不属于财税〔2008〕56号文件规定的有机肥产品，应按照现行规定征收增值税。

纳税人销售免税的有机肥产品，应按规定开具普通发票，不得开具增值税专用发票。纳税人申请免征增值税，应向主管税务机关提供相关的资料，凡不能提供的，一律不得免税。

（九）债转股企业增值税优惠政策

按债转股企业与金融资产管理公司签订的债转股协议，债转股原企业将货物资产作为投资提供给债转股新公司的，免征增值税。

（十）购买特定化工产品生产原料的增值税优惠政策

自2014年3月1日起，对外购用于生产乙烯、芳烃类化工产品（以下称特定化工产品）的石脑油、燃料油（以下称2类油品），且使用2类油品生产特定化工产品的产量占本企业用石脑油、燃料油生产各类产品总量50%（含）以上的企业，其外购2类油品的价格中消费税部分对应的增值税，予以退还。

予以退还的增值税额=已缴纳消费税的2类油品数量×2类油品消费税单位税额×16%

对符合上述规定条件的企业，在2014年2月28日前形成的增值税期末留抵税额，可在不超过其购进2类油品的价格中消费税部分对应的增值税额的规模下，申请一次性退还。

（十一）小规模纳税人的增值税优惠政策

小规模纳税人发生增值税应税销售行为，合计月销售额未超过10万元（以1个季度为1个纳税期的，季度销售额未超过30万元，下同）的，免征增值税。

小模纳税人发生增值税应税销售行为，合计月销售额超过10万元，但扣除本期发生的销售不动产的销售额后未超过10万元的，其销售货物、劳务、服务、无形资产取得的销售额免征增值税。

适用增值税差额征税政策的小规模纳税人，以差额后的销售额确定是否可以享受上述规定的免征增值税政策。

《增值税纳税申报表（小规模纳税人适用）》中的"免税销售额"相关栏次，填写差额后的销售额。

（十二）境内的单位和个人销售规定的服务和无形资产的增值税优惠政策

境内的单位和个人销售规定的服务和无形资产免征增值税，但财政部和国家税务总局规定适用增值税零税率的除外。

五、营业税改征增值税试点过渡政策的规定（财税〔2016〕36号）

（一）免征增值税的项目

（1）托儿所、幼儿园提供的保育和教育服务。

托儿所、幼儿园，是指经县级以上教育部门审批成立、取得办园许可证的实施0～6岁学前教育的机构，包括公办和民办的托儿所、幼儿园、学前班、幼儿班、保育院、幼儿院。

公办托儿所、幼儿园免征增值税的收入是指，在省级财政部门和价格主管部门审核报省级人民政府批准的收费标准以内收取的教育费、保育费。

民办托儿所、幼儿园免征增值税的收入是指，在报经当地有关部门备案并公示的收费标准范围内收取的教育费、保育费。

超过规定收费标准的收费，以开办实验班、特色班和兴趣班等为由另外收取的费用以及与幼儿入园挂钩的赞助费、支教费等超过规定范围的收入，不属于免征增值税的收入。

（2）养老机构提供的养老服务。

养老机构，是指依照民政部《养老机构设立许可办法》（民政部令第48号）设立并依法办理登记的为老年人提供集中居住和照料服务的各类养老机构；养老服务，是指上述养老机构按照民政部《养老机构管理办法》（民政部令第49号）的规定，为收住的老年人提供的生活照料、康复护理、精神慰藉、文化娱乐等服务。

（3）残疾人福利机构提供的育养服务。

（4）婚姻介绍服务。

（5）殡葬服务。

殡葬服务，是指收费标准由各地价格主管部门会同有关部门核定，或者实行政府指导价管理的遗体接运（含抬尸、消毒）、遗体整容、遗体防腐、存放（含冷藏）、火化、骨灰寄存、吊唁设施设备租赁、墓穴租赁及管理等服务。

（6）残疾人员本人为社会提供的服务。

（7）医疗机构提供的医疗服务。

医疗机构，是指依据国务院《医疗机构管理条例》（国务院令第149号）及卫生部《医疗机构管理条例实施细则》（卫生部令第35号）的规定，经登记取得《医疗机构执业许可证》的机构，以及军队、武警部队各级各类医疗机构。具体包括：各级各类医院、门诊部（所）、社区卫生服务中心（站）、急救中心（站）、城乡卫生院、护理院（所）、疗养院、临床检验中心，各级政府及有关部门举办的卫生防疫站（疾病控制中心）、各种专科疾病防治站（所），各级政府举办的妇幼保健所（站）、母婴保健机构、儿童保健机构，各级政府举办的血站（血液中心）等医疗机构。

本项所称的医疗服务,是指医疗机构按照不高于地(市)级以上价格主管部门会同同级卫生主管部门及其他相关部门制定的医疗服务指导价格(包括政府指导价和按照规定由供需双方协商确定的价格等)为就医者提供《全国医疗服务价格项目规范》所列的各项服务,以及医疗机构向社会提供卫生防疫、卫生检疫的服务。

(8)从事学历教育的学校提供的教育服务。

学历教育,是指受教育者经过国家教育考试或者国家规定的其他入学方式,进入国家有关部门批准的学校或者其他教育机构学习,获得国家承认的学历证书的教育形式。具体包括:①初等教育:普通小学、成人小学;②初级中等教育:普通初中、职业初中、成人初中;③高级中等教育:普通高中、成人高中和中等职业学校(包括普通中专、成人中专、职业高中、技工学校);④高等教育:普通本专科、成人本专科、网络本专科、研究生(博士、硕士)、高等教育自学考试、高等教育学历文凭考试。

从事学历教育的学校,是指:普通学校;经地(市)级以上人民政府或者同级政府的教育行政部门批准成立、国家承认其学员学历的各类学校;经省级及以上人力资源社会保障行政部门批准成立的技工学校、高级技工学校;经省级人民政府批准成立的技师学院。

上述学校均包括符合规定的从事学历教育的民办学校,但不包括职业培训机构等国家不承认学历的教育机构。

提供教育服务免征增值税的收入,是指对列入规定招生计划的在籍学生提供学历教育服务取得的收入,具体包括:经有关部门审核批准并按规定标准收取的学费、住宿费、课本费、作业本费、考试报名费收入,以及学校食堂提供餐饮服务取得的伙食费收入。除此之外的收入,包括学校以各种名义收取的赞助费、择校费等,不属于免征增值税的范围。

学校食堂是指依照《学校食堂与学生集体用餐卫生管理规定》(教育部令第14号)管理的学校食堂。

(9)学生勤工俭学提供的服务。

(10)农业机耕、排灌、病虫害防治、植物保护、农牧保险以及相关技术培训业务,家禽、牲畜、水生动物的配种和疾病防治。农业机耕,是指在农业、林业、牧业中使用农业机械进行耕作(包括耕耘、种植、收割、脱粒、植物保护等)的业务;排灌,是指对农田进行灌溉或者排涝的业务;病虫害防治,是指从事农业、林业、牧业、渔业的病虫害测报和防治的业务;农牧保险,是指为种植业、养殖业、牧业种植和饲养的动植物提供保险的业务;相关技术培训,是指与农业机耕、排灌、病虫害防治、植物保护业务相关以及为使农民获得农牧保险知识的技术培训业务;家禽、牲畜、水生动物的配种和疾病防治业务的免税范围,包括与该项服务有关的提供药品和医疗用具的业务。

(11)纪念馆、博物馆、文化馆、文物保护单位管理机构、美术馆、展览馆、书画院、图书馆在自己的场所提供文化体育服务取得的第一道门票收入。

(12)寺院、宫观、清真寺和教堂举办文化、宗教活动的门票收入。

(13)行政单位之外的其他单位收取的符合《营业税改征增值税试点实施办法》(财税[2016]36号)第十条规定条件的政府性基金和行政事业性收费。

(14)个人转让著作权。

（15）个人销售自建自用住房。

（16）2018 年 12 月 31 日前,公共租赁住房经营管理单位出租公共租赁住房。

公共租赁住房,是指纳入省、自治区、直辖市、计划单列市人民政府及新疆生产建设兵团批准的公共租赁住房发展规划和年度计划,并按照《关于加快发展公共租赁住房的指导意见》(建保〔2010〕87 号)和市、县人民政府制定的具体管理办法进行管理的公共租赁住房。

（17）中国台湾航运公司、航空公司从事海峡两岸海上直航、空中直航业务在大陆取得的运输收入。中国台湾航运公司,是指取得交通运输部颁发的"台湾海峡两岸间水路运输许可证"且该许可证上注明的公司登记地址在中国台湾的航运公司。中国台湾航空公司,是指取得中国民用航空局颁发的"经营许可"或者依据《海峡两岸空运协议》和《海峡两岸空运补充协议》规定,批准经营两岸旅客、货物和邮件不定期(包机)运输业务,且公司登记地址在中国台湾的航空公司。

（18）纳税人提供的直接或者间接国际货物运输代理服务。

① 纳税人提供直接或者间接国际货物运输代理服务,向委托方收取的全部国际货物运输代理服务收入,以及向国际运输承运人支付的国际运输费用,必须通过金融机构进行结算。

② 纳税人为大陆与中国香港、中国澳门、中国台湾地区之间的货物运输提供的货物运输代理服务参照国际货物运输代理服务有关规定执行。

③ 委托方索取发票的,纳税人应当就国际货物运输代理服务收入向委托方全额开具增值税普通发票。

（19）下列利息收入。

① 2016 年 12 月 31 日前,金融机构农户小额贷款。小额贷款,是指单笔且该农户贷款余额总额在 10 万元(含本数)以下的贷款。所称农户,是指长期(一年以上)居住在乡镇(不包括城关镇)行政管理区域内的住户,还包括长期居住在城关镇所辖行政村范围内的住户和户口不在本地而在本地居住一年以上的住户,国有农场的职工和农村个体工商户。位于乡镇(不包括城关镇)行政管理区域内和在城关镇所辖行政村范围内的国有经济的机关、团体、学校、企事业单位的集体户;有本地户口,但举家外出谋生一年以上的住户,无论是否保留承包耕地均不属于农户。农户以户为统计单位,既可以从事农业生产经营,也可以从事非农业生产经营。农户贷款的判定应以贷款发放时的承贷主体是否属于农户为准。

② 国家助学贷款。

③ 国债、地方政府债。

④ 人民银行对金融机构的贷款。

⑤ 住房公积金管理中心用住房公积金在指定的委托银行发放的个人住房贷款。

⑥ 外汇管理部门在从事国家外汇储备经营过程中,委托金融机构发放的外汇贷款。

⑦ 统借统还业务中,企业集团或企业集团中的核心企业以及集团所属财务公司按不高于支付给金融机构的借款利率水平或者支付的债券票面利率水平,向企业集团或者集

团内下属单位收取的利息。

统借方向资金使用单位收取的利息,高于支付给金融机构借款利率水平或者支付的债券票面利率水平的,应全额缴纳增值税。

统借统还业务,是指:企业集团或者企业集团中的核心企业向金融机构借款或对外发行债券取得资金后,将所借资金分拨给下属单位(包括独立核算单位和非独立核算单位,下同),并向下属单位收取用于归还金融机构或债券购买方本息的业务。

企业集团向金融机构借款或对外发行债券取得资金后,由集团所属财务公司与企业集团或者集团内下属单位签订统借统还贷款合同并分拨资金,并向企业集团或者集团内下属单位收取本息,再转付企业集团,由企业集团统一归还金融机构或债券购买方的业务。

(20)被撤销金融机构以货物、不动产、无形资产、有价证券、票据等财产清偿债务。被撤销金融机构,是指经人民银行、银监会依法决定撤销的金融机构及其分设于各地的分支机构,包括被依法撤销的商业银行、信托投资公司、财务公司、金融租赁公司、城市信用社和农村信用社。除另有规定外,被撤销金融机构所属、附属企业,不享受被撤销金融机构增值税免税政策。

(21)保险公司开办的一年期以上人身保险产品取得的保费收入。

一年期以上人身保险,是指保险期间为一年期及以上返还本利的人寿保险、养老年金保险,以及保险期间为一年期及以上的健康保险。

人寿保险,是指以人的寿命为保险标的的人身保险。

养老年金保险,是指以养老保障为目的,以被保险人生存为给付保险金条件,并按约定的时间间隔分期给付生存保险金的人身保险。养老年金保险应当同时符合下列条件:① 保险合同约定给付被保险人生存保险金的年龄不得小于国家规定的退休年龄;② 相邻两次给付的时间间隔不得超过一年。

健康保险,是指以因健康原因导致损失为给付保险金条件的人身保险。

上述免税政策实行备案管理,具体备案管理办法按照《国家税务总局关于一年期以上返还性人身保险产品免征营业税审批事项取消后有关管理问题的公告》(国家税务总局公告 2015 年第 65 号)规定执行。

(22)下列金融商品转让收入。

① 合格境外投资者(QFII)委托境内公司在我国从事证券买卖业务。

② 香港市场投资者(包括单位和个人)通过沪港通买卖上海证券交易所上市 A 股。

③ 对香港市场投资者(包括单位和个人)通过基金互认买卖内地基金份额。

④ 证券投资基金(封闭式证券投资基金,开放式证券投资基金)管理人运用基金买卖股票、债券。

⑤ 个人从事金融商品转让业务。

(23)金融同业往来利息收入。

① 金融机构与人民银行所发生的资金往来业务,包括人民银行对一般金融机构贷款,以及人民银行对商业银行的再贴现等。

② 银行联行往来业务,同一银行系统内部不同行、处之间所发生的资金账务往来业务。

③ 金融机构间的资金往来业务,是指经人民银行批准,进入全国银行间同业拆借市场的金融机构之间通过全国统一的同业拆借网络进行的短期(一年以下含一年)无担保资金融通行为。

④ 金融机构之间开展的转贴现业务。《财政部、国家税务总局关于建筑服务等营改增试点政策的通知》(财税〔2017〕58 号)规定自 2018 年 1 月 1 日起废止。该通知还规定:"自 2018 年 1 月 1 日起,金融机构开展贴现、转贴现业务,以其实际持有票据期间取得的利息收入作为贷款服务销售额计算缴纳增值税。此前贴现机构已就贴现利息收入全额缴纳增值税的票据,转贴现机构转贴现利息收入继续免征增值税。"

金融机构是指:银行,包括人民银行、商业银行、政策性银行;信用合作社;证券公司;金融租赁公司、证券基金管理公司、财务公司、信托投资公司、证券投资基金;保险公司;其他经人民银行、银监会、证监会、保监会批准成立且经营金融保险业务的机构等。

(24) 同时符合下列条件的担保机构从事中小企业信用担保或者再担保业务取得的收入(不含信用评级、咨询、培训等收入)3 年内免征增值税。

① 已取得监管部门颁发的融资性担保机构经营许可证,依法登记注册为企(事)业法人,实收资本超过 2 000 万元。

② 平均年担保费率不超过银行同期贷款基准利率的 50%,平均年担保费率＝本期担保费收入/(期初担保余额＋本期增加担保金额)×100%。

③ 连续合规经营 2 年以上,资金主要用于担保业务,具备健全的内部管理制度和为中小企业提供担保的能力,经营业绩突出,对受保项目具有完善的事前评估、事中监控、事后追偿与处置机制。

④ 为中小企业提供的累计担保贷款额占其两年累计担保业务总额的 80% 以上,单笔800 万元以下的累计担保贷款额占其累计担保业务总额的 50% 以上。

⑤ 对单个受保企业提供的担保余额不超过担保机构实收资本总额的 10%,且平均单笔担保责任金额最多不超过 3 000 万元人民币。

⑥ 担保责任余额不低于其净资产的 3 倍,且代偿率不超过 2%。

担保机构免征增值税政策采取备案管理方式。符合条件的担保机构应到所在地县(市)主管税务机关和同级中小企业管理部门履行规定的备案手续,自完成备案手续之日起,享受 3 年免征增值税政策。3 年免税期满后,符合条件的担保机构可按规定程序办理备案手续后继续享受该项政策。

具体备案管理办法按照《国家税务总局关于中小企业信用担保机构免征营业税审批事项取消后有关管理问题的公告》(国家税务总局公告 2015 年第 69 号)规定执行,其中税务机关的备案管理部门统一调整为县(市)级国家税务局。

(25) 国家商品储备管理单位及其直属企业承担商品储备任务,从中央或者地方财政取得的利息补贴收入和价差补贴收入。

国家商品储备管理单位及其直属企业,是指接受中央、省、市、县四级政府有关部门

(或者政府指定管理单位)委托,承担粮(含大豆)、食用油、棉、糖、肉、盐(限于中央储备)等6种商品储备任务,并按有关政策收储、销售上述6种储备商品,取得财政储备经费或者补贴的商品储备企业。利息补贴收入,是指国家商品储备管理单位及其直属企业因承担上述商品储备任务从金融机构贷款,并从中央或者地方财政取得的用于偿还贷款利息的贴息收入。价差补贴收入包括销售价差补贴收入和轮换价差补贴收入。销售价差补贴收入,是指按照中央或者地方政府指令销售上述储备商品时,由于销售收入小于库存成本而从中央或者地方财政获得的全额价差补贴收入。轮换价差补贴收入,是指根据要求定期组织政策性储备商品轮换而从中央或者地方财政取得的商品新陈品质价差补贴收入。

(26) 纳税人提供技术转让、技术开发和与之相关的技术咨询、技术服务。

① 技术转让、技术开发,是指《销售服务、无形资产、不动产注释》中"转让技术""研发服务"范围内的业务活动。技术咨询,是指就特定技术项目提供可行性论证、技术预测、专题技术调查、分析评价报告等业务活动。

与技术转让、技术开发相关的技术咨询、技术服务,是指转让方(或者受托方)根据技术转让或者开发合同的规定,为帮助受让方(或者委托方)掌握所转让(或者委托开发)的技术,而提供的技术咨询、技术服务业务,且这部分技术咨询、技术服务的价款与技术转让或者技术开发的价款应当在同一张发票上开具。

② 备案程序。试点纳税人申请免征增值税时,须持技术转让、开发的书面合同,到纳税人所在地省级科技主管部门进行认定,并持有关的书面合同和科技主管部门审核意见证明文件报主管税务机关备查。

(27) 同时符合下列条件的合同能源管理服务。

① 节能服务公司实施合同能源管理项目相关技术,应当符合国家质量监督检验检疫总局和国家标准化管理委员会发布的《合同能源管理技术通则》(GB/T 24915—2010)规定的技术要求。

② 节能服务公司与用能企业签订节能效益分享型合同,其合同格式和内容,符合《中华人民共和国合同法》和《合同能源管理技术通则》(GB/T 24915—2010)等规定。

(28) 2017年12月31日前,科普单位的门票收入,以及县级及以上党政部门和科协开展科普活动的门票收入。

科普单位,是指科技馆、自然博物馆,对公众开放的天文馆(站、台)、气象台(站)、地震台(站),以及高等院校、科研机构对公众开放的科普基地。

科普活动,是指利用各种传媒以浅显的、让公众易于理解、接受和参与的方式,向普通大众介绍自然科学和社会科学知识,推广科学技术的应用,倡导科学方法,传播科学思想,弘扬科学精神的活动。

(29) 政府举办的从事学历教育的高等、中等和初等学校(不含下属单位),举办进修班、培训班取得的全部归该学校所有的收入。

全部归该学校所有,是指举办进修班、培训班取得的全部收入进入该学校统一账户,并纳入预算全额上缴财政专户管理,同时由该学校对有关票据进行统一管理和开具。

举办进修班、培训班取得的收入进入该学校下属部门自行开设账户的,不予免征增值税。

（30）政府举办的职业学校设立的主要为在校学生提供实习场所、并由学校出资自办、由学校负责经营管理、经营收入归学校所有的企业，从事《销售服务、无形资产或者不动产注释》中"现代服务"（不含融资租赁服务、广告服务和其他现代服务）、"生活服务"（不合文化体育服务、其他生活服务和桑拿、氧吧）业务活动取得的收入。

（31）家政服务企业由员工制家政服务员提供家政服务取得的收入。

家政服务企业，是指在企业营业执照的规定经营范围中包括家政服务内容的企业。

员工制家政服务员，是指同时符合下列 3 个条件的家政服务员。

① 依法与家政服务企业签订半年及半年以上的劳动合同或者服务协议，且在该企业实际上岗工作。

② 家政服务企业为其按月足额缴纳了企业所在地人民政府根据国家政策规定的基本养老保险、基本医疗保险、工伤保险、失业保险等社会保险。对已享受新型农村养老保险和新型农村合作医疗等社会保险或者下岗职工原单位继续为其缴纳社会保险的家政服务员，如果本人书面提出不再缴纳企业所在地人民政府根据国家政策规定的相应的社会保险，并出具其所在乡镇或者原单位开具的已缴纳相关保险的证明，可视同家政服务企业已为其按月足额缴纳了相应的社会保险。

③ 家政服务企业通过金融机构向其实际支付不低于企业所在地适用的经省级人民政府批准的最低工资标准的工资。

（32）福利彩票、体育彩票的发行收入。

（33）军队空余房产租赁收入。

（34）为了配合国家住房制度改革，企业、行政事业单位按房改成本价、标准价出售住房取得的收入。

（35）将土地使用权转让给农业生产者用于农业生产。

（36）涉及家庭财产分割的个人无偿转让不动产、土地使用权。家庭财产分割，包括下列情形：离婚财产分割；无偿赠与配偶、父母、子女、祖父母、外祖父母、孙子女、外孙子女、兄弟姐妹；无偿赠与对其承担直接抚养或者赡养义务的抚养人或者赡养人；房屋产权所有人死亡，法定继承人、遗嘱继承人或者受遗赠人依法取得房屋产权。

（37）土地所有者出让土地使用权和土地使用者将土地使用权归还给土地所有者。

（38）县级以上地方人民政府或自然资源行政主管部门出让、转让或收回自然资源使用权（不含土地使用权）。

（39）随军家属就业。

① 为安置随军家属就业而新开办的企业，自领取税务登记证之日起，其提供的应税服务 3 年内免征增值税。享受税收优惠政策的企业，随军家属必须占企业总人数的 60%（含）以上，并有军（含）以上政治和后勤机关出具的证明。

② 从事个体经营的随军家属，自办理税务登记事项之日起，其提供的应税服务 3 年内免征增值税。

随军家属必须有师以上政治机关出具的可以表明其身份的证明。

按照上述规定,每一名随军家属可以享受一次免税政策。

(40) 军队转业干部就业。

① 从事个体经营的军队转业干部,自领取税务登记证之日起,其提供的应税服务 3 年内免征增值税。

② 为安置自主择业的军队转业干部就业而新开办的企业,凡安置自主择业的军队转业干部占企业总人数 60%(含)以上的,自领取税务登记证之日起,其提供的应税服务 3 年内免征增值税。

享受上述优惠政策的自主择业的军队转业干部必须持有师以上部队颁发的转业证件。

(二) 增值税即征即退

(1) 增值税一般纳税人销售其自行开发的软件产品,按 13% 税率征收增值税后,对其增值税实际税负超过 3% 的部分实行即征即退政策。

增值税一般纳税人将进口软件产品进行本地化改造后对外销售,其销售的软件产品可享受上述规定的增值税即征即退政策。本地化改造是指对进口软件产品进行重新设计、改进、转换等,单纯对进口软件产品进行汉字化处理不包括在内。

(2) 一般纳税人提供管道运输服务,对其增值税实际税负超过 3% 的部分实行增值税即征即退政策。

(3) 纳税人安置残疾人应享受增值税即征即退优惠政策:

① 纳税人,是指安置残疾人的单位和个体工商户。

② 纳税人本期应退增值税额按下列公式计算:

本期应退增值税额=本期所含月份每月应退增值税额之和

月应退增值税额=纳税人本月安置残疾人员人数×本月月最低工资标准的 4 倍

月最低工资标准是指纳税人所在区县(含县级市、旗)适用的经省(含自治区、直辖市、计划单列市)人民政府批准的月最低工资标准。

③ 纳税人新安置的残疾人从签订劳动合同并缴纳社会保险的次月起计算,其他职工从录用的次月起计算;安置的残疾人和其他职工减少的,从减少当月计算。

(4) 经人民银行、银保监会或者商务部批准从事融资租赁业务的试点纳税人中的一般纳税人,提供有形动产融资租赁服务和有形动产融资性售后回租服务,对其增值税实际税负超过 3% 的部分实行增值税即征即退政策。商务部授权的省级商务主管部门和国家经济技术开发区批准的从事融资租赁业务和融资性售后回租业务的试点纳税人中的一般纳税人,2016 年 5 月 1 日后实收资本达到 1.7 亿元的,从达到标准的当月起按照上述规定执行;2016 年 5 月 1 日后实收资本未达到 1.7 亿元但注册资本达到 1.7 亿元的,在 2016 年 7 月 31 日前仍可按照上述规定执行,2016 年 8 月 1 日后开展的有形动产融资租赁业务和有形动产融资性售后回租业务不得按照上述规定执行。

(三) 扣减增值税规定

1. 退役士兵创业就业

(1) 自主就业退役士兵从事个体经营的,自办理个体工商户登记当月起,在 3 年(36

个月,下同)内按每户每年 12 000 元为限额依次扣减其当年实际应缴纳的增值税、城市维护建设税、教育费附加和地方教育附加和个人所得税。限额标准最高可上浮 20%,各省、自治区、直辖市人民政府可根据本地区实际情况在此幅度内确定具体限额标准。

纳税人年度应缴纳税款小于上述扣减限额的,减免税额以其实际缴纳的税款为限;大于上述扣减限额的,以上述扣减限额为限。纳税人的实际经营期不足 1 年的,应当按月换算其减免税限额。换算公式为:

$$减免税限额 = 年度减免税限额 \div 12 \times 实际经营月数$$

城市维护建设税、教育费附加、地方教育附加的计税依据是享受本项税收优惠政策前的增值税应纳税额。

(2)企业招用自主就业退役士兵,与其签订 1 年以上期限劳动合同并依法缴纳社会保险费的,自签订劳动合同并缴纳社会保险当月起,在 3 年内按实际招用人数予以定额依次扣减增值税、城市维护建设税、教育费附加、地方教育附加和企业所得税优惠。定额标准为每人每年 6 000 元,最高可上浮 50%,各省、自治区,直辖市人民政府可根据本地区实际情况在此幅度内确定具体定额标准。

企业按招用人数和签订的劳动合同时间核算企业减免税总额,在核算减免税总额内每月依次扣减增值税、城市维护建设税、教育费附加和地方教育附加。企业实际应缴纳的增值税、城市维护建设税、教育费附加和地方教育附加小于核算减免税总额的,以实际应缴纳的增值税、城市维护建设税、教育费附加和地方教育附加为限;实际应缴纳的增值税、城市维护建设税、教育费附加和地方教育附加大于核算减免税总额的,以核算减免税总额为限。

纳税年度终了,如果企业实际减免的增值税城市维护建设税、教育费附加和地方教育附加小于核算减免税总额,企业在企业所得税汇算清缴时以差额部分扣减企业所得税。当年扣减不完的,不再结转以后年度扣减。

自主就业退役士兵在企业工作不满 1 年的,应当按月换算减免税限额。计算公式为:

$$企业核算减免税总额 = \sum \frac{每名自主就业退役士兵本年度在本单位工作月份}{12} \times 具体定额标准$$

城市维护建设税、教育费附加、地方教育附加的计税依据是享受本项税收优惠政策前的增值税应纳税额。

(3)自主就业退役士兵是指依照《退役士兵安置条例》(国务院 中央军委令第 608号)的规定退出现役并按自主就业方式安置的退役士兵。享受该政策的企业是指属于增值税纳税人或企业所得税纳税人的企业等单位。

(4)自主就业退役士兵从事个体经营的,在享受税收优惠政策进行纳税申报时,注明其退役军人身份,并将《中国人民解放军义务兵退出现役证》《中国人民解放军士官退出现役证》或《中国人民武装警察部队义务兵退出现役证》《中国人民武装警察部队土官退出现役证》留存备查。

企业招用自主就业退役士兵享受税收优惠政策的,将以下资料留存备查。

招用自主就业退役士兵的《中国人民解放军义务兵退出现役证》《中国人民解放军士官退出现役证》或《中国人民武装警察部队义务兵退出现役证》《中国人民武装警察部队土官退出现役证》。企业与招用自主就业退役士兵签订的劳动合同（副本），为职工缴纳的社会保险费记录。自主就业退役士兵本年度在企业工作时间表。

（5）企业招用自主就业退役士兵既可以适用上述规定的税收优惠政策，又可以适用其他扶持就业专项税收优惠政策的，企业可以选择适用最优惠的政策，但不得重复享受。

上述税收优惠政策执行期限为 2019 年 1 月 1 日至 2021 年 12 月 31 日。纳税人在2021 年 12 月 31 日享受上述规定税收优惠政策未满 3 年的，可继续享受至 3 年期满为止。

2. 重点群体创业就业

（1）建档立卡贫困人口、持《就业创业证》（注明"自主创业税收政策"或"毕业年度内自主创业税收政策"）或《就业失业登记证》（注明"自主创业税收政策"）的人员，从事个体经营的，自办理个体工商户登记当月起，在 3 年（36 个月，下同）内按每户每年 12 000 元为限新依次扣减其当年实际应缴纳的增值税、城市维护建设税、教育费附加、地方教育附加和个人所得税。限额标准最高可上浮 20%，各省、自治区、直辖市人民政府可根据本地区实际情况在此幅度内确定具体限额标准。

纳税人年度应缴纳税款小于上述扣减限额的，减免税额以其实际缴纳的税款为限；大于上述扣减限额的，以上述扣减限额为限。

上述人员具体包括：①纳入全国扶贫开发信息系统的建档立卡贫困人口；②在人力资源社会保障部门公共就业服务机构登记失业半年以上的人员；③零就业家庭享受城市居民最低生活保障家庭劳动年龄内的登记失业人员；④毕业年度内高校毕业生。高校毕业生是指实施高等学历教育的普通高等学校、成人高等学校应届毕业的学生；毕业年度是指毕业所在自然年，即 1 月 1 日至 12 月 31 日。

建档立卡贫困人口从事个体经营的，向主管税务机关申报纳税时享受优惠。

登记失业半年以上的人员，零就业家庭、享受城市居民最低生活保障家庭劳动年龄的登记失业人员，以及毕业年度内高校毕业生，可持《就业创业证》（或《就业失业登记证》，下同）、个体工商户登记执照（未完成"两证整合"的还须持《税务登记证》）向创业地县以上（含县级，下同）人力资源社会保障部提出申请。

税款减免顺序及额度。重点群体从事个体经营的，按照财税〔2019〕22 号文件第一条的规定，在年度减免税限额内，依次扣减增值税、城市维护建设税、教育费附加、地方教育附加和个人所得税。城市维护建设税、教育费附加、地方教育附加的计税依据是享受本项税收优惠政策前的增值税应纳税额。

纳税人的实际经营期不足 1 年的，应当以实际月数换算其减免税限额。换算公式为：

$$减免税限额 = 年度减免税限额 \div 12 \times 实际经营月数$$

纳税人实际应缴纳的增值税、城市维护建设税、教育费附加、地方教育附加和个人所得税小于减免税限额的，以实际应缴纳的增值税、城市维护建设税、教育费附加、地方教育附加和个人所得税税额为限;实际应缴纳的增值税、城市维护建设税、教育费附加、地方教育附加和个人所得税大于减免税限额的,以减免税限额为限。

（2）企业招用建档立卡贫困人口,以及在人力资源社会保障部门公共就业服务机构登记失业半年以上且持《就业创业证》或《就业失业登记证》（注明"企业吸纳税收政策"）的人员,与其签订1年以上期限劳动合同并依法缴纳社会保险费的,自签订劳动合同并缴纳社会保险当月起,在3年内按实际招用人数予以定额依次扣减增值税城市维护建设税、教育费附加、地方教育附加和企业所得税优惠。定额标准为每人每年6 000元,最高可上浮30％,各省、自治区、直辖市人民政府可根据本地区实际情况在此幅度内确定具体定额标准。城市维护建设税、教育费附加、地方教育附加的计税依据是享受本项税收优惠政策前的增值税应纳税额。

按上述标准计算的税收扣减额应在企业当年实际应缴纳的增值税、城市维护建设税、教育费附加、地方教育附加和企业所得税税额中扣减,当年扣减不完的,不得结转下年使用。

享受招用重点群体就业税收优惠政策的企业,持下列材料向县以上人力资源社会保障部门递交申请:①招用人员持有的《就业创业证》（建档立卡贫困人口不需提供）;②企业与招用重点群体签订的劳动合同（副本）,企业依法为重点群体缴纳的社会保险记录。通过内部信息共享数据比对等方式审核的地方,可不再要求企业提供缴纳社会保险记录。

县以上人力资源社会保障部接到企业报送的材料后,重点核实以下情况:①招用人员是否属于享受税收优惠政策的人员范围,以前是否已享受过重点群体创业就业税收优惠政策;②企业是否与招用人员签订了1年以上期限劳动合同,并依法为招用人员缴纳社会保险。

核实后,对持有《就业创业证》的重点群体,在其《就业创业证》上注明"企业吸纳税收政策";对符合条件的企业核发《企业吸纳重点群体就业认定证明》。

招用人员发生变化的,应向人力资源社会保障部门办理变更申请。

上述规定中的企业是指属于增值税纳税人或企业所得税纳税人的企业等单位。

税款减免顺序及额度:①纳税人按本单位招用重点群体的人数及其实际工作月数核算本单位减免税总额,在减免税总额内每月依次扣减增值税、城市维护建设税、教育费附加和地方教育附加。城市维护建设税、教育费附加、地方教育附加的计税依据是享受本项税收优惠政策前的增值税应纳税额。②纳税人实际应缴纳的增值税、城市维护建设税、教育费附加和地方教育附加小于核算的减免税总额的,以实际应缴纳的增值税、城市维护建设税、教育费附加、地方教育附加为限;实际应缴纳的增值税、城市维护建设税、教育费附加和地方教育附加大于核算的减免税总额的,以核算的减免税总额为限。纳税年度终了,如果纳税人实际减免的增值税、城市维护建设税、教育费附加和地方教育附加小于核算的减免税总额,纳税人在企业所得税汇算清缴时,以差额部分扣减企业所得税。当年扣减不完的,不再结转以后年度扣减。③享受优惠政策当年,重点群体人员工作不满1年的,应当以实际月数换算其减免税总额。

$$减免税总额 = \sum 每名重点群体人员本年度在本企业工作月数 \div 12 \times 具体定额标准$$

第 2 年及以后年度当年新招用人员、原招用人员及其工作时间按上述程序和办法执行,计算每名点群体人员享受税收优惠政策的期限最长不超过 36 个月。

税收减免管理。企业招用重点群体享受本项优惠的,由企业留存以下材料备查。

① 享受税收优惠政策的登记失业半年以上的人员,零就业家庭、城市低保家庭的登记失业人员,以及毕业年度内高校毕业生的《就业创业证》(注明"企业吸纳税收政策")。

② 县以上人力资源社会保障部门核发的《企业吸纳重点群体就业认定证明》。

③《重点群体人员本年度实际工作时间表》。

(3) 国务院扶贫办在每年 1 月 15 日前将建档立卡贫困人口名单及相关信息提供给人力资源社会保障部、税务总局,税务总局将相关信息转发给各省、自治区、直辖市税务部门。人力资源社会保障部门依托全国扶贫开发信息系统核实建档立卡贫困人口身份信息。

(4) 企业招用就业人员既可以适用上述规定的税收优惠政策,又可以适用其他扶持就业专项税收优惠政策的,企业可以选择适用最优惠的政策,但不得重复享受。

(5) 上述税收优惠政策执行期限为 2019 年 1 月 1 日至 2021 年 12 月 31 日。纳税人在 2021 年 12 月 31 日享受上述规定税收优惠政策未满 3 年的,可继续享受至 3 年期满为止。

所述人员,以前年度已享受重点群体创业就业税收优惠政策满 3 年的,不得再享受上述规定的税收优惠政策;以前年度享受重点群体创业就业税收优惠政策未满 3 年且符合上述规定条件的,可按上述规定享受优惠至 3 年期满。

(四) 其他相关政策

(1) 金融企业发放贷款后,自结息日起 90 天内发生的应收未收利息按现行规定缴纳增值税,自结息日起 90 天后发生的应收未收利息暂不缴纳增值税,待实际收到利息时按规定缴纳增值税。

上述所称金融企业,是指银行(包括国有、集体、股份制、合资、外资银行以及其他所有制形式的银行)、城市信用社、农村信用社、信托投资公司、财务公司。

(2) 个人将购买不足 2 年的住房对外销售的,按照 5% 的征收率全额缴纳增值税;个人将购买 2 年以上(含 2 年)的住房对外销售的,免征增值税。上述政策适用于北京市、上海市、广州市和深圳市之外的地区。

个人将购买 2 年以上(含 2 年)的非普通住房对外销售的,以销售收入减去购买住房价款后的差额按照 5% 的征收率缴纳增值税;个人将购买 2 年以上(含 2 年)的普通住房对外销售的,免征增值税。上述政策仅适用于北京市、上海市、广州市和深圳市。

办理免税的具体程序、购买房屋的时间、开具发票、非购买形式取得住房行为及其他相关税收管理规定,按《国务院办公厅转发建设部等部门关于做好稳定住房价格工作意见的通知》(国办发[2005]26 号)、《国家税务总局财政部建设部关于加强房地产税收管理的通知》(国税发[2005]89 号)和《国家税务总局关于房地产税收政策执行中几个具体问题的通知》(国税发[2005]172号)的有关规定执行。

(3)上述增值税优惠政策除已规定期限的项目和上述第2项政策外,其他均在"营改增"试点期间执行。如果试点纳税人在纳入"营改增"试点之日前已经按照有关政策规定享受了营业税税收优惠,在剩余税收优惠政策期限内,按照相关规定享受有关增值税优惠。

六、起征点

对个人销售额未达到规定起征点的,免征增值税。增值税起征点的适用范围限于个人,不包括认定为一般纳税人的个体工商户。

增值税起征点的幅度规定如下。

1. 销售货物的,为月销售额5 000~20 000元。

2. 销售应税劳务的,为月营业额5 000~20 000元。

3. 按次纳税的,为每次(日)销售额300~500元。

4. "营改增"规定的应税行为的起征点:

(1)按期纳税的,为月销售额5 000~20 000元(含本数);

(2)按次纳税的,为每次(日)销售额300~500元(含本数)。

起征点的调整由财政部和国家税务总局规定。省、自治区、直辖市财政厅(局)和国家税务局应当在规定的幅度内,根据实际情况确定本地区适用的起征点,并报财政部和国家税务总局备案。

七、小规模纳税人免征增值税的规定

为了进一步支持小微企业发展,根据《财政部税务总局关于实施小微企业普惠性税收减免政策的通知》(财税[2019]13号)规定,2019年1月1日至2021年12月31日,对月销售额10万元以下(含本数)的增值税小规模纳税人,免征增值税。

(1)小规模纳税人发生增值税应税销售行为,合计月销售额未超过10万元(以1个季度为1个纳税期的,季度销售额未超过30万元,下同)的,免征增值税。

小规模纳税人发生增值税应税销售行为,合计月销售额超过10万元,但扣除本期发生的销售不动产的销售额后未超过10万元的,其销售货物、劳务、服务、无形资产取得的销售额免征增值税。

(2)适用增值税差额征税政策的小规模纳税人,以差额后的销售额确定是否可以享受本上述规定的免征增值税政策。

(3)按固定期限纳税的小规模纳税人可以选择以1个月或1个季度为纳税期限,经选择,一个会计年度内不得变更。

(4)其他个人(除个体工商户以外的自然人),采取一次性收取租金形式出租不动产取得的租金收入,可在对应的租赁期内平均分摊,分摊后的月租金收入未超过10万元的,免征增值税。

(5)转登记日前连续12个月(以1个月为1个纳税期)或者连续4个季度(以1个季

度为1个纳税期)累计销售额未超过500万元的般纳税人,在2019年12月31日前,可选择转登记为小规模纳税人。

（6）按照现行规定应当预缴增值税税款的小规模纳税人,凡在预缴地实现的月销售额未超过10万元的,当期无须预缴税款。上述规定下发前已预缴税款的,可以向预缴地主管税务机关申请退还。

（7）小规模纳税人中的单位和个体工商户销售不动产,应按其纳税期、上述（6）的政策规定以及其他现行政策规定确定是否预缴增值税;其他个人销售不动产,继续按照现行规定征免增值税。

（8）小规模纳税人月销售额未超过10万元的,当期因开具增值税专用发票已经缴纳的第税款,在增值税专用发票全部联次追回或者按规定开具红字专用发票后,可以向主管税务章机关申请退还。

（9）小规模纳税人2019年1月销售额未超过10万元（以1个季度为1个纳税期的,2019年第一季度销售额未超过30万元）,但当期因代开普通发票已经缴纳的税款,可以在税办理纳税申报时向主管税务机关申请退还。

（10）小规模纳税人月销售额超过10万元的,使用增值税发票管理系统开具增值税普通发票机动车销售统一发票、增值税电子普通发票。

已经使用增值税发票管理系统的小规模纳税人,月销售额未超过10万元的,可以继续使用现有税控设备开具发票;已经自行开具增值税专用发票的,可以继续自行开具增值税专用发票,并就开具增值税专用发票的销售额计算微纳增值税。

上述规定自2019年1月1日起施行。

 【例2-12】

> A生产企业为增值税小规模纳税人,2019年3月销售货物取得不含税销售额6万元,提供服务取得不含税销售额3万元,销售长期闲置的仓库取得不含税销售额120万元。计算该企业2019年应纳增值税。
>
> A企业销售额＝6＋3＋120＝129（万元）
>
> 剔除销售不动产后的销售额＝9（万元）
>
> 该纳税人销售货物和服务相对应的销售额9万元可以享受小规模纳税人免税政策,销售不动产120万元应照章纳税。
>
> 应纳增值税＝120×5％＝6（万元）

 课程思政案例

依法纳税是公民的法定义务,如果企业或者公民达到纳税标准,需要及时向税务机关申报税收,并且需要按时缴纳税收。偷税是违法犯罪行为,那么,偷税漏税处罚标准如何认定?

一、虚开增值税发票偷税漏税

2008年5月至2009年5月,方城县宏兴金属炉料有限公司在无生产设备、无原材料、无产成品实际购销的情况下,虚构经营业务,以收取手续费为目的,对外虚开增值税专用发票855份,虚开金额7 807万元,税额1 327万元。

该单位虚开增值税专用发票的行为已涉嫌犯罪,南阳市国家税务局稽查局依法将该案移送公安机关立案侦查。公安机关已将7名犯罪嫌疑人全部抓获。

二、买卖增值税发票偷税漏税

2007年1月至2009年4月,以经营氧化铝、建材、五金、机电设备为主的郑州亚兴工贸有限公司根本没购买货物,却通过支付手续费的方式取得虚开的增值税专用发票903份,先后抵扣的税款高达1 428.25万元。

除了买别人的增值税发票,亚兴工贸在自己方便时也向外卖增值税发票。据税务部门统计,该公司对外虚开的增值税发票为1 276份,涉及的税额高达1 500多万元。

三、卖巨额货物不申报收入偷税漏税

安阳市恒业医疗器械有限公司是一家以经营二类、三类医疗器械为主的企业,2006年至2008年11月,陆续卖给安阳市人民医院、安钢医院、肿瘤医院、汤阴县人民医院、安阳地区医院等5家医院共310多万元的货物,却未申报销售收入,少缴增值税12.10万元。安阳市国税局稽查局对该单位进行了稽查。该单位的行为属于偷税行为,税务机关对其作出追缴税款和滞纳金,对所偷税款处以50%罚款6.05万元的处罚决定。

四、代开假发票赚钱被判刑偷税漏税

不少人都曾收到过代开发票的小名片或短信,但代开发票是违法的,有人因为靠这个赚钱而锒铛入狱。浙江省临海市上盘镇金杏灯村农民王永金和浙江省台州市椒江区瞿才有两人依托老乡、亲属关系发展下线,形成代开假发票网络。通过印制代开发票的名片,雇用在校大学生到繁华地段散发,并按发票金额的一定比例收取手续费。2009年1月,河南省焦作市公安、税务机关从代开假发票名片入手,顺藤摸瓜,摧毁了该犯罪网络,抓获犯罪嫌疑人24名,收缴54 000份空白假发票及多台制假设备,获取已开具假发票信息5 300余条。

在我国,每个人都是纳税主体,达到纳税的标准就需要主动纳税。这样国家的经济来源有保障,民生事业才能做到位,社会才能和谐安定,人民才能感受到幸福。

 **本章练习题**

一、名词解释

1. 增值税
2. 增值税纳税人
3. 扣缴义务人
4. 小规模纳税人
5. 销项税额

6. 进项税额

7. 增值税征收率

二、计算题

1. 某公司为增值税一般纳税人，2020年3月提供平面设计服务取得收入36万元，提供网站设计服务取得收入12万元，转让网络游戏虚拟道具取得收入22.6万元，上述收入均为含税收入。该公司按照"文化创意服务"计算的销项税额为多少？按照"销售无形资产"计算的销项税额为多少？

2. 某企业为增值税一般纳税人，2020年5月销售建材，提供货物运输服务，分别开具增值税专用发票，注明货物销售金额100万元，运费金额3万元。当月可抵扣增值税进项税额6.5万元。求企业当月应缴纳的增值税。

3. 某供热企业为增值税一般纳税人，2020年2月取得不含税供热收入860万元，其中向居民个人收取120万元，当月外购原材料取得增值税专用发票注明税额60万元。该企业2020年2月应该缴纳多少增值税？

4. 某工业企业为增值税一般纳税人，2020年6月销售货物，开具增值税专用发票，注明金额300万元，在同一张发票金额栏注明的折扣金额共计50万元，为鼓励买方及早付款，实行"N/90，1/45，2/30"折扣政策，买方于第45天付款。该企业上述业务的销项税额为多少万元？

三、思考题

增值税是一个较为复杂的税种，不同增值税项目适用不同的税率，有适用13%税率的增值税项目、适用9%税率的增值税项目、适用6%税率的增值税项目及适用零税率的增值税项目。这无疑增加了我们进行增值税税务筹划的难度，但与此同时也为我们进行相关规划提供了更多可能性。请根据相关规定总结增值税税务筹划的方向。

第三章 消费税税务筹划

 **本章重点**

(1) 消费税的定义。

(2) 消费税的纳税义务人。

(3) 消费税的征收范围。

(4) 消费税的纳税环节。

(5) 消费税税率。

(6) 消费税应纳税额的计算。

(7) 进口应税消费品应纳税额的计算。

(8) 出口应税消费品退免税金额的计算。

(9) 消费税的申报和缴纳。

第一节 消费税的计算与缴纳

一、认识消费税

（一）消费税的含义

消费税是对我国境内从事生产、委托加工和进口应税消费品的单位和个人，就其销售额或销售数量，在特定环节征收的一种税。简单地说，消费税是对特定的消费品和消费行为征收的一种税。

现行消费税的基本法规有国务院 1993 年公布的《中华人民共和国消费税暂行条例》（以下简称《消费税暂行条例》）和财政部于 1993 年制定的《中华人民共和国消费税暂行条例实施细则》（以下简称《消费税实施细则》），经 2008 年 11 月 5 日国务院第 34 次常务会议修订通过，自 2009 年 1 月 1 日起施行。

（二）消费税的特点

消费税的征税对象主要是与居民消费相关的最终消费品和消费行为，与其他税种比较，消费税具有如下几个特点。

（1）征税项目具有选择性，主要是特殊消费品、奢侈品、高能耗消费品、不可再生的资源消费品。

（2）征税环节具有单一性，消费税是在生产（进口）、流通或消费的某一环节一次征收，而不是在消费品生产、流通或消费的每个环节多次征收，即通常所说的一次课征制。

（3）消费税具有转嫁性，消费税无论采取价内税形式还是价外税形式，也无论在哪个环节征收，消费品中所含的消费税税款最终都要转嫁到消费者身上，由消费者负担，税负具有转嫁性。

（4）征收方法具有灵活性，消费税在征收方法上，既可以采用对消费品制定单位税额，依消费品的数量实行从量定额的征收方法，也可以采用对消费品制定比例税率，依消费品的价格实行从价定率的征收方法。

（5）平均税率水平比较高且税负差异大，为了有效体现国家政策，消费税的平均税率水平一般定得比较高，并且不同征税项目的税负差异较大，对需要限制或控制消费的消费品，通常税负较重。

二、消费税的纳税人

根据《消费税暂行条例》的规定，消费税的纳税人为：在中华人民共和国境内生产、委托加工和进口应税消费品的单位和个人。具体来说，消费税纳税人包括：

（1）生产应税消费品的单位和个人；

（2）进口应税消费品的单位和个人；

（3）委托加工应税消费品的单位和个人。其中，委托加工的应税消费品由受托方于委托方提货时代收代缴（受托方为个体经营者除外），自产自用的应税消费品，由自产自用单位和个人在移送使用时缴纳消费税。

三、消费税的税目

（一）哪些消费品属于应纳税消费品

在种类繁多的消费品中，列入消费税征税范围的消费品并不是很多，大体上可归为5类。

（1）一些过度消费会对人身健康、社会秩序、生态环境等方面造成危害的特殊消费品，如烟、酒、鞭炮、焰火等。

（2）非生活必需品，如化妆品、贵重首饰、珠宝玉石等。

（3）高能耗及高档消费品，如摩托车、小汽车等。

（4）不可再生和替代的稀缺资源消费品，如汽油、柴油等。

（5）税基宽广、消费普遍、征税后不影响居民基本生活并具有一定财政意义的消费品，如护肤护发用品、汽车轮胎等。

（二）消费税的税目分类

按照《消费税暂行条例》及新颁布的《关于调整和完善消费税政策的通知》的规定，列入征收消费税征税范围的税目共有 15 个，具体征收范围包括以下内容。

（1）烟。烟是指以烟叶为原料加工生产的特殊消费品，卷烟是指将各种烟叶切成烟丝并按照一定的配方辅之以糖、酒、香料加工而成的产品。

凡是以烟叶为原料加工生产的产品,不论使用何种辅料,均属于本税目的征收范围。包括卷烟(进口卷烟、白包卷烟、手工卷烟和未经国务院批准纳入计划的企业及个人生产的卷烟)、雪茄烟和烟丝。在"烟"税目下分"卷烟"等子目,"卷烟"又分"甲类卷烟"和"乙类卷烟"。其中,甲类卷烟是指每标准条(200 支,下同)调拨价格在 70 元(不含增值税)以上(含 70 元)的卷烟;乙类卷烟是指每标准条调拨价格在 70 元(不含增值税)以下的卷烟。

(2)酒。酒类包括粮食白酒、薯类白酒、黄酒、啤酒和其他酒。

(3)高档化妆品。本税目征收范围包括各类高档美容、修饰类化妆品、高档护肤类化妆品和成套化妆品。高档美容、修饰类化妆品是指香水、香水精、香粉、口红、指甲油、胭脂、眉笔、唇笔、蓝眼油、眼睫毛以及成套化妆品。舞台、戏剧、影视演员化妆用的上妆油、卸装油、油彩,不属于本税目的征收范围。高档护肤类化妆品征收范围另行制定。

(4)贵重首饰及珠宝玉石。贵重首饰及珠宝玉石的征收范围包括各种金银珠宝首饰和经采掘、打磨、加工的各种珠宝玉石。对出国人员免税商店销售的金银首饰征收消费税。

(5)鞭炮、焰火。体育上用的发令纸、鞭炮引线,不按本税目征收。

(6)成品油。成品油税目是在合并了原来的汽油、柴油两个税目后,又增加了其他油品项目的新税目。本税目包括汽油、柴油、石脑油、溶剂油、航空煤油、润滑油、燃料油 7 个子目。

① 汽油。该税目征收范围包括辛烷不小于 66 的各种汽油,用其他原料、工艺生产的汽油,也属于本税目的征收范围。

② 柴油。本税目征收范围包括倾点或凝点在 -50 ℃ 至 30 ℃ 的各种柴油。以柴油组分为主、经调和精制可以用作柴油发动机的非标油品,也属于柴油的征收范围。

以柴油、柴油组分调和生产的生物柴油也属于本税目征收范围。

经国务院批准,从 2009 年 1 月 1 日起,对同时符合下列条件的纯生物柴油免征消费税:

a. 生产原料中废弃的动物油和植物油用量所占比重不低于 70%。

b. 生产的纯生物柴油符合国家《柴油机燃料调合生物柴油(BD100)》标准。

③ 石脑油。石脑油的征收范围包括除汽油、柴油、煤油、溶剂油以外的各种轻质油。

④ 溶剂油。溶剂油的征收范围包括各种溶剂油。

溶剂油是用原油或其他原料加工生产的用于涂料、油漆、食用油、印刷油墨、皮革、农药、橡胶、化妆品生产和机械清洗、胶粘行业的轻质油。橡胶填充油、溶剂油原料,属于溶剂油征收范围。

⑤ 航空煤油。航空煤油的征收范围包括各种航空煤油。航空煤油的消费税暂缓征收。

⑥ 润滑油。润滑油分为矿物性润滑油、植物性润滑油、动物性润滑油和化工原料合成润滑油。润滑油的征收范围包括以石油为原料加工的矿物性润滑油、矿物性润滑油基

础油。植物性润滑油、动物性润滑油和化工原料合成润滑油不属于润滑油的征收范围。

⑦ 燃料油。燃料油也称重油、渣油。燃料油征收范围包括用于电厂发电、船舶锅炉燃料、加热炉燃料、冶金和其他工业炉燃料的各类燃料油。

根据财税〔2013〕105 号文的规定,纳税人利用废矿物油为原料生产的润滑油基础油、汽油、柴油等工业油料免征消费税。

但应同时符合下列条件:(1)纳税人必须取得省级以上(含省级)环境保护部门颁发的《危险废物(综合)经营许可证》,且该证件上核准生产经营范围应包括"利用"或"综合经营"字样。(2)生产原料中废矿物油重量必须占到 90% 以上。产成品中必须包括润滑油基础油,且每吨废矿物油生产的润滑油基础油应不少于 0.65 吨。(3)利用废矿物油生产的产品与利用其他原料生产的产品应分别核算。

财税〔2018〕144 号文件规定将该免征消费税政策实施期限延长至 2023 年 10 月31 日。

(7) 摩托车。本税目的征税范围包括轻便摩托车和摩托车。气缸容量 250 毫升(不含)以下的小排量摩托车不征收消费税。

(8) 小汽车。小汽车是指由动力驱动,具有 4 个或 4 个以上车轮的非轨道承载的车辆。

本税目征收范围包括:a. 乘用车:含驾驶员座位在内最多不超过 9 个座位(含)的,在设计和技术特性上用于载运乘客和货物的各类乘用车。b. 中轻型商用客车:含驾驶员座位在内的座位数在 10~23 座(含 23 座)的,在设计和技术特性上用于载运乘客和货物的各类中轻型商用客车。c. 超豪华小汽车:每辆零售价格 130 万元(不含增值税)及以上的乘用车和中轻型商用客车。

用排气量小于 1.5 升(含)的乘用车底盘(车架)改装、改制的车辆属于乘用车征收范围。用排气量大于 1.5 升的乘用车底盘(车架)或用中轻型商用客车底盘(车架)改装、改制的车辆属于中轻型商用客车征收范围。

含驾驶员人数(额定载客)为区间值的(如 8~10 人;17~26 人)小汽车,按其区间值下限人数确定征收范围。

电动汽车不属于本税目征收范围。

车身长度大于 7 米(含),并且座位在 10~23 座(含)以下的商用客车,不属于中轻型商用客车征税范围,不征收消费税。沙滩车、雪地车、卡丁车、高尔夫车不属于消费税征收范围,不征收消费税。

(9) 高尔夫球及球具。本税目征收范围包括高尔夫球、高尔夫球杆、高尔夫球包(袋)等。高尔夫球杆的杆头、杆身和握把属于本税目的征收范围。

(10) 高档手表。高档手表是指销售价格(不含增值税)每只在 10 000 元(含)以上的各类手表。本税目征收范围包括符合以上标准的各类手表。

(11) 游艇。本税目征收范围包括艇身长度大于 8 米(含)小于 90 米(含),内置发动机,可以在水上移动,一般为私人或团体购置,主要用于水上运动和休闲娱乐等非牟利活动的各类机动艇。

(12) 木制一次性筷子。木制一次性筷子,又称卫生筷子,是指以木材为原料经过锯段、浸泡、旋切、刨切、烘干、筛选、打磨、倒角、包装等环节加工而成的各类一次性使用的筷子。

本税目征收范围包括各种规格的木制一次性筷子。未经打磨、倒角的木制一次性筷子属于本税目征税范围。

（13）实木地板。本税目征收范围包括各类规格的实木地板、实木指接地板、实木复合地板及用于装饰墙壁、天棚的侧端面为榫、槽的实木装饰板。未经涂饰的素板属于本税目征税范围。

（14）电池。电池，是一种将化学能、光能等直接转换为电能的装置，一般由电极、电解质、容器、极端，通常还有隔离层组成的基本功能单元，以及用一个或多个基本功能单元装配成的电池组。本税目征收范围包括原电池、蓄电池、燃料电池、太阳能电池和其他电池。自 2015 年 2 月 1 日起对电池（铅蓄电池除外）征收消费税；对无汞原电池、金属氢化物镍蓄电池（又称氢镍蓄电池或镍氢蓄电池）、锂原电池、锂离子蓄电池、太阳能电池、燃料电池、全帆液流电池免征消费税。2015 年 12 月 31 日前对铅蓄电池缓征消费税；自 2016 年 1 月 1 日起，对铅蓄电池按 4% 的税率征收消费税。

（15）涂料。涂料是指涂于物体表面能形成具有保护、装饰或特殊性能的固态涂膜的一类液体或固体材料的总称。自 2015 年 2 月 1 日起对涂料征收消费税，施工状态下挥发性有机物（volatile organic compounds，VOC）含量低于 420 克/升（含）的涂料免征消费税。

四、纳税环节与计算方法

（一）什么是消费税的纳税环节

纳税环节是指税法上规定的课税对象从生产到消费的流转过程中应当缴纳税款的环节。与增值税不同的是，消费税一般（除用委托加工、购入应纳消费税的消费品生产应税消费品）只需要在一个环节进行征收，而不是层层课征。

（二）消费税具体的纳税环节

按照消费品的不同种类和生产方式，消费税的纳税环节分为以下几种情况：

（1）生产环节。纳税人生产的应税消费品，由生产者于销售时纳税。其中，生产者自产自用的应税消费品，用于本企业连续生产的不征税；用于其他方面的，于移送使用时纳税。

（2）进口环节。进口的应税消费品，由进口报关者于报关进口时纳税。

（3）委托加工。委托加工应税消费品是指委托方提供原料和主要材料，受托方只收取加工费和代垫部分辅助材料加工的应税消费品。

（4）零售环节。金银首饰消费税由生产销售环节征收改为零售环节征收。

五、消费税的税率

（一）消费税税率的一般规定

消费税税率如表 3-1 所示。

表 3-1   消费税税目、税率额表

税目	税率(额)
一、烟	
1. 卷烟	
(1) 甲类卷烟(生产或进口环节)	56%加 0.003 元/支
(2) 乙类卷烟(生产或进口环节)	36%加 0.003 元/支
(3) 批发环节	11%加 0.005 元/支
2. 雪茄烟	36%
3. 烟丝	30%
二、酒	
1. 白酒	20%加 0.5 元/500 克(或 500 毫升)
2. 黄酒	240 元/吨
3. 啤酒	
(1) 甲类啤酒	250%/吨
(2) 乙类啤酒	220 元/吨
4. 其他酒	10%
三、高档化妆品	15%
四、贵重首饰及珠宝玉石	
1. 金银首饰、钳金首饰和钻石及钻石饰品	5%
2. 其他贵重首饰和珠宝玉石	10%
五、鞭炮、焰火	15%
六、成品油	
1. 汽油	1.52 元/升
2. 柴油	1.2 元/升
3. 航空煤油	1.2 元/升
4. 石脑油	1.52 元/升
5. 溶剂油	1.52 元/升
6. 润滑油	1.52 元/升
7. 燃料油	1.2 元/升
七、摩托车	
1. 气缸容量为 250 毫升的	3%
2. 气缸容量为 250 毫升以上的	10%
八、小汽车	
1. 乘用车	

（续表）

税目	税率（额）
（1）气缸容量（排气量，下同）在 1.0 升（含 1.0 升）以下的	1%
（2）气缸容量在 1.0 升以上至 1.5 升（含 1.5 升）的	3%
（3）气缸容量在 1.5 升以上至 2.0 升（含 2.0 升）的	5%
（4）气缸容量在 2.0 升以上至 2.5 升（含 2.5 升）的	9%
（5）气缸容量在 2.5 升以上至 3.0 升（含 3.0 升）的	12%
（6）气缸容量在 3.0 升以上至 4.0 升（含 4.0 升）的	25%
（7）气缸容量在 4.0 升以上的	40%
2. 中轻型商用客车	5%
3. 超豪华小汽车（零售环节）	10%
九、高尔夫球及球具	10%
十、高档手表	20%
十一、游艇	10%
十二、木制一次性筷子	5%
十三、实木地板	5%
十四、电池	4%
十五、涂料	4%

（二）在兼营情况下，如何确定税率

存在下列情况时，应按适用税率中最高税率征税：

（1）纳税人兼营不同税率的应税消费品，即生产销售两种税率以上的应税消费品时，应当分别核算不同税率应税消费品的销售额或销售数量，未分别核算的，按最高税率征税。

（2）纳税人将应税消费品与非应税消费品，以及适用税率不同的应税消费品组成成套消费品销售的，应根据组合产品的销售金额按应税消费品中适用最高税率的消费品税率征税。

（三）消费税税率的特殊情况

1. 卷烟的适用税率

（1）纳税人销售的卷烟因放开销售价格而经常发生价格上下浮动的，应以该牌号规格卷烟销售当月的加权平均销售价格确定征税类别和适用税率。但销售的卷烟有下列情况之一者，不得列入加权平均计算：

① 销售价格明显偏低而无正当理由的；

② 无销售价格的。

在实际工作中，月初可先按上月或者离销售当月最近月份的征税类别和适用税率预缴税款，月份终了时再按实际销售价格确定征税类别和适用税率，并结算应纳税款。

（2）卷烟由于接装过滤嘴、改变包装或其他原因提高销售价格后，应按照新的销售价格确定征税类别和适用税率。

（3）纳税人自产自用的卷烟应当按照纳税人生产的同牌号规格的卷烟销售价格确定征税类别和适用税率。没有同牌号规格卷烟销售价格的，一律按照卷烟最高税率征税。

（4）委托加工的卷烟按照受托方同牌号规格卷烟的征税类别和适用税率征税。没有同牌号规格卷烟的，一律按卷烟最高税率征税。

（5）残次品卷烟应当按照同牌号规格正品卷烟的征税类别确定适用税率。

（6）下列卷烟不分征税类别一律按照 45% 卷烟税率征税，并按照每标准箱 150 元计征定额税率：进口卷烟；白包卷烟；手工卷烟；未经国务院批准纳入计划的企业和个人生产的卷烟。

（7）卷烟分类计税标准的调整，由国家税务总局确定。

2. 酒的适用税率

（1）外购酒精生产的白酒，应按酒精所用原料确定白酒的适用税率。凡酒精所用原料无法确定的，一律按粮食白酒税率征税。

（2）外购两种以上酒精生产的白酒，一律从高确定税率征税。

（3）以外购白酒加浆降度，或外购散酒装瓶出售，以及外购白酒以曲香、香精进行调香、调味生产的白酒，按照外购白酒所用原料确定适用税率。凡白酒所用原料无法确定的，一律按照粮食白酒的税率征税。

（4）以外购的不同品种的白酒勾兑的白酒，一律按照粮食白酒的税率征税。

（5）对用粮食和薯类、糠麸等多种原料混合生产的白酒，一律按照粮食白酒的税率征税。

（6）对用薯类和粮食以外的其他原料混合生产的白酒，一律按照薯类白酒的税率征税。

六、消费税的计算

（一）消费税的计算方法

1. 实行从量定额计征办法的计税依据

从量定额通常以每单位应税消费品的重量、容积或数量为计税依据，并按每单位应税消费品规定固定税额，这种固定税额即为定额税率。

我国消费税对黄酒、啤酒、汽油、柴油等实行定额税率，采用从量定额的办法征税，其计税依据是纳税人销售应税消费品的数量，其计税公式为：

$$应纳税额 = 应税消费品数量 \times 消费税单位税额$$

2. 实行从价定率计征办法的计税依据

实行从价定率办法征税的应税消费品，计税依据为应税消费品的销售额。实行从价定率征收的消费品，其消费税税基和增值税税基是一致的，即都是以含消费税而不含增值税的销售额为计税基数。

实行从价定率征收办法的消费品，其应纳税额计算公式为：

$$应纳税额 = 应税消费品的销售额 \times 适用税率$$

应税消费品在缴纳消费税的同时,与一般货物一样,还应缴纳增值税。按照《消费税暂行条例实施细则》的规定,应税消费品的销售额,不包括应向购货方收取的增值税税款。如果纳税人应税消费品的销售额中未扣除增值税税款或者因不得开具增值税专用发票而发生价款和增值税税款合并收取的,在计算消费税时,应将含增值税的销售额换算为不含增值税税款的销售额。其换算公式为:

$$应税消费品的销售额 = 含增值税的销售额 \div (1 + 增值税税率或征收率)$$

在使用换算公式时,应根据纳税人的具体情况分别使用增值税税率或征收率。如果消费税的纳税人同时又是增值税一般纳税人的,应适用 13% 的增值税税率;如果消费税的纳税人是增值税小规模纳税人的,应适用 3% 的征收率。

3. 卷烟、粮食白酒、薯类白酒实行从量定额和从价定率相结合计算应纳税额的复合计税办法

应纳税额计算公式:

$$应纳税额 = 销售数量 \times 定额税率 + 销售额 \times 比例税率$$

(二) 应税销售行为的确定

根据《消费税暂行条例》及实施细则的有关规定,下列情况均应为销售或视同销售,确定销售额(也包括销售数量),并按规定缴纳消费税。

(1) 有偿转让应税消费品所有权的行为。

(2) 纳税人自产自用的应税消费品用于其他方面的。即纳税人用于生产非应税消费品和在建工程、管理部门、非生产机构、提供劳务,以及用于馈赠、赞助、广告、样品、职工福利奖励等,均视同对外销售。

(3) 委托加工的应税消费品。委托加工是指由委托方提供原料和主要材料,受托方只收取加工费和代垫部分辅助材料加工的应税消费品。但是,委托加工收回的应税消费品以不高于受托方的计税价格出售的,视为直接出售的,可不计算销售额,不再征收消费税。委托方以高于受托方的计税价格出售的,不属于直接出售,需按规定申报缴纳消费税,在计税时准予扣除受托方已代收代缴的消费税。

(三) 定额税率情况下的计税依据

销售数量是指应税消费品的数量,具体如下。

(1) 销售应税消费品的,为应税消费品的销售数量。

(2) 自产自用应税消费品的,为应税消费品的移送使用数量。

(3) 委托加工应税消费品的,为纳税人收回的应税消费品数量。

(4) 进口的应税消费品,为海关核定的应税消费品进口征税数量。

(四) 销售额的确定

应税消费品的销售额包括销售应税消费品从购买方收取的全部价款和价外费用。所谓"价外费用",是指价外收取的基金、集资款、返还利润;补贴、违约金(延期付款利息)和

手续费、包装费、储备费、优质费、运输装卸费、品牌使用费、代收款项、代垫款项以及其他各种性质的价外收费。但"销售额"不包括应向购买方收取的增值税税额。

（五）销售额中扣除外购已税消费品已纳消费税的规定

由于某些应税消费品是用外购已缴纳消费税的应税消费品连续生产出来的，在对这些连续生产出来的应税消费品计算征税时，税法规定应按当期生产领用数量计算准予扣除外购的应税消费品已纳的消费税税款。扣除范围包括如下内容。

（1）外购已税烟丝生产的卷烟。

（2）外购已税高档化妆品生产的高档化妆品。

（3）外购已税珠宝玉石生产的贵重首饰及珠宝玉石。

（4）外购已税鞭炮、焰火生产的鞭炮、焰火。

（5）外购已税杆头、杆身和握把生产的高尔夫球杆。

（6）外购已税木制一次性筷子生产的木制一次性筷子。

（7）外购已税实木地板生产的实木地板。

（8）对外购的汽油、柴油、石脑油、燃料油、润滑油用于连续生产应税成品油。

除了以上规定，还有以下两点需要注意。

（1）从 2001 年 5 月 1 日起，停止执行生产领用外购酒和酒精已纳消费税税款准予抵扣的政策。2001 年 5 月 1 日以前购进的已税酒及酒精，已纳消费税税款没有抵扣完的一律停止抵扣。

（2）另外，纳税人用外购的已税珠宝玉石生产的改在零售环节征收消费税的金银首饰（镶嵌首饰）、钻石首饰，在计税时，一律不得扣除外购珠宝玉石的已纳税款。

上述当期准予扣除外购应税消费品已纳消费税税款的计算公式为：

$$\genfrac{}{}{0pt}{}{\text{当期准予扣除的外购}}{\text{应税消费品已纳税额}} = \genfrac{}{}{0pt}{}{\text{当期准予扣除的外购}}{\text{应税消费品买价}} \times \genfrac{}{}{0pt}{}{\text{外购应税消费品}}{\text{适用税率}}$$

$$\genfrac{}{}{0pt}{}{\text{当期准予扣除的外购}}{\text{应税消费品买价}} = \genfrac{}{}{0pt}{}{\text{期初库存的外购}}{\text{应税消费品买价}} + \genfrac{}{}{0pt}{}{\text{当期购进的外购}}{\text{应税消费品买价}} - \genfrac{}{}{0pt}{}{\text{期末库存的外购}}{\text{应税消费品买价}}$$

七、委托加工应税消费品应纳消费税的税务处理

（一）委托加工应税消费品的确定

委托加工的应税消费品，是指由委托方提供原料和主要材料，受托方只收取加工费和代垫部分辅助材料加工的应税消费品。对于由受托方提供原材料生产的应税消费品，或者受托方先将原材料卖给委托方，然后再接受加工的应税消费品，以及由受托方以委托方名义购进原材料生产的应税消费品，不论纳税人在财务上是否作销售处理，都不得作为委托加工应税消费品，而应当按照销售自制应税消费品缴纳消费税。

（二）委托加工条件下应纳消费税的代收代缴

《消费税暂行条例》及实施细则规定，受托方是法定的代收代缴义务人，由受托方在向委托方交货时代收代缴消费税。但纳税人委托个体经营者加工应税消费品，一律于委

托方收回后在委托方所在地缴纳消费税。

如果受托方没有按有关规定代收代缴消费税，或没有履行代收代缴义务，就要按照税收征管法的有关规定，承担补税或罚款的法律责任。

（三）委托加工应税消费品应纳消费税的计算

根据《消费税暂行条例》的规定，委托加工的应税消费品按照受托方的同类消费品的销售价格计算纳税；没有同类消费品销售价格的，按照组成计税价格计算纳税。

（1）有同类消费品销售价格的，其应纳税额的计算公式为：

$$应纳税额 = 同类消费品单价 \times 委托加工数量 \times 适用税率$$

（2）没有同类消费品销售价格的，按组成计税价格计税。计算公式为：

$$应纳税额 = 组成计税价格 \times 适用税率$$

实行从价定率办法计算纳税的组成计税价格，其计算公式为：

$$组成计税价格 = （材料成本 + 加工费）\div（1 - 比例税率）$$

实行复合计税办法计算纳税的组成计税价格，其计算公式为：

$$组成计税价格 = （材料成本 + 加工费 + 委托加工数量 \times 定额税率）\div（1 - 比例税率）$$

对于委托加工的应税消费品，受托方在交货时已代收代缴消费税，委托方收回后直接销售的，不再征收消费税。

（四）用委托加工收回的应税消费品连续生产应税消费品计算征收消费税问题

纳税人用委托加工收回的下列 7 种应税消费品连续生产应税消费品，在计征消费税时可以扣除委托加工收回应税消费品的已纳消费税税款。下列委托加工收回的应税消费品准予从应纳消费税税额中扣除原料已纳消费税税额。

（1）以委托加工收回的已税烟丝为原料生产的卷烟。

（2）以委托加工收回的已税高档化妆品为原料生产的高档化妆品。

（3）以委托加工收回的已税珠宝玉石为原料生产的贵重首饰及珠宝玉石。

（4）以委托加工收回的已税鞭炮、焰火为原料生产的鞭炮、焰火。

（5）外购已税杆头、杆身和握把为原料生产的高尔夫球杆。

（6）外购已税木制一次性筷子原料生产的木制一次性筷子。

（7）外购已税实木地板原料生产的实木地板。

（8）以委托加工的汽油、柴油、石脑油、燃料油、润滑油用于连续生产应税成品油。

上述当期准予扣除委托加工收回的应税消费品已纳消费税税款的计算公式是：

$$\begin{array}{l} 当期准予扣除的委托加工 \\ 应税消费品已纳税款 \end{array} = \begin{array}{l} 期初库存的委托加工 \\ 应税消费品已纳税款 \end{array} + \begin{array}{l} 当期收回的委托加工 \\ 应税消费品已纳税款 \end{array} - \begin{array}{l} 期末库存的委托加工 \\ 应税消费品已纳税款 \end{array}$$

需要说明的是，纳税人用委托加工收回的已税珠宝玉石生产的改在零售环节征收消费税的金银首饰，在计税时一律不得扣除委托加工收回的珠宝玉石的已纳消费税税款。

八、进口应税消费品应纳消费税的计算

（一）进口应税消费品的基本规定

根据《消费税暂行条例》及实施细则等有关规定,进口应税消费品的有关规定如下。

（1）纳税义务人。进口或代理进口应税消费品的单位和个人,为进口应税消费品消费税的纳税义务人。

（2）课税对象。进口应税消费品以进口商品总值为课税对象。进口商品总值具体包括:到岸价格、关税和消费税三部分内容。

（3）税率。进口应税消费品消费税的税目、税率（税额）,依照"消费税税目税率（税额）表"执行。

（4）其他规定。进口的应税消费品,于报关进口时缴纳消费税;进口的应税消费品的消费税由海关代征;进口的应税消费品,由进口人或者其代理人向报关地海关申报纳税;纳税人进口应税消费品,应当自海关填发海关进口消费税专用缴款书之日起 15 日内缴纳税款。

（二）进口应税消费品应纳税额的计算

（1）实行从价定率办法的应税消费品的应纳税额的计算:

$$组成计税价格 = （关税完税价格 + 关税）÷（1 - 消费税税率）$$

$$应纳税额 = 组成计税价格 × 消费税税率$$

（2）实行从量定额办法的应税消费品的应纳税额的计算:

$$应纳税额 = 应税消费品数量 × 消费税单位税额$$

（3）实行从价定率和从量定额混合征收办法的应税消费品的应纳税额的计算:

$$应纳税额 = 组成计税价格 × 消费税税率 + 应税消费品数量 × 消费税单位税额$$

进口环节消费税除国务院另有规定者外,一律不得给予减税、免税。

【案例 3 - 1】

消费税退税的计算

某外贸公司于 2×19 年 3 月从国外进口一批应税消费品,已知该批应税消费品的关税完税价格为 90 万元,按规定应缴纳关税 18 万元,假定进口的应税消费品的消费税税率为 10%。进口环节应缴纳的消费税为多少?

计算与分析。

（1）组成计税价格 =（90 + 18）÷（1 - 10%）= 120（万元）

（2）应纳消费税税额 = 120 × 10% = 12（万元）

本公式中所称"关税完税价格",是指海关核定的关税计税价格。

九、消费税的退(免)政策及退(免)税额的计算

（一）出口应税消费品的免税规定

免征消费税的出口应税消费品应分别不同情况处理：

（1）生产企业直接出口应税消费品或委托外贸企业出口应税消费品，按规定直接予以免税的，可不计算应缴消费税。

（2）外贸企业出口应税消费品，如规定实行先征后退办法的，可先按规定计算缴纳消费税。

（二）出口应税消费品的退税规定

1. 出口应税消费品的企业

出口应税消费品的退税，原则上应将所退税款全部退还给出口企业。出口应税消费品退税的企业范围主要包括：

（1）有出口经营权的外贸、工贸公司；

（2）特定出口退税企业，如对外承包工程公司、外轮供应公司等。

2. 出口应税消费品退税的范围

（1）具备出口条件，给予退税的消费品。这类消费品必须具备四个条件：属于消费税征税范围的消费品；取得《税收(出口产品专用)缴款书》、增值税专用发票(税款抵扣联)、出口货物报关单(出口退税联)、出口收汇单证；必须报关离境；在财务上作出口销售处理。

（2）不具备出口条件，也给予退税的消费品。例如，对外承包工程公司运出境外用于对外承包项目的消费品，外轮供应公司、远洋运输供应公司销售给外轮、远洋货轮而收取外汇的消费品等。

（3）有些消费品虽具备出口条件，但不给予退税待遇。如援外出口货物、禁止出口货物等。

（4）对于出口的来料加工产品、军品及军队系统企业出口的军需工厂生产或军需部门调拨的货物，以及卷烟等，免征消费税，但不办理退税。

（5）除规定不退税的应税消费品以外，对有进出口经营权的生产企业委托外贸企业代理出口的消费税应税消费品，一律免征消费税；对其他生产企业委托出口的消费税应税消费品，实行"先征后退"的办法。

（三）出口应税消费品退税税率的确定

计算出口应税消费品应退消费税的税率或单位税额，严格按照《消费税暂行条例》所附《消费税税目税率(税额)表》执行。

当出口的货物是应税消费品时，其退还增值税要按规定的退税率计算，而其退还消费税则按应税消费品所适用的消费税税率计算。

企业应将不同消费税税率的出口应税消费品分开核算和申报，凡划分不清适用税率的，一律从低适用税率计算应退消费税税额。

（四）出口应税消费品退税的计算

1. 退税的计算依据

（1）对采用比例税率征税的消费品，其退税依据是从工厂购进货物时，计算征收消费税的价格。对含增值税的购进金额应换算成不含增值税的金额，作为计算退税的依据。

计算公式为：

$$不含增值税的购进金额 = 含增值税的购进金额 \div (1 + 增值税税率或征收率)$$

（2）对采用固定税率征收消费税的消费品，其退税依据是出口报关的数量。

2. 退税的计算

外贸企业出口或代理出口货物的应退消费税税额，应分别按上述计税依据和《消费税税目税率（税额）表》规定的税率（单位税额）计算应退税额。其计算公式为：

$$应退消费税税额 = 出口消费品的工厂销售额（出口数额） \times 税率（税额）$$

3. 其他有关规定

出口的应税消费品办理退（免）税后，发生退关或者国外退货的，报关出口者必须及时向其所在地主管税务机关申报补缴已退的消费税税款。

十、消费税的缴纳

（一）消费税的纳税义务发生时间

消费税纳税义务发生时间分为以下几种情况。

（1）纳税人销售的应税消费品，其纳税义务发生的时间为：

① 纳税人采取赊销和分期收款结算方式的，其纳税义务的发生时间，为销售合同规定的收款日期的当天；书面合同没有约定收款日期或者无书面合同的，为发出应税消费品的当天。

② 纳税人采取预收货款结算方式的，其纳税义务的发生时间，为发出应税消费品的当天；

③ 纳税人采取托收承付和委托银行收款结算方式销售的应税消费品，其纳税义务的发生时间，为发出应税消费品并办妥托收手续的当天；

④ 纳税人采取其他结算方式的，其纳税义务的发生时间，为收讫销售款或者取得索取销售款凭据的当天。

（2）纳税人自产自用的应税消费品，其纳税义务的发生时间，为移送使用的当天。

（3）纳税人委托加工的应税消费品，其纳税义务的发生时间，为纳税人提货的当天。

（4）纳税人进口的应税消费品，其纳税义务的发生时间，为报关进口的当天。

（二）消费税的纳税期限

消费税的纳税期限分别为 1 日、3 日、5 日、10 日、15 日、1 个月或者 1 个季度。纳税人的具体纳税期限，由主管税务机关根据纳税人应纳税额的大小分别核定，不能按照固定期限纳税，可以按次纳税。

纳税人以 1 个月或 1 个季度为一期纳税的，自期满之日起 15 日内申报纳税；以 1 日、3 日、5 日、10 日，或者 15 日为一期纳税的，自期满之日起 5 日内预缴税款，于次月 1 日起 15 日内申报纳税并结清上月应纳税款。

纳税人进口应税消费品，应当自海关填发海关进口消费税专用缴款书之日起 15 日内缴纳税款。

（三）消费税的纳税地点

消费税纳税地点分以下几种情况。

（1）纳税人销售的应税消费品及自产自用的应税消费品，除国家另有规定外，应当向纳税核算地主管税务机关申报纳税。纳税人总机构和分支机构不在同一县（市）的，应在生产应税消费品的分支机构所在地申报纳税。但经国家税务总局及所属分局批准，纳税人分支机构应纳消费税，也可由总机构汇总向总机构所在地主管税务机关申报纳税。

（2）纳税人到外县（市）销售或委托外县（市）代销自产应税消费品的，应事先向其所在地主管税务机关提出申请，并于应税消费品销售后，回纳税人核算地缴纳税款。

（3）委托个人加工的应税消费品，由委托方向其机构所在地或者居住地主管税务机关申报纳税。除此之外，由受托方向所在地主管税务机关代收代缴消费税税款。

（4）进口的应税消费品，由进口人或由其代理人向报关地海关申报纳税。此外，个人携带或者邮寄进境的应税消费品，连同关税由海关一并计征。具体办法由国务院关税税则委员会会同有关部门制定。

（5）纳税人销售的应税消费品，如因质量等原因由购买者退回时，经所在地主管税务机关审核批准后，可退还已征收的消费税税款。但不能自行直接抵减应纳税款。

（四）报缴税款的方法

纳税人报缴税款的方法，由所在地主管税务机关视不同情况，从下列方法中确定一种。

（1）纳税人按期向税务机关填报纳税申报表，并填开纳税缴款书，向其所在地代理金库的银行缴纳税款。

（2）纳税人按期向税务机关填报纳税申报表，由税务机关审核后填发缴款书，按期缴纳。

（3）对会计核算不健全的小型业户，税务机关可根据其产销情况，按季或按年核定其应纳税额，分月缴纳。

（五）消费税的纳税申报表

表 3-2

消费税纳税申报表

（适用于消费税纳税人）

根据《中华人民共和国消费税暂行条例》第十三条和第十四条的规定，制定本表。纳税人不论有无销售额，均应按主管税务机关核定的纳税期限填报本表，并于次月一日起十日内，向当地国家税务机关申报纳税并结清上月应纳税款。

税款所属时间：自 年 月 日至 年 月 日 填表日期： 年 月 日

纳税人识别号		金额单位：元至角分			
纳税人名称		法定代表人姓名		营业地址	
开户银行及账号		经济性质	经济类型	电话号码	
本期消费税额	项 目 应税消费品名称	适用税目	应税销售额（数量） 1	适用税率（单位税额） 2	消费税税额 3＝1×2
	合 计	—	—	—	

（续表）

项 目 应税消费品名称			本月领用用于生产应税消费品的买价	受托方代扣消费税的计税价格	适用税率	代扣代缴凭证号	抵扣税额
			4	5	6	7	8＝4(5)×6
本期抵扣税额	外购应税消费品					—	—
						—	—
						—	—
		小 计				—	—
	委托加工收回的应税消费品		—				
			—				
			—				
			—				
		小 计	—				
合 计						—	—

项 目 税 额		本月数	累计数
税款计算	应税销售额（数量） 9＝1	—	—
	消费税额合计 10＝3		
	应抵扣税额合计 11		
	代扣代缴税款 12	—	—
	应纳消费税 13＝10－11＋12		
	已纳消费税 14		
	其中：1. 上期结算税金 15		—
	2. 补交本年度欠税 16		
	3. 补交以前年度欠税 17		
	应补（退、抵）消费税 18＝13－14＋15＋16＋17		—
	截止上年累计欠税额 19	—	
	本年度新增欠税额 20		

委托代理申报填写本栏		纳税人自行申报填写本栏		
代理人名称： 代理人地址： 代理人电话：	代理人 （签章）	会计主管 （签章）	经办人 （签章）	纳税人 （签章）

以下由税务机关填写				
收到日期	接收人	审核日期	主管税务机关盖章： 接收人签字：	
审核记录				

第二节　消费税筹划方略与分析

一、从消费税计税依据着手的税收筹划

通过缩小计税依据，可达到直接减轻税负的目的。针对消费税的计税特点，其方法主要包括以下几个方面。

（一）关联企业转移定价

消费税的纳税行为发生在生产领域而非流通领域（金银首饰除外），如果将生产销售环节的价格降低，可直接取得节税的利益。因而，关联企业中生产（委托加工、进口）应税消费品的企业，如果以较低的价格将应税消费品销售给其独立核算的销售部门，则可以降低销售额，从而减少应纳消费税税额。而独立核算的销售部门，由于处在销售环节，只缴纳增值税，不缴纳消费税，因而，这样做可使集团的整体消费税税负降低，增值税税负保持不变。

 【案例 3-2】

关联企业转移定价的计算

某酒厂主要生产粮食白酒，产品销往全国各地的批发商。按照以往的经验，本地的一些商业零售户、酒店、消费者每年到工厂直接购买的白酒大约1 000箱（每箱12瓶，每瓶500克）。企业销售给批发部的价格为每箱（不含税）1 200元，销售给零售产及消费者的价格为每箱（不含税）1 400元。经过筹划，企业在本地设立了一个独立核算的经销部，企业按销售给批发商的价格销售给经销部，再由经销部销售给零售户、酒店及顾客。已知粮食白酒的比例税率为25%，定额税率为每500克0.5元。

直接销售给零售户、酒店、消费者的白酒应纳消费税税额：

$$1\,400 \times 1\,000 \times 25\% + 12 \times 1\,000 \times 0.5 = 356\,000（元）$$

销售给经销部的白酒应纳消费税税额：

$$1\,200 \times 1\,000 \times 25\% + 12 \times 1\,000 \times 0.5 = 306\,000（元）$$

节约消费税税额：

$$356\,000 - 306\,000 = 50\,000（元）$$

（二）选择合理的加工方式

委托加工的应税消费品与自行加工的应税消费品的计税依据不同，委托加工时，受托方（个体工商户除外）代收代缴税款，计税依据为同类产品销售价格或组成计税价格；自行加工时，计税依据为产品销售价格。在通常情况下，委托方收回委托加工的应税消费品后，要以高于成本的价格售出。不论委托加工费大于或小于自行加工成本，只要收回的应

税消费品的计税价格低于收回后的直接出售价格,委托加工应税消费品的税负就会低于自行加工的税负。对委托方来说,其产品对外售价高于收回委托加工应税消费品的计税价格部分,实际上并未纳税。

作为价内税的消费税,企业在计算应税所得时,消费税可以作为扣除项目。因此,消费税的多少,会进一步影响所得税,进而影响企业的税后利润和所有者权益。而作为价外税的增值税,则不会因增值税税负差异而造成企业税后利润差异。

由于应税消费品加工方式不同而使纳税人税负不同,纳税人可以选择合理的加工方式进行税务筹划。

委托加工与自行加工税负不同。委托加工的消费品收回后,继续加工成另一种应税消费品。

【案例 3-3】

委托加工的消费品的计算

(1) 2×19 年 1 月 1 日,A 卷烟厂委托 B 厂将一批价值 100 万元的烟叶加工成烟丝,协议规定加工费 75 万元;加工的烟丝运回 A 厂后继续加工成甲类卷烟,加工成本、分摊费用共计 95 万元,该批卷烟售出价格(不含税)700 万元,出售数量为 0.4 万大箱。烟丝消费税税率为 30%,卷烟的消费税税率为 45%,每标准箱定额税率为 150 元(增值税不计)。

① A 厂支付加工费的同时,向受托方支付其代收代缴消费税:

$$(100+75) \div (1-30\%) \times 30\% = 75(万元)$$

② A 厂销售卷烟后:

$$应缴纳消费税 = 700 \times 45\% + 0.4 \times 150 - 75 = 300(万元)$$

$$应缴纳城建税及教育费附加 = 300 \times (7\% + 3\%) = 30(万元)$$

A 厂税后利润:

$$(700-100-75-75-95-300-30) \times (1-25\%) = 18.75(万元)$$

(2) 委托加工的消费品收回后,委托方不再继续加工,而是直接对外销售。

如本例情况(1),A 厂委托 B 厂将烟叶加工成甲类卷烟,烟叶成本不变,支付加工费为 170 万元;A 厂收回后直接对外销售,售价仍为 700 万元。

A 厂支付受托方代收代缴消费税金:

$$(100+170) \div (1-45\%) \times 45\% + 0.4 \times 150 = 280.91(万元)$$

A 厂在销售时不用再缴纳消费税,因此其税后利润的计算为:

$$(700-100-170-280.91) \times (1-25\%) = 99.89(万元)$$

两种情况的比较：在被加工材料成本相同、最终售价相同的情况下，后者显然比前者对企业有利得多，税后利润多 81.14 万元（99.89－18.75）。而在一般情况下，后一种情况支付的加工费要比前一种情况支付的加工费（向委托方支付的加上自己发生的加工费之和）要少。对受托方来说，不论哪种情况，代收代缴的消费税都与其盈利无关，只有收取的加工费与其盈利有关。

如果生产者购入原料后，自行加工成应税消费品对外销售，其税负如何呢？仍以本例，A 厂自行加工的费用为 170 万元，售价为 700 万元。

应缴纳消费税 ＝ 700×45％＋150×0.4 ＝ 375（万元）

缴纳城建税及教育费附加 ＝ 375×（7％＋3％）＝ 37.5（万元）

税后利润 ＝（700－100－170－375－37.5）×（1－25％）＝ 13.125（万元）

二、从消费税税率着手的筹划

纳税人应针对消费税的税率多档次的特点，根据税法的规定，正确进行必要的合并核算和分开核算，以求达到节税目的。

由于应税消费品所适用的税率是固定的，只有在兼营不同税率应税消费品的情况下，纳税人才能选择合适的销售方式和核算方式，达到适用较低消费税率、减轻税负的目的。当企业兼营多种不同税率的应税消费品时，应当分别核算不同税率应税消费品的销售额、销售数量。因为税法规定，未分别核算销售额、销售数量，或者将不同税率的应税消费品组成成套消费品出售的，应从高适用税率，这无疑会增加企业的税收负担。

还有一种税率的筹划方法是根据税法的有关规定对不同等级的应税消费品进行定价筹划。应税消费品的等级不同，消费税的税率不同。等级的税法确定标准是单位定价，即等级越高，单位定价越高，税率越高。纳税人可以根据市场供需关系和税负的多少，合理定价，以获得税收利益。

如每吨啤酒出厂价格（含包装物及包装物押金）在 3 000 元（含 3 000 元，不含增值税）以上的，单位税额每吨 250 元；在 3 000 元以下的，单位税额每吨 220 元。卷烟的比例税率为每标准条（200 支，下同）调拨价格在 50 元（含 50 元，不含增值税，下同）以上的卷烟税率为 45％，每标准条调拨价格不足 50 元的，税率为 30％。

第三节　消费税优惠政策解读

一、免税

（1）销售柴油免税。对炼油企业销售给外商投资企业、来料加工企业的柴油，免征消费税。（国经贸贸易〔1998〕653 号）

（2）购进柴油免税。从事加工贸易的外商投资企业，从核定炼厂购进柴油，免征消费税。（国经贸贸易〔1998〕882号）

（3）香皂停止征税。从2000年1月1日起，对香皂停止征收消费税。（财税〔2000〕145号）

（4）第29届奥运会销售捐赠物品免税。对第29届奥运会组委会再销售所获捐赠商品，免征消费税。（财税〔2003〕10号）

（5）第29届奥运会委托加工物品免税。对第29届奥运会组委会委托加工生产的化妆品、护肤护发品免征消费税。（财税〔2003〕10号）

（6）废弃动植物油生产纯生物柴油免税。从2009年1月1日起，对同时符合下列条件的纯生物柴油免征消费税：生产原料中废弃的动物油和植物油用量所占比重不低于70%。生产的纯生物柴油符合国家《柴油机燃料调合生物柴油（BD100）》标准。（财税〔2010〕118号）

（7）节能环保电池免税。对无汞原电池、金属氢化物镍蓄电池（又称"氢镍蓄电池"或"镍氢蓄电池"）、锂原电池、锂离子蓄电池、太阳能电池、燃料电池和全钒液流电池免征消费税。（财税〔2015〕16号）

（8）对北京冬奥组委、北京冬奥会测试赛赛事组委会赛后再销售物品和出让资产收入免征消费税。（财税〔2017〕60号）

（9）对北京冬奥组委委托加工生产的高档化妆品免征应缴纳的消费税。（财税〔2017〕60号）

（10）对国际残奥委会取得的与北京2022年冬残奥会有关的收入免征消费税。（财税〔2017〕60号）

（11）对以回收的废矿物油为原料生产的润滑油基础油、汽油、柴油等工业油料免征消费税。（财税〔2013〕105号）

（12）对成品油生产企业在生产成品油过程中，作为燃料、动力及原料消耗掉的自产成品油，免征消费税。（财税〔2010〕98号）

二、进口免税

（1）外交物品免税。驻华使（领）馆运进的公务用品，外交代表运进的自用物品，使（领）馆行政技术人员到任半年内运进的安家物品，免征进口消费税。（国发〔1995〕34号）

（2）边贸商品免税。边境地区边民通过互市贸易进口的商品，每人每日价值在人民币1000元以下的，免征进口消费税。（国发〔1996〕2号）

（3）赠送物资免税。外国政府、国际组织无偿赠送及履行国际条约规定进口的物资，免征进口消费税。（署税字〔1999〕565号）

（4）残疾人物品免税。进口的供残疾人专用的物品，免征进口消费税。（国函〔1997〕3号）

（5）科研教学用品免税。科研机构和学校进口合理数量的科研、教学用品，免征进口消费税。（国函〔1997〕3号）

（6）接受捐赠免税。接受捐赠进口科研、教学用品和残疾人专用品，免征进口消费税。（署税字［1997］227 号）

（7）捐赠救灾物资免税。外国团体、企业、个人向中国境内捐赠的食品、药品、生活必需品和抢救工具等救灾物资，免征进口消费税。（财税字［1998］98 号）

（8）保税区进口自用货物免税。保税区、洋浦开发区内企业进口自用货物，免征进口消费税。

（9）转口贸易免税。转口贸易项下的进口货物，存入保税仓库的，免征进口消费税。

（10）进口商品免税。从 2001 年 9 月 1 日起，对进口香皂、子午线轮胎、汽车及其他用的翻新轮胎，免征进口消费税。（财税［2001］153 号）

（11）进口文物免税。从 2002 年 6 月 25 日起，由国务院文物管理部门和国有文物收藏单位，以接管境外机构、个人捐赠、归还和从境外追索方式获得的中国文物进口，免征进口消费税、增值税和关税。（财税［2002］81 号）

三、减税

（1）金银首饰减税。从 1994 年 1 月 1 日起，对金、银和金基、银基合金首饰，以及金、银和金基、银基合金的镶嵌首饰消费税由 10％的税率减按 5％的税率征收。（［94］财税字第 91 号）

（2）护肤护发品减税。从 1999 年 1 月 1 日起，除对香皂外其他护肤护发品的税率统一由 17％减按 8％征收。（财税字［1999］23 号）

（3）汽车减税。从 2004 年 7 月 1 日起，对生产销售达到相当于低污染排放限值（欧洲 III 标准）的小汽车，按法定税率减征 30％的消费税。（财税［2003］266 号）

（4）钻石减税。从 2002 年 1 月 1 日起，对未镶嵌的成品钻石和钻石饰品的消费税后移至零售环节，并减按 5％的税率征收。（财税［2001］176 号）

（5）铂金首饰减税。从 2003 年 5 月 1 日起，铂金首饰消费税的征收环节由现行在生产环节和进口环节征收改为在零售环节征收，消费税税率调整为 5％。（财税［2003］86 号）

（6）高档化妆品减税。从 2016 年 10 月 1 日起，取消对普通美容、修饰类化妆品征收消费税，对"高档美容化妆品"征收 15％的消费税。（财税［2016］103 号）

四、出口退（免）税

（1）出口免税。对纳税人出口应税消费品，除另有规定者外，免征消费税。

（2）特定出口货物免税。下列出口消费品，免征消费税（［94］财税字第 31 号）：

① 来料加工复出口的应税消费品。

② 卷烟。

③ 军品以及军队系统企业出口军需工厂生产或军需部门调拨的消费品。

④ 经国家批准属于进料加工复出口的消费品。

（3）特殊纳税人免税。下列企业的货物特准退免消费税（国税发［1994］31 号）：

① 对外承包工程公司运出境外，用于对外承包项目的应税消费品。

② 对外承接修理修配业务的企业，用于对外修理修配的应税消费品。

③ 外轮供应公司、远洋公司销售给外轮、远洋国轮而收取外汇的应税消费品。

④ 企业在国内采购并运往境外，作为在国外投资的应税消费品。

（4）高税率货物和贵重物品退税。对指定企业出口部分高税率应税消费品和贵重消费品，准予退还消费税。（[94]财税字第31号）

（5）自营或委托出口免税。各类生产企业自营出口或委托出口的应税消费品，除规定若干种货物和禁止出口货物外，免征消费税。（财税字[1997]50号、财税[2002]7号）

（6）外商企业出口货物免税。外商投资企业生产的应税消费品直接出口的，除国家禁止出口的外，免征消费税。（[94]财税字第58号）

（7）外商性投资公司代理出口免税。

（8）收购国产货物出口免税。有进出口经营权的商业连锁企业和中外合资商业企业，收购自营出口的国产应税消费品，可免征消费税。（财税字[1998]119号）

（9）免税店销售国产货物退免税。对中国免税品公司统一管理的出境口岸免税店销售的卷烟、酒、工艺品、保健品等国产应税消费品，可退免消费税。（国税发[1996]182号）

（10）出口机电产品退免税。利用外国政府贷款和国际金融组织贷款，通过国际招标，由国内企业和外商投资企业中标的出口机电产品（运输工具），退免消费税。（国税发[1998]65号）

（11）保税区出口货物退免税。保税区内企业从区外国内购进货物，用于出口或加工之后出口的应税消费品，可退免消费税。

（12）私营出口企业和中外合资外贸企业出口货物退税。经外贸部批准的私营出口企业和中外合资外贸企业，自批准之日起出口的消费税应税消费品，可按现行规定退还出口货物消费税。（国税发[1999]101号）

（13）外贸企业委托加工出口产品退税。外贸企业委托加工出口产品，应按原料的退税率和加工费的退税率分别计算退税款；加工费的退税率按出口产品的退税率确定。（国税发[1999]101号）

（14）出口柴油退免税。从1999年12月1日起，企业出口柴油，消费税按法定税额退免税。（财税字[1999]289号）

（15）运入出口工区内货物退税。有进出口经营权的企业从出口加工区区外运入出口加工区内的货物，视同出口，由海关办理出口报关手续，税务机关办理出口退税。（国税发[2000]155号）

（16）出口加工区内货物免税。对出口加工区内企业在区内加工、生产的应税消费品，属于货物直接出口和销售给区内企业的，免征消费税。（国税发[2000]155号）

（17）出口企业退税。保税区外的出口企业销售给外商的出口货物，如外商将货物存放在保税区的仓储企业，离境时由仓储企业办理报关手续的，保税区外的出口企业可凭货物进入保税区的出口货物报关单、仓储企业的出口备案清单及其他规定的凭证，向税务机

关办理出口退税。（国税发［2000］165 号）

（18）加工贸易出口退税。保税区外的出口企业从事加工贸易，若进口料件是从保税区内企业购进的，可按现行的进料加工和来料加工税收政策办理退税。（国税发［2000］165 号）

（19）外贸企业出口退税。外贸企业从事的进料加工复出口货物，在计算抵扣进料加工料件税额时，凡进口料件征税税率小于或等于复出口货物退税税率的，按进口料件的征税税率计算抵扣；凡进口料件征税税率大于复出口货物退税税率的，按复出口货物的退税率计算抵扣。（国税发［2000］165 号）

（20）样品、展品出口退税。出口企业报关出口的样品、展品，如在境外将其销售并收汇的，准予凭其出口货物报关单、出口收汇核销单及其他规定的退税凭证办理退税。（国税发［2000］165 号）

（21）视同自产货物退税。生产企业（包括外商投资企业）自营或委托出口的下列产品，可视同自产产品给予退（免）税（国税发［2000］165 号）：

① 外购的与本企业所生产的产品名称、性能相同，且使用本企业注册商标的产品。

② 外购的与本企业所生产的产品配套出口的产品。

③ 收购经主管出口退税的税务机关认可的集团公司（或总厂）成员企业（或分厂）的产品。

④ 委托加工收回的产品。

（22）使（领）馆购买中国物品退免税。从 2004 年 1 月 1 日起，外国驻华使（领）馆及其外交代表购买中国产物品和劳务，继续按原政策规定办理退税或免抵退税。（财税［2003］238 号）

五、先征后返

（1）特定地区进口物资先征后返。对经济特区和上海浦东新区、苏州工业园区进口自用物资，在"九五"期间，按国家核定的额度，消费税实行先征后返、五年过渡、逐年递减的办法。（国函［1995］135 号）

（2）外汇借款项目先征后返。对 1994 年年底以前签订的外汇借款合同项目，从 1998 年度起，用该项目新增消费税归还贷款的金额，按国家下达的年还贷限额实行先征后返。（财工字［1998］24 号）

（3）进料加工出口货物先征后返。对有进出口经营权的生产企业，以境外带料加工装配业务方式出口的货物，消费税实行先征后返。

六、以税还贷

（1）外汇借款合同以税还贷。对 1994 年年底以前签订外汇借款合同项目的工业企业，从 1998 年度起，允许企业用该项目新增的消费税税款，偿还外汇借款项目的本息。（财工字［1998］24 号）

（2）"十五"期间外汇借款项目继续以税还贷。在"十五"期间，对 1994 年 12 月 31 日前的外汇借款项目，按规定程序签订展期协议的外汇借款逾期项目所在企业，原则上可继续享受以税还贷政策；对于提前还贷的外汇借款项目，按规定签订了提前还贷协议的，可

以按当年实际还贷情况申请办理退税。（财企[2003]293号）

七、税额抵扣

（1）增值税税款抵扣。纳税人应向购货方收取的增值税税款，准予在应税消费品的销售额中抵扣。（细则第12条）

（2）消费税税款抵扣。下列应税消费品准予从应纳税额中扣除已纳消费税税款：（国税发[1993]156号）

① 外购已税烟丝生产的卷烟。

② 外购已税高档化妆品生产的高档化妆品。

③ 外购已税珠宝玉石生产的贵重首饰及珠宝玉石。

④ 外购已税鞭炮、焰火为原料生产的鞭炮、焰火。

⑤ 外购已税杆头、杆身和握把为原料生产的高尔夫球杆。

⑥ 外购已税木制一次性筷子原料生产的木制一次性筷子。

⑦ 外购已税实木地板原料生产的实木地板。

⑧ 外购已税汽油、柴油、石脑油、燃料油、润滑油用于连续生产应税成品油。

八、税项扣除

（1）法定扣除项目。应税消费品的销售额予以扣除如下款项。

① 纳税人将包装物不作价随同产品销售而收取的押金。（细则第13条）

② 承运部门的运费发票开具给购货方的。（细则第14条）

③ 纳税人将承运部门的运费发票转交给购货方的。（细则第14条）

（2）外购已税消费品扣除。下列应税消费品的销售额，准予扣除外购已税消费品买价后的余额为作计税价格计征消费税：（国税发[1993]156号）

① 外购已税烟丝生产的卷烟。

② 外购已税化妆品生产的化妆品。

③ 外购已税珠宝玉石生产的贵重首饰及珠宝玉石。

④ 外购已税鞭炮、焰火为原料生产的鞭炮、焰火。

⑤ 外购已税杆头、杆身和握把为原料生产的高尔夫球杆。

⑥ 外购已税木制一次性筷子原料生产的木制一次性筷子。

⑦ 外购已税实木地板原料生产的实木地板。

⑧ 外购已税汽油、柴油、石脑油、燃料油、润滑油用于连续生产应税成品油。

 课程思政案例

泸州老窖涉嫌偷逃消费税案例

2012年11月20日，微博用户"晨光财务投资-张小明"发表博文称泸州老窖股份有限公司（以下称"泸州老窖"）、宜宾五粮液股份有限公司（以下称"五粮液"）2011年度分别缴

纳消费税 51 958.26 元及 115 909.10 元,占白酒收入比分别为 6.31% 及 6.27%,低于 10%("10%标准"),并据此推测该两家公司偷逃消费税。

泸州老窖于 2012 年 11 月 27 日在深圳证券交易所发布《泸州老窖股份有限公司关于 2011 年消费税情况的澄清公告》(以下称《公告》),称上述报道不实。泸州老窖在《公告》中称,"公司将部分产品定点授权给专业化的第三方灌装生产企业,在泸州酒业集中发展区包装生产成品",希望借此说明被指责少缴的部分消费税实际已由该第三方灌装生产企业代收代缴。

一、10%标准不应作为判断泸州老窖是否偷逃消费税的依据

税收法定原则是税法基本原则之一,要求税务机关根据法律法规判断纳税人是否偷逃税款,所谓的 10%标准不得作为认定纳税人是否偷逃税款的依据。

微博用户"晨光财务投资-张小明"发表的博文中提到的泸州老窖应纳消费税额与酒类营业收入之比应不小于 10% 系根据国家税务总局于 2009 年 7 月 27 日发布的《国家税务总局关于加强白酒消费税征收管理的通知》中计算得出的。正如泸州老窖在《公告》中所说,10%标准并未考虑企业采取委托加工方式生产时的税务处理。根据《消费税暂行条例》第 4 条的规定,委托加工的应税消费品,除受托方为个人的情况外,由受托方在向委托方交货时代收代缴税款。因此,泸州老窖委托第三方灌装生产企业加工生产的白酒,其委托加工环节的消费税由该第三方灌装生产企业代收代缴。另外,我国消费税法对不同酒类产品,如白酒、黄酒、啤酒等适用不同的计税依据及税率,且企业采用不同的生产和销售方式将对其应纳税额产生不同影响。10%标准同样未将这些具体情况纳入考虑范围。

综上所述,虽然泸州老窖缴纳消费税额与酒类营业收入之比低于 10%,但并不能得出泸州老窖偷漏消费税的结论。

二、泸州老窖是否少缴了消费税税款

根据《中华人民共和国消费税暂行条例》,在我国境内生产、委托加工和进口消费品的单位和个人,应当缴纳消费税。针对白酒这一特定消费品,由于其仅在生产、委托加工和进口环节一次性征收消费税,不少企业将自产白酒以低价销售给有关联关系的销售公司,销售公司再以高价出售,希望借此规避部分消费税税款的缴纳。

根据规定,税务机关有权在消费税计税价格明显偏低并无正当理由的情况下,核定其计税价格。《关于加强白酒消费税征收管理的通知》明确,白酒生产企业销售给销售单位的白酒,生产企业消费税计税价格低于销售单位对外销售价格(不含增值税,下同)70%以下的,税务机关有权在一定范围内核定其消费税最低计税价格。

根据泸州老窖发布的《公告》,第三方灌装企业生产出的成品全部销售给泸州老窖下属控股子公司。若税务机关经审查,该销售行为是否有可能被税务机关认定为计税价格明显偏低并无正当理由,是否需经税务机关核定消费税最低计税价格,是本案例应当关注的焦点。若税务机关经审查,认定泸州老窖的酒类消费品计税价格明显偏低,符合由税务机关核定消费税计税价格的条件,依职权核定其消费税计税价格,泸州老窖可能面临补缴相应税款,并交纳滞纳金的法律风险。

本案例中,不论税务机关是否依职权核定泸州老窖酒类消费品的消费税计税价格,从现有资料看,泸州老窖并不存在伪造、变造、隐匿、擅自销毁账簿、记账凭证,或者在账簿上多列支出或者不列、少列收入,或者经税务机关通知申报而拒不申报或者进行虚假的纳税申报,不缴或者少缴应纳税款的情形,其行为不应被认定为偷税,不应被科以行政处罚;并且泸州老窖也未采取欺骗、隐瞒手段进行虚假纳税申报或者不申报,因此不构成逃税罪,也不应被科以刑事处罚。

任何偷逃税款的行为,都会对社会、对国民经济、对纳税人造成极坏的影响,它直接或潜在地威胁了我国财政收支平衡,社会分配公平,以及社会主义市场经济法制。

 **本章练习题**

一、名词解释

1. 消费税

2. 消费税的纳税义务人

3. 消费税纳税环节

二、计算题

1. 某化妆品生产厂家生产高档化妆品,假设正常生产环节的不含税售价为每件400元,适用消费税税率为15%。请提出该厂的纳税筹划方案。

2. 某白酒生产企业为增值税一般纳税人,2020年7月销售白酒2吨,取得不含税收入20 000元,另收取包装物押金1 130元,品牌使用费2 260元,该白酒生产企业当月应纳消费税多少元。

3. 某白酒生产企业(以下简称甲企业)为增值税一般纳税人,2021年7月发生以下业务:

(1)向某烟酒专卖店销售粮食白酒20吨,开具普通发票,取得含税收入200万元,另收取品牌使用费50万元、包装物租金20万元。

(2)提供10万元的原材料委托乙企业加工散装药酒1 000公斤,收回时向乙企业支付不含增值税的加工费1万元,乙企业已代收代缴消费税。

(3)委托加工收回后将其中900公斤散装药酒继续加工成瓶装药酒1 800瓶,以每瓶不含税售价100元通过非独立核算门市部销售完毕。将剩余100公斤散装药酒作为福利分给职工,同类药酒的不含税销售价为每公斤150元。

(说明:药酒的消费税税率为10%,白酒的消费税税率为20%加0.5元/500克)

要求:根据上述资料,按照下列序号计算回答问题,每问需计算出合计数。

(1)计算本月甲企业向专卖店销售白酒应缴纳消费税。

(2)计算乙企业已代收代缴的消费税。

(3)计算本月甲企业销售瓶装药酒应缴纳的消费税。

4. 某首饰商城为增值税一般纳税人,2020年5月发生以下业务:(1)零售金银首饰与镀金首饰组成的套装礼盒,取得收入28.25万元,其中金银首饰收入20万元,镀金首饰收入8.25万元。(2)采取"以旧换新"方式向消费者销售金项链600条,新项链每条零售价

0.35 万元，旧项链每条作价 0.25 万元，每条项链取得差价款 0.1 万元。（3）为个人定制加工金银首饰，商城提供原料含税金额 30 万元，取得个人支付的含税加工费收入 3.9 万元（商城无同类首饰价格）。（4）用 300 条银基项链抵偿债务，该批项链账面成本为 39 万元，零售价为 67.8 万元（该银基项链最高销售价格等于平均销售价格）。（其他相关资料：金银首饰零售环节消费税税率 5%，成本利润率为 6%）

要求：根据上述资料，按下列序号计算回答问题，每问需计算出合计数：

（1）销售成套礼盒应缴纳的消费税。

（2）"以旧换新"销售金项链应缴纳的消费税。

（3）定制加工金银首饰应缴纳的消费税。

（4）用银基项链抵偿债务应缴纳的消费税。

三、思考题

1. 增值税和消费税作为我国流转税中的主要的两大税种，一般企业都会涉及增值税，而消费税是针对特定的物品征收，具有特殊性。缴纳增值税的企业不一定需要缴纳消费税，而缴纳消费税的企业往往也需要缴纳增值税。请思考消费税和增值税的联系和区别。

2. 消费税是对我国境内从事生产、委托加工和进口应税消费品的单位和个人征收的一种税。企业在生产经营过程中进行消费税筹划，是维护企业利益，促进企业健康发展的必由之路。在学习了消费税税务筹划的相关知识后请尝试总结消费税进行税务筹划的方法。

第四章　关税税务筹划

本章重点

(1) 关税的定义。

(2) 关税征税对象及纳税义务人。

(3) 进出口税则。

(4) 关税税率。

(5) 关税完税价格。

(6) 关税应纳税额的计算。

(7) 关税的征收管理。

(8) 关税筹划方略。

(9) 关税优惠政策解读。

第一节　关税的计算与缴纳

关税是海关依法对进出境货物、物品征收的一种税。"境"指关境，又称"海关境域"或"关税领域"，是国家《海关法》全面实施的领域。在通常情况下，一国的关境与国境是一致的，包括国家全部的领土、领海和领空。但当某一国家在国境内设立了自由港、自由贸易区等，这些区域就进出口关税而言处在关境之外，这时，该国家的关境小于国境，如我国。

现行关税法律规范以全国人民代表大会于 2000 年 7 月修正颁布的《中华人民共和国海关法》(以下简称《海关法》)为法律依据，以国务院于 2003 年 11 月发布的《中华人民共和国进出口关税条例》(以下简称《进出口条例》)，以及由国务院关税税则委员会审定并报国务院，作为条例组成部分的《中华人民共和国海关进出口税则》和《中华人民共和国海关入境旅客行李物品和个人邮递物品征收进口税办法》为基本法规，由负责关税政策制定和征收管理的主管部门依据基本法规拟定的管理办法和实施细则为主要内容。

一、征税对象及纳税义务人

(一) 征税对象

关税的征税对象是准许进出境的货物和物品。货物是指贸易性商品；物品指入境旅客随身携带的行李物品、个人邮递物品、各种运输工具上的服务人员携带进口的自用物品、馈赠物品，以及其他方式进境的个人物品。

（二）纳税义务人

进口货物的收货人、出口货物的发货人、进出境物品的所有人，是关税的纳税义务人。进出口货物的收、发货人是依法取得对外贸易经营权，并进口或者出口货物的法人或者其他社会团体。进出境物品的所有人包括该物品的所有人和推定为所有人的人。一般情况下，对于携带进境的物品，推定其携带人为所有人；对分离运输的行李，推定相应的进出境旅客为所有人；对以邮递方式进境的物品，推定其收件人为所有人；以邮递或其他运输方式出境的物品，推定其寄件人或托运人为所有人。

二、进出口税则

（一）进出口税则概况

进出口税则是一国政府根据国家关税政策和经济政策，通过一定的立法程序制定公布实施的进出口货物和物品应税的关税税率表。进出口税则以税率表为主体，通常还包括实施税则的法令、使用税则的有关说明和附录等。《中华人民共和国海关进出口税则》是我国海关凭以征收关税的法律依据，也是我国关税政策的具体体现。我国现行税则包括《中华人民共和国进出口关税条例》《税率适用说明》《中华人民共和国海关进口税则》《中华人民共和国海关出口税则》及《进口商品从量税、合税、滑准税税目税率表》《进口商品关税配额税目税率表》《进口商品税则暂定税率表》《出口商品税则暂定税率表》《非全税目信息技术产品税率表》等附录。

（二）税则商品分类目录

1. 我国税则的商品分类

我国于1951年5月公布实施的进出口税则，是我国第一部真正独立自主制定的税则，将进出口商品按自然属性、用途、加工程度分成17类、89章、939个税号，其商品目录主要参考了旧中国税则、苏联税则和前万国联盟（League of Nations）编制的《日内瓦统一税则目录》（Geneva Nomenclature）等，结构比较简单，归类较为容易。

1985年3月，我国实施了以《海关合作理事会税则商品目录》（简称CCCN）为基础的进出口税则，将进出口商品划分为21类、99章、1 011个税目。CCCN是在《日内瓦统一税则目录》的基础上，由欧洲海关同盟研究组编制的，到1986年有52个签约国，有150多个国家或地区采用了这个目录。

从1992年1月至今，我国实施了以《商品名称及编码协调制度》为基础的进出口税则。

2. 《商品名称及编码协调制度》

《商品名称及编码协调制度》（以下简称HS）是一部科学、系统的国际贸易商品分类体系，是国际上多个商品分类目录协调的产物，适合于与国际贸易有关的多方面的需要，如海关、统计、贸易、运输、生产等，成为国际贸易商品分类的一种"标准语言"。

HS是《HS公约》的附件，由海关合作理事会（Customs Co-Operation Council，简称

CCC;1994 年 1 月改名为世界海关组织—World Custom Organization,简称 WCO)组织编制。根据公约的规定,缔约国主要权利之一是缔约国不承担关税税率方面的任何义务,即缔约国对关税税率不加任何限制。缔约国的主要义务是发达国家在公约于本国生效之日起,要保证全部采用 HS,发展中国家可先行部分采用,在 3～5 年内全部采用。《HS 公约》于 1998 年 1 月 1 日实施。截止到 1993 年 3 月,公约的缔约国为 71 个,正式使用 HS 的非缔约国 48 个,其中主要发达国家都采用了该制度。我国于 1992 年 6 月加入《HS 公约》,于 1992 年 1 月 1 日起正式实施 HS。

HS 一般每 4～6 年修订一次,最新版本为 2002 年版,前两版分别为 1992 年版和 1996 年版。

3. HS 及我国现行税则的商品分类

(1) 总体结构。HS 的总体结构有三部分:一是归类总规则,共六条,规定了分类原则和方法,以保证对 HS 使用和解释的一致性,使某一具体商品能够始终归入一个唯一编码;二是类(Section)、章(Chapter)、目(Heading)和子目(Sub‐Heading)注释,严格界定了相应的商品范围,阐述专用术语的定义或区分某些商品的技术标准及界限;三是按顺序编排的目与子目编码及条文,采用六位编码,将所有商品分为 21 类、97 章(其中 77 章是留作备用的空章),章下再分为目和子目。编码前两位数代表"章",前四位数代表"目",五、六位数代表"子目"。

(2) 类。HS 中的"类"基本上按社会生产部类分类,将属于同一生产部类的产品归在同一类中,如农业在第一、二类,化学工业在第六类,纺织工业在第十一类,冶金工业在第十五类,机电制造业在第十六类。具体情况分类如下:

第一类:活动物;动物产品。

第二类:植物产品。

第三类:动、植物油、脂及其分解产品;精制的食用油脂;动、植物蜡。

第四类:食品;饮料、酒及醋;烟草及烟草代用品的制品。

第五类:矿产品。

第六类:化学工业及其相关工业的产品。

第七类:塑料及其制品;橡胶及其制品。

第八类:生皮、皮革、毛皮及其制品;鞍具及挽具;旅行用品、手提包及类似容器;动物肠线(蚕胶丝除外)制品。

第九类:木及木制品;木炭;软木及软木制品;稻草、秸秆、针茅或其他编结材料制品;篮筐及柳条编织品。

第十类:木浆及其他纤维状纤维素浆;回收(废碎)纸或纸板;纸、纸板及其制品。

第十一类:纺织原料及其纺织制品。

第十二类:鞋、帽、伞、杖、鞭及其零件;已加工的羽毛及其制品;人造花;人发制品。

第十三类:石料、石膏、水泥、石棉、云母及类似材料的制品;陶瓷产品;玻璃及其制品。

第十四类:天然或养殖珍珠、宝石或半宝石、贵金属、包贵金属及其制品;仿首饰;

硬币。

第十五类：贱金属及其制品。

第十六类：机器、机械器具、电气设备及其零件；录音机及放声机、电视图像、声音的录制和重放设备及其零件、附件。

第十七类：车辆、航空器、船舶及有关运输设备。

第十八类：光学、照相、电影、计量、检验、医疗或外科用仪器及设备、精密仪器及设备；钟表；乐器；上述物品的零件、附件。

第十九类：武器、弹药及零件、附件。

第二十类：杂项制品。

第二十一类：艺术品、收藏品及古物。

（3）章。HS 中"章"的分类有两种情况，一是按商品原材料的属性分类，相同原料的产品一般归入同一章，在章内按产品加工程度从原料到成品顺序排列，如第 52 章棉花，按原棉—已梳棉—棉纱—棉布顺序排列；二是按商品的用途或性能分类。制造业的许多产品很难按其原料分类，尤其是可用多种材料制作的产品或由混合材料制成的产品，如鞋、帽、机电仪器产品等，章内再按原料或加工程度顺序排列。HS 各章都有一个"其他"子目，起"兜底"作用，使任何国际贸易商品都能在这个分类体系找到适当位置。

（4）我国子目。我国现行税则采用八位编码，前六位等效采用 HS 编码，第七、第八位为我国根据中国进出口商品的实际情况，在 HS 基础上延伸的两位编码，也称增列税目。增列税目的原则主要是，遵循 HS 分类原则和方法，适应科学技术发展需要，有利于对相关商品实行有区别的关税政策，有利于执行国家重要产业政策，有利于解决商品归类分歧，便于海关统计。一般情况下，增列税目的商品应当单独成类，不应是一个具体品牌或单个的商品；应当具有一定的进口量或进口额，不应为某一个部门或企业的特殊需要单列税目；应当有一定的技术先进性和前瞻性，生命周期较短的商品不宜增列；在海关现场要能够与其他商品鉴别。增列税目应重点考虑代表现代科技发展方向，尤其是能够促进环保和节能方面的新产品；国家产业政策重点支持和发展的产品；进口量或进口额较大，但没有单列税目的商品。到目前为止，我国自主增列税目 2 092 个，使我国 2002 年版进口税则的总税目数为 7 316 个，其中 HS2002 版有 5 224 个六位税目。我国 2002 年版出口税则税目总数为 36 个。

（三）税则归类

税则归类，就是按照税则的规定，将每项具体进出口商品按其特性在税则中找出其最适合的某一个税号，即"对号入座"，以便确定其适用的税率，计算关税税负。税则归类错误会导致关税的多征或少征，影响关税作用的发挥。因此，税则归类关系到关税政策的正确贯彻。税则归类一般按以下步骤进行：

（1）了解需要归类的具体进出口商品的构成、材料属性、成分组成、特性、用途和功能。

（2）查找有关商品在税则中拟归的类、章及税号。对于原材料性质的货品，应首先考虑按其属性归类；对于制成品，应首先考虑按其用途归类。

（3）将考虑采用的有关类、章及税号进行比较，筛选出最为合适的税号。在比较、筛选时，首先看类、章的注释有无具体描述归类对象或其类似品，已具体描述的，按类、章的规定办理；其次是查阅《HS注释》，确切地了解有关类、章及税号范围。

（4）通过以上方法也难以确定的税则归类商品，可运用归类总规则的有关条款来确定其税号。如进口地海关无法解决的税则归类问题，应报海关总署明确。

（四）税率及运用

1. 进口关税税率

1）税率设置与适用

在我国加入世界贸易组织（WTO）之前，我国进口税则设有两栏税率，即普通税率和优惠税率。对原产于与我国未订有关税互惠协议的国家或者地区的进口货物，按照普通税率征税；对原产于与我国订有关税互惠协议的国家或者地区的进口货物，按照优惠税率征税。在我国加入WTO之后，为履行我国在加入WTO关税减让谈判中承诺的有关义务，享有WTO成员应有的权利，自2002年1月1日起，我国进口税则设有最惠国税率、协定税率、特惠税率、普通税率、关税配额税率等税率。对进口货物在一定期限内可以实行暂定税率。最惠国税率适用原产于与我国共同适用最惠国待遇条款的WTO成员方或地区的进口货物，或原产于与我国签订有相互给予最惠国待遇条款的双边贸易协定的国家或地区进口的货物，以及原产于我国境内的进口货物；协定税率适用原产于我国参加的含有关税优惠条款的区域性贸易协定有关缔约方的进口货物，目前对原产于韩国、斯里兰卡和孟加拉国3个曼谷协定成员的739个税目进口商品实行协定税率（即曼谷协定税率）；特惠税率适用原产于与我国签订有特殊优惠关税协定的国家或地区的进口货物，目前对原产于孟加拉国的18个税目进口商品实行特惠税率（即曼谷协定特惠税率）；普通税率适用于原产于上述国家或地区以外的其他国家或地区的进口货物。按照普通税率征税的进口货物，经国务院关税税则委员会特别批准，可以适用最惠国税率。适用最惠国税率、协定税率、特惠税率的国家或者地区名单，由国务院关税税则委员会决定。

2）税率水平与结构

1992年，我国关税总水平（优惠税率的算术平均水平）约为42%，普通税率平均为56%。之后对关税总水平进行了几次较大幅度的调整，1992年12月，降低至40%；1994年1月，降低至36%；1996年4月，降低至23%；1997年10月，降低至17%。2002年，我国关税总水平（最惠国税率的算术平均水平）由15.3%降低到12%，平均降幅为21.6%。在7316个税目中，有5332个税目的税率有不同程度的降低，降幅面达73%。其中，工业品平均税率为11.6%，农产品（包括水产品）的平均税率为15.6%，比2001年分别降低了23%和17.5%。降税后，农产品（不包括水产品）平均税率为15.8%；水产品为14.3%；原油及成品油为6.1%；木材、纸及其制品为8.9%；纺织品和服装为17.6%；化工产品为7.9%；交通工具为17.4%；机械产品为9.6%；电子产品为10.7%。普通税率总体平均约为57%。

3）税率计征办法

我国对进口商品基本上都实行从价税，即以进口货物的完税价格作为计税依据，以应征税额占货物完税价格的百分比作为税率。从 1997 年 7 月 1 日起,我国对部分产品实行从量税、复合税和滑准税。

从量税是以进口商品的重量、长度、容量、面积等计量单位为计税依据。从量税是每一种进口商品的单位应税额固定,不受该商品进口价格的影响,因此,这种计税方法的特点是税额计算简便,通关手续快捷,并能起到抑制质次价廉商品或故意低瞒价格商品的进口的作用。目前我国对原油、部分鸡产品、啤酒、胶卷进口分别以重量、容量、面积计征从量税。

复合税是对某种进口商品同时使用从价和从量计征的一种计征关税的方法,如现行进口税则中"广播级录像机"的最惠国税率:当每台价格不高于 2 000 美元时,执行 36% 的单一从价税。当每台价格高于 2 000 美元时,每台征收 5 480 元的从量税,再加上 3% 的从价税。复合税既可发挥从量税抑制低价商品进口的特点,又可发挥价税税负合理、稳定的特点。目前,我国对录像机、放像机、摄像机、数字照相机和摄录一体机实行复合税。

滑准税是一种关税税率随进口商品价格由高到低而由低到高设置计征关税的方法,可以使进口商品价格越高,其进口关税税率越低,进口商品的价格越低,其进口关税税率越高。其主要特点是可保持滑准税商品的国内市场价格的相对稳定,尽可能减少国际市场价格波动的影响。目前我国对新闻纸实行滑准税。

4)暂定税率与关税配额税率

根据经济发展的需要,国家对部分进口原材料、零部件、农药原药和中间体、乐器及生产设备实行暂定税率。暂定税率优先适用于优惠税率或最惠国税率,按普通税率征税的进口货物不适用暂定税率。同时,对部分进口农产品和化肥产品实行关税配额,即一定数量内的上述进口商品适用税率较低的配额内税率,超出该数量的进口商品适用税率较高的配额外税率。现行税则对 200 多个税目进口商品实行了暂定税率,对小麦、豆油等 10 种农产品和尿素等 3 种化肥产品实行关税配额管理。

5)税则附录中"非全税目信息技术产品税率表"

我国对 251 个税目的信息技术产品基本实行 0～7.2% 的低税率,有少数产品税率超过 10%。其中有 15 类信息技术产品只占应归入税目商品中的一部分,即非全税目商品。如只对"离心机"税目中的"半导体晶片加工用离心干燥器"实行低税率。这类信息技术产品的税率列在现行进口税则附录《非全税目信息技术产品税率表》中,凡申报进口表列 15 类产品并要求适用低税率的,需经信息产业部审核并经海关确认后,方可以低税率计征关税。

2. 出口关税税率

我国出口税则为一栏税率,即出口税率。国家仅对少数资源性产品及易于竞相杀价、盲目进口、需要规范出口秩序的半制成品征收出口关税。1992 年对 47 种商品计征出口关税,税率为 20%～40%。现行税则对 36 种商品计征出口关税,主要是鳗鱼苗、部分有色金属矿砂及其精矿、生锑、磷、氟担酸钾、苯、山羊板皮、部分铁合金、钢铁废碎料、铜和铝原料及其制品、镍锭、锌锭、锑锭。出口商品税则税率一直未予调整。但对上述范围内的

23 种商品实行 0～20％的暂定税率,其中 16 种商品为零关税,6 种商品税率为 10％及以下。与进口暂定税率一样,出口暂定税率优先适用于出口税则中规定的出口税率。因此,我国真正征收出口关税的商品只有 20 种,税率也较低。

3. 特别关税

特别关税包括报复性关税、反倾销税与反补贴税、保障性关税。征收特别关税的货物、适用国别、税率、期限和征收办法,由国务院关税税则委员会决定,海关总署负责实施。

1) 报复性关税

报复性关税是指为报复他国对本国出口货物的关税歧视,而对相关国家的进口货物征收的一种进口附加税。任何国家或者地区对其进口的原产于我国的货物征收歧视性关税或者给予其他歧视性待遇的,我国对原产于该国家或者地区的进口货物征收报复性关税。

2) 反倾销税与反补贴税

反倾销税与反补贴税是指进口国海关对外国的倾销商品,在征收关税的同时附加征收的一种特别关税,其目的在于抵消他国补贴。在激烈的市场竞争中,倾销和补贴行为在国际贸易中时常发生,且有愈演愈烈之势,其危害是使用不公平手段抢占市场份额,抑制我国相关产业的发展。为保护我国产业,根据《中华人民共和国反倾销条例》和《中华人民共和国反补贴条例》的规定,进口产品经初裁确定倾销或者补贴成立,并由此对国内产业造成损害的,可以采取临时反倾销或反补贴措施,实施期限为自决定公告规定实施之日起,不超过 4 个月。采取临时反补贴措施在特殊情形下,可以延长至 9 个月。经终裁确定倾销或者补贴成立,并由此对国内产业造成损害的,可以征收反倾销税和反补贴税,征收期限一般不超过 5 年,但经复审确定终止征收反倾销税或反补贴税,有可能导致倾销或补贴以及损害的继续或再度发生的,征收期限可以适当延长。反倾销税和反补贴税的纳税人为倾销或补贴产品的进口经营者。采取以上措施,由外经贸部(现商务部)提出建议,国务院关税税则委员会根据外经贸部(现商务部)的建议做出决定,由外经贸部(现商务部)予以公告。采取临时反补贴措施要求提供现金保证金、保函或者其他形式的担保,由外经贸部(现商务部)做出决定并予以公告。海关自公告规定实施之日起执行。

3) 保障性关税

当某类商品进口量剧增,对我国相关产业带来巨大威胁或损害时,按照 WTO 有关规则,可以启动一般保障措施,即在与有实质利益的国家或地区进行磋商后,在一定时期内提高该项商品的进口关税或采取数量限制措施,以保护国内相关产业不受损害。根据《中华人民共和国保障措施条例》规定,有明确证据表明进口产品数量增加,在不采取临时保障措施将对国内产业造成难以补救的损害的紧急情况下,可以做出初裁决定,并采取临时保障措施。临时保障措施采取提高关税的形式。终裁决定确定进口产品数量增加,并由此对国内产业造成损害的,可以采取保障措施。保障措施可以是提高关税、数量限制等形式,针对正在进口的产品实施,不区分产品来源国家或地区。其中采取提高关税形式的,由商务部提出建议;国务院关税税则委员会根据建议做出决定,由商务部予以公告。

4. 税率的运用

我国进出口关税条例规定,进出口货物,应当依照税则规定的归类原则归入合适的税号,并按照适用的税率征税。其中:

(1) 进出口货物,应当按照纳税义务人申报进口或者出口之日实施的税率征税。

(2) 进口货物到达前,经海关核准先行申报的,应当按照装载此货物的运输工具申报进境之日实施的税率征税。

(3) 进出口货物的补税和退税,适用该进出口货物原申报进口或者出口之日所实施的税率,但下列情况除外。

① 按照特定减免税办法批准予以减免税的进口货物,后因情况改变经海关批准转让或出售或移作他用需予补税的,适用海关接受纳税人再次填写报关单申报办理纳税及有关手续之日实施的税率征税。

② 加工贸易进口料、件等属于保税性质的进口货物,如经批准转为内销,应按向海关申报转为内销之日实施的税率征税;如未经批准擅自转为内销的,则按海关查获日期所施行的税率征税。

③ 暂时进口货物转为正式进口需予补税时,应按其申报正式进口之日实施的税率征税。

④ 分期支付租金的租赁进口货物,分期付税时,适用海关接受纳税人再次填写报关单申报办理纳税及有关手续之日实施的税率征税。

⑤ 溢卸、误卸货物事后确定需征税时,应按其原运输工具申报进口日期所实施的税率征税。如原进口日期无法查明的,可按确定补税当天实施的税率征税。

⑥ 对由于税则归类的改变、完税价格的审定或其他工作差错而需补税的,应按原征税日期实施的税率征税。

⑦ 对经批准缓税进口的货物以后交税时,不论是分期或一次交清税款,都应按货物原进口之日实施的税率征税。

⑧ 查获的走私进口货物需补税时,应按查获日期实施的税率征税。

三、原产地规定

确定进境货物原产国的主要原因之一,是便于正确运用进口税则的各栏税率,对产自不同国家或地区的进口货物适用不同的关税税率。我国原产地规定基本上采用了"全部产地生产标准""实质性加工标准"两种国际上通用的原产地标准。

(一) 全部产地生产标准

全部产地生产标准是指进口货物"完全在一个国家内生产或制造",生产或制造国即为该货物的原产国。完全在一国生产或制造的进口货物包括如下几项。

(1) 在该国领土或领海内开采的矿产品。

(2) 在该国领土上收获或采集的植物产品。

(3) 在该国领土上出生或由该国饲养的活动物及从其所得产品。

（4）在该国领土上狩猎或捕捞所得的产品。

（5）在该国的船只上卸下的海洋捕捞物，以及由该国船只在海上取得的其他产品。

（6）在该国加工船加工上述第（5）项所列物品所得的产品。

（7）在该国收集的只适用于作再加工制造的废碎料和废旧物品。

（8）在该国完全使用上述（1）～（7）项所列产品加工成的制成品。

（二）实质性加工标准

实质性加工标准是适用于确定有两个或两个以上国家参与生产的产品的原产国的标准，其基本含义是：经过几个国家加工、制造的进口货物，以最后一个对货物进行经济上可以视为实质性加工的国家作为有关货物的原产国。"实质性加工"是指产品加工后，在进出口税则中四位数税号一级的税则归类已经有了改变，或者加工增值部分所占新产品总值的比例已超过30％的。

其他对机器、仪器、器材或车辆所用零件、部件、配件、备件及工具，如与主件同时进口且数量合理的，其原产地按主件的原产地确定，分别进口的则按各自的原产地确定。

四、关税完税价格

《海关法》规定，进出口货物的完税价格，由海关以该货物的成交价格为基础审查确定。成交价格不能确定时，完税价格由海关依法估定。自我国加入世界贸易组织后，我国海关已全面实施《世界贸易组织估价协定》，遵循客观、公平、统一的估价原则，并依据2002年1月1日起实施的《中华人民共和国海关审定进出口货物完税价格办法》（以下简称《完税价格办法》），审定进出口货物的完税价格。

（一）一般进口货物的完税价格

1. 以成交价格为基础的完税价格

根据《海关法》的规定，进口货物的完税价格包括货物的货价、货物运抵我国境内输入地点起卸前的运输及其相关费用、保险费。我国境内输入地为入境海关地，包括内陆河、江口岸，一般为第一口岸。货物的货价以成交价格为基础。进口货物的成交价格是指买方为购买该货物，并按《完税价格办法》有关规定调整后的实付或应付价格。

1）对进口货物成交价格的要求

进口货物成交价格应当符合下列要求。

（1）买方对进口货物的处置或使用不受限制，但国内法律、行政法规规定的限制和对货物转售地域的限制，以及对货物价格无实质影响的限制除外。

（2）货物的价格不得受到使该货物成交价格无法确定的条件或因素的影响。

（3）卖方不得直接或间接获得因买方转售、处置或使用进口货物而产生的任何收益，除非能够按照《完税价格办法》有关规定做出调整。

（4）买卖双方之间没有特殊关系，如果有特殊关系，应当符合《完税价格办法》的有关规定。

2）对实付或应付价格进行调整的有关规定

"实付或应付价格"指买方为购买进口货物直接或间接支付的总额，即作为卖方销售进口货物的条件,由买方向卖方或为履行卖方义务向第三方已经支付或将要支付的全部款项。

(1) 如下列费用或者价值未包括在进口货物的实付或者应付价格中,应当计入完税价格。

① 由买方负担的除购货佣金以外的佣金和经纪费。"购货佣金"指买方为购买进口货物向自己的采购代理人支付的劳务费用。"经纪费"指买方为购买进口货物向代表买卖双方利益的经纪人支付的劳务费用。

② 由买方负担的与该货物视为一体的容器费用。

③ 由买方负担的包装材料和包装劳务费用。

④ 与该货物的生产和向中华人民共和国境内销售有关的,由买方以免费或者以低于成本的方式提供,并可以按适当比例分摊的料件、工具、模具、消耗材料及类似货物的价款,以及在境外开发、设计等相关服务的费用。

⑤ 与该货物有关并作为卖方向我国销售该货物的一项条件,应当由买方直接或间接支付的特许权使用费。"特许权使用费"指买方为获得与进口货物相关的、受著作权保护的作品、专利、商标、专有技术和其他权利的使用许可而支付的费用。但是在估定完税价格时,进口货物在境内的复制权费不得计入该货物的实付或应付价格之中。

⑥ 卖方直接或间接从买方对该货物进口后转售、处置或使用所得中获得的收益。

上列所述的费用或价值,应当由进口货物的收货人向海关提供客观量化的数据资料。如果没有客观量化的数据资料,完税价格由海关按《完税价格办法》规定的方法进行估定。

(2) 下列费用,如能与该货物实付或者应付价格区分,不得计入完税价格。

① 厂房、机械、设备等货物进口后的基建、安装、装配、维修和技术服务的费用。

② 货物运抵境内输入地点之后的运输费用、保险费和其他相关费用。

③ 进口关税及其他国内税收。

3) 对买卖双方之间有特殊关系的规定

买卖双方之间有特殊关系的,经海关审定其特殊关系未对成交价格产生影响,或进口货物的收货人能证明其成交价格与同时或大约同时发生的下列任一价格相近,该成交价格海关应当接受。

(1) 向境内无特殊关系的买方出售的相同或类似货物的成交价格。

(2) 按照使用倒扣价格有关规定所确定的相同或类似货物的完税价格。

(3) 按照使用计算价格有关规定所确定的相同或类似货物的完税价格。

海关在使用上述价格做比较时,应当考虑商业水平和进口数量的不同,以及实付或者应付价格的调整规定所列各项目和交易中买卖双方有无特殊关系造成的费用差异。

有下列情形之一的,应当认定买卖双方有特殊关系:买卖双方为同一家族成员;买卖双方互为商业上的高级职员或董事;一方直接或间接地受另一方控制;买卖双方都直接或间接地受第三方控制;买卖双方共同直接或间接地控制第三方;一方直接或间接地拥有、控制或持有对方5%或以上公开发行的有表决权的股票或股份;一方是另一方的雇员、高级职员或董事;买卖双方是同一合伙的成员。买卖双方在经营上相互有联系,一方是另一方的独家代理、经销或受让人,如果有上述关系的,也应当视为有特殊关系。

2. 进口货物海关估价方法

进口货物的价格不符合成交价格条件或者成交价格不能确定的,海关应当依次以相同货物成交价格方法、类似货物成交价格方法、倒扣价格方法、计算价格方法及其他合理方法确定的价格为基础,估定完税价格。如果进口货物的收货人提出要求,并提供相关资料,经海关同意,可以选择倒扣价格方法和计算价格方法的适用次序。

1) 相同或类似货物成交价格方法

相同或类似货物成交价格方法,即以与被估的进口货物同时或大约同时(在海关接受申报进口之日的前后各45天以内)进口的相同或类似货物的成交价格为基础,估定完税价格。

以该方法估定完税价格时,应使用与该货物相同商业水平且进口数量基本一致的相同或类似货物的成交价格,但对因运输距离和运输方式不同,在成本和其他费用方面产生的差异应当进行调整。在没有上述的相同或类似货物的成交价格的情况下,可以使用不同商业水平或不同进口数量的相同或类似货物的成交价格,但对因商业水平、进口数量、运输距离和运输方式不同,在价格、成本和其他费用方面产生的差异应当做出调整。

以该方法估定完税价格时,应当首先使用同一生产商生产的相同或类似货物的成交价格,只有在没有这一成交价格的情况下,才可以使用同一生产国或地区生产的相同或类似货物的成交价格。如果有多个相同或类似货物的成交价格,应当以最低的成交价格为基础,估定进口货物的完税价格。

上述"相同货物"是指与进口货物在同一国家或地区生产的,在物理性质、质量和信誉等所有方面都相同的货物,但表面的微小差异允许存在;"类似货物"指与进口货物在同一国家或地区生产的,虽然不是在所有方面都相同,但却具有相似的特征、相似的组成材料、同样的功能,并且在商业中可以互换的货物。

2) 倒扣价格方法

倒扣价格方法即以被估的进口货物、相同或类似进口货物在境内销售的价格为基础估定完税价格。按该价格销售的货物应当同时符合五个条件:在被估货物进口时或大约同时销售;按照进口时的状态销售;在境内第一环节销售;合计的货物销售总量最大;向境内无特殊关系方的销售。

以该方法估定完税价格时,下列各项应当扣除。

(1) 该货物的同等级或同种类货物,在境内销售时的利润和一般费用及通常支付的佣金。

(2) 货物运抵境内输入地点之后的运费、保险费、装卸费及其他相关费用。

(3) 进口关税、进口环节税和其他与进口或销售上述货物有关的国内税。

3) 计算价格方法

计算价格方法即按下列各项的总和计算出的价格估定完税价格。有关项为:

（1）生产该货物所使用的原材料价值和进行装配或其他加工的费用；

（2）与向境内出口销售同等级或同种类货物的利润、一般费用相符的利润和一般费用；

（3）货物运抵境内输入地点起卸前的运输及相关费用、保险费。

4）其他合理方法

使用其他合理方法时，应当根据《完税价格办法》规定的估价原则，以在境内获得的数据资料为基础估定完税价格。但不得使用以下价格。

（1）境内生产的货物在境内的销售价格。

（2）可供选择的价格中较高的价格。

（3）货物在出口地市场的销售价格。

（4）以计算价格方法规定的有关各项之外的价值或费用计算的价格。

（5）出口到第三国或地区的货物的销售价格。

（6）最低限价或武断、虚构的价格。

（二）特殊进口货物的完税价格

1. 加工贸易进口料件及其制成品

加工贸易进口料件及其制成品需征税或内销补税的，海关按照一般进口货物的完税价格规定，审定完税价格。

（1）进口时需征税的进料加工进口料件，以该料件申报进口时的价格估定。

（2）内销的进料加工进口料件或其制成品（包括残次品、副产品），以料件原进口时的价格估定。

（3）内销的来料加工进口料件或其制成品（包括残次品、副产品），以料件申报内销时的价格估定。

（4）出口加工区内的加工企业内销的制成品（包括残次品、副产品），以制成品申报内销时的价格估定。

（5）保税区内的加工企业内销的进口料件或其制成品（包括残次品、副产品），分别以料件或制成品申报内销时的价格估定。如果内销的制成品中含有从境内采购的料件，则以所含从境外购入的料件原进口时的价格估定。

（6）加工贸易加工过程中产生的边角料，以申报内销时的价格估定。

2. 保税区、出口加工区货物

从保税区或出口加工区销往区外、从保税仓库出库内销的进口货物（加工贸易进口料件及其制成品除外），以海关审定的价格估定完税价格。对经审核销售价格不能确定的，海关应当按照一般进口货物估价办法的规定，估定完税价格。如销售价格中未包括在保税区、出口加工区或保税仓库中发生的仓储、运输及其他相关费用的，应当按照客观量化的数据资料予以计入。

3. 运往境外修理的货物

运往境外修理的机械器具、运输工具或其他货物，出境时已向海关报明，并在海关规定期限内复运进境的，应当以海关审定的境外修理费和料件费为完税价格。

4. 运往境外加工的货物

运往境外加工的货物，出境时已向海关报明，并在海关规定期限内复运进境的，应当以海关审定的境外加工费和料件费，以及该货物复运进境的运输及其相关费用、保险费估定完税价格。

5. 暂时进境货物

对于经海关批准的暂时进境的货物，应当按照一般进口货物估价办法的规定，估定完税价格。

6. 租赁方式进口货物

租赁方式进口的货物中，以租金方式对外支付的租赁货物，在租赁期间以海关审定的租金作为完税价格；留购的租赁货物，以海关审定的留购价格作为完税价格；承租人申请一次性缴纳税款的，经海关同意，按照一般进口货物估价办法的规定估定完税价格。

7. 留购的进口货样等

对于境内留购的进口货样、展览品和广告陈列品，以海关审定的留购价格作为完税价格。

8. 予以补税的减免税货物

减税或免税进口的货物需予补税时，应当以海关审定的该货物原进口时的价格，扣除折旧部分价值作为完税价格，其计算公式如下：

$$完税价格 = \frac{海关审定的该货物}{原进口时的价格} \times [1 - 申请补税时实际已使用的时间(月) \div (监管年限 \times 12)]$$

9. 以其他方式进口的货物

以易货贸易、寄售、捐赠、赠送等其他方式进口的货物，应当按照一般进口货物估价办法的规定，估定完税价格。

(三) 出口货物的完税价格

1. 以成交价格为基础的完税价格

出口货物的完税价格，由海关以该货物向境外销售的成交价格为基础审查确定，并应包括货物运至我国境内输出地点装载前的运输及其相关费用、保险费，但其中包含的出口关税税额，应当扣除。出口货物的成交价格，是指该货物出口销售到我国境外时买方向卖方实付或应付的价格。出口货物的成交价格中含有支付给境外的佣金的，如果单独列明，应当扣除。

2. 出口货物海关估价方法

出口货物的成交价格不能确定时，完税价格由海关依次使用下列方法估定：

(1) 同时或大约同时向同一国家或地区出口的相同货物的成交价格；

(2) 同时或大约同时向同一国家或地区出口的类似货物的成交价格；

(3) 根据境内生产相同或类似货物的成本、利润和一般费用(包括直接费用和间接费用)、境内发生的运输及其相关费用、保险费计算所得的价格。

(4) 按照合理方法估定的价格。

（四）进出口货物完税价格中的运输及相关费用、保险费的计算

1. 以一般陆运、空运、海运方式进口的货物

陆运、空运和海运进口货物的运费和保险费，应当按照实际支付的费用计算。如果进口货物的运费无法确定或未实际发生，海关应当按照该货物进口同期运输行业公布的运费率（额）计算运费；按照"货价加运费"两者总额的 0.3% 计算保险费。

2. 以其他方式进口的货物邮运的进口货物

应当以邮费作为运输及其相关费用、保险费；以境外边境口岸价格条件成交的铁路或公路运输进口货物，海关应当按照货价的 1% 计算运输及其相关费用、保险费；作为进口货物的自驾进口的运输工具，海关在审定完税价格时，可以不另行计入运费。

3. 出口货物

出口货物的销售价格如果包括离境口岸至境外口岸之间的运输、保险费的，该运费、保险费应当扣除。

（五）完税价格的审定

（1）进出口货物的收发货人应当向海关如实申报进出口货物的成交价格，提供包括发票、合同、装箱清单及其他证明申报价格真实、完整的单证、书面资料和电子数据。海关认为必要时，还应当向海关补充申报反映买卖双方关系和成交活动的情况，以及其他与成交价格有关的资料。

（2）海关为审查申报价格的真实性和准确性，可以查阅、复制与进出口货物有关的合同、发票、账册、结付汇凭证、单据、业务函电和其他反映买卖双方关系及交易活动的书面资料和电子数据；可以向进出口货物的收发货人及与其有资金往来或有其他业务往来的公司、企业调查与进出口货物价格有关的问题；可以对进出口货物进行查验或提取货样进行检验或化验；可以进入进出口货物收发货人的生产经营场所、货物存放场所，检查与进出口活动有关的货物和生产经营情况；可以向有关金融机构或税务部门，查询了解与进出口货物有关的收付汇资料或缴纳国内税的情况。

（3）海关对申报价格的真实性或准确性有疑问时，应当书面将怀疑的理由告知进出口货物的收发货人，要求其以书面形式做进一步说明，提供资料或其他证据，证明其申报价格是真实、准确的。自海关书面通知发出之日起 15 日内，进出口货物的收发货人未能提供进一步说明，或海关审核所提供的资料或证据后仍有理由怀疑申报价格的真实性或准确性时，海关可以不接受其申报价格，并按照本办法第七条至第十一条或第二十二条的规定估定完税价格。

（4）海关有理由认为买卖双方之间的特殊关系影响成交价格时，应当书面将怀疑的理由告知进出口货物的收发货人，要求其以书面形式做进一步说明，提供资料或其他证据，证明双方之间的关系未影响成交价格。自海关书面通知发出之日起 15 日内，进口货物的收货人未能提供进一步说明，或海关审核所提供的资料或证据后，仍有理由认为买卖双方的关系影响成交价格时，海关可以不接受其申报价格，并按照一般进口货物海关估价方法估定完税价格。

（5）海关不接受申报价格、按照相同货物或类似货物成交价格的规定估定完税价格

时，为获得合适的相同或类似进出口货物的成交价格，可以与进出口货物的纳税义务人进行价格磋商。

（6）进出口货物的收发货人可以提供书面申请，要求海关就如何确定其进出口货物的完税价格做出书面说明。

（7）海关为确定进出口货物的完税价格需要推迟做出估价决定时，进出口货物的收发货人可以在依法向海关提供担保后，先行提取货物。海关对于实行担保放行的货物，应当自具保之日起90天内核查完毕，并将核查结果通知进出口货物收发货人。

五、关税应纳税额的计算

（一）从价税应纳税额的计算

$$关税税额 = 应税进（出）口货物数量 \times 单位完税价格 \times 税率$$

（二）从量税应纳税额的计算

$$关税税额 = 应税进（出）口货物数量 \times 单位货物税额$$

（三）复合税应纳税额的计算

我国目前实行的复合税都是先计征从量税，再计征从价税。

$$关税税额 = 应税进（出）口货物数量 \times 单位货物税额 + 应税进（出）口货物数量 \times 单位完税价格 \times 税率$$

（四）滑准税应纳税额的计算

$$关税税额 = 应税进（出）口货物数量 \times 单位完税价格 \times 滑准税税率$$

现行税则《进（出）口商品从量税、复合税、滑准税税目税率表》后注明了滑准税税率的计算公式，该公式是一个与应税进（出）口货物完税价格相关的取整函数。

六、行李和邮递物品进口税

行李和邮递物品进口税简称行邮税，是海关对入境旅客行李物品和个人邮递物品征收的进口税。由于其中包含了在进口环节征收的增值税、消费税，因而也是对个人非贸易性入境物品征收的进口关税和进口工商税收的总称。课税对象包括入境旅客、运输工具、服务人员携带的应税行李物品、个人邮递物品、馈赠物品以及以其他方式入境的个人物品等项物品，简称进口物品。

对准许应税进口旅客行李物品、个人邮递物品以及其他个人自用物品，均应依据《入境旅客行李物品和个人邮递物品进口税税率表》征收行邮税。纳税人是携带应税个人自用物品入境的旅客及运输工具服务人员，进口邮递物品的收件人，以及以其他方式进口应税个人自用物品的收件人。上述所称的应税个人自用物品，不包括汽车、摩托车及其配件、附件。对进口应税个人自用汽车、摩托车及其配件、附件，以及超过海关规定自用合理数量部分的应税物品应按货物进口程序办理报关验放手续。

《入境旅客行李物品和个人邮递物品进口税税率表》由国务院关税税则委员会审定后,海关总署对外公布实施。我国行邮税税目和税率经过了多次调整,现行行邮税税率分为50%、20%、13%三个档次:属于50%税率的物品为烟、酒、贵重首饰及珠宝玉石;高尔夫球及球具;高档手表;高档化妆品;属于20%税率的物品,包括运动用品(不含高尔夫球及球具)、钓鱼用品;纺织品及其制成品;电视摄像机及其他电器用具;自行车;50%和13%税率档次中未包含的其他商品;属于13%税率的物品,包括书报、刊物、教育专用电影片、幻灯片、原版录音带、录像带,金、银及其制品,食品、饮料和其他商品。进口税采用从价计征,完税价格由海关参照该项物品的境外正常零售平均价格确定。完税价格乘以进口税税率,即为应纳的进口税税额。海关按照填发税款缴纳书当日有效的税率和完税价格计算征收。纳税人应当在海关放行应税个人自用物品之前缴清税款。

七、关税征收管理

(一) 关税缴纳

进口货物自运输工具申报进境之日起14日内,出口货物在货物运抵海关监管区后、装货的24小时以前,应由进出口货物的纳税义务人向货物进(出)境地海关申报,海关根据税则归类和完税价格计算应缴纳的关税和进口环节代征税,并填发税款缴款书。纳税义务人应当自海关填发税款缴款书之日起15日内,向指定银行缴纳税款。如关税缴纳期限的最后1日是周末或法定节假日,则关税缴纳期限顺延至周末或法定节假日过后的第1个工作日。为方便纳税义务人,经申请且海关同意,进(出)口货物的纳税义务人可以在设有海关的指运地(启运地)办理海关申报、纳税手续。

关税纳税义务人因不可抗力或者在国家税收政策调整的情形下,不能按期缴纳税款的,经海关总署批准,可以延期缴纳税款,但最长不得超过6个月。

(二) 关税的强制执行

纳税义务人未在关税缴纳期限内缴纳税款,即构成关税滞纳。为保证海关征收关税决定的有效执行和国家财政收入的及时入库,《海关法》赋予海关对滞纳关税的纳税义务人强制执行的权利。强制措施主要有两类:

(1) 征收关税滞纳金。滞纳金自关税缴纳期限届满之日起,至纳税义务人缴纳关税之日止,按滞纳税款万分之五的比例按日征收,周末或法定节假日不予扣除。具体计算公式为:

$$关税滞纳金金额 = 滞纳关税税额 \times 滞纳金征收比率 \times 滞纳天数$$

(2) 强制征收。如纳税义务人自海关填发缴款书之日起3个月仍未缴纳税款,经海关关长或其授权的隶属海关关长批准,海关可以采取强制扣缴、变价抵缴等强制措施。强制扣缴即海关从纳税义务人在开户银行或者其他金融机构的存款中直接扣缴税款。变价抵缴即海关将应税货物依法变卖,或扣留并依法变卖其价值相当于应纳税款的货物或其他财产,以变卖所得抵缴税款。

(三) 关税退还

关税退还是关税纳税义务人按海关核定的税额缴纳关税后,因某种原因的出现,海关将实际征收多于应当征收的税额(称为溢征关税)退还给原纳税义务人的一种行政行为。根据《海关法》和《进出口关税条例》规定,海关多征的税款,海关发现后应当立即退还。纳税义务人发现多缴税款的,自缴纳税款之日起1年内,可以以书面形式要求海关退还多缴的税款并加算银行同期活期存款利息;海关应当自受理退税申请之日起30日内查实并通知纳税义务人办理退还手续。

按规定,有下列情形之一的,进出口货物的纳税义务人可以自缴纳税款之日起1年内,书面声明理由,连同原纳税收据向海关申请退税并加算银行同期活期存款利息,逾期不予受理:

(1)已征进口关税的货物,因品质或者规格原因,原状退货复运出境的。

(2)已征出口关税的货物,因品质或者规格原因,原状退货复运进境,并已重新缴纳因出口而退还的国内环节有关税收的。

(3)已征出口关税的货物,因故未将其运出口,申报退关,经海关查验属实的。

对已征出口关税的出口货物和已征进口关税的进口货物,因货物品种或规格原因(非其他原因)原状复运进境或出境的,经海关查验属实的,也应退还已征关税。海关应当自受理退税申请之日起30日内,作出书面答复并通知退税申请人。上述(1)(2)项规定强调的是,"因货物品种或规格原因,原状复运进境或出境的"。如果属于其他原因且不能以原状复运进境或出境,不能退税。

(四)关税补征和追征

补征和追征是海关在关税纳税义务人按海关核定的税额缴纳关税后,发现实际征收税额少于应当征收的税额(称为短征关税)时,责令纳税义务人补缴所差税款的一种行政行为。《海关法》根据短征关税的原因,将海关征收原短征关税的行为分为补征和追征两种。由于纳税人违反海关规定造成短征关税的,称为追征;非因纳税人违反海关规定造成短征关税的,称为补征。区分关税追征和补征的目的是为了区别不同情况适用不同的征收时效,超过时效规定的期限,海关就丧失了追补关税的权力。根据《海关法》和《进出口关税条例》规定,进出境货物和物品放行后,海关发现少征或者漏征税款,应当自缴纳税款或者货物、物品放行之日起1年内,向纳税义务人补征;因纳税义务人违反规定而造成的少征或者漏征从缴纳税款之日起3年内追征税款并按日加收少征或者漏征税款万分之五的滞纳金。

第二节　关税筹划方略与分析

一、从货物的进口方式着手的税收筹划

境内纳税人进口货物除了采用一般方式报关进口,还可以采取其他特殊方式进口货物,这时报关的完税价格也有区别:运往境外修理的货物以海关审定的境外修理费和料件费,以及该货物复运进境的运输及其相关费用、保险费估定完税价格;运往境外加工的货物

以海关审定的境外加工费和料件费,以及该货物复运进境的运输及其相关费用、保险费估定完税价格;租赁方式进口货物,在租赁期间以海关审定的租金作为完税价格;等等。

不同的货物进口方式选择,就为纳税人提供了筹划空间。如纳税人要引进国外新设备扩大生产,就可以通过计算向国外购买该设备和租赁该设备的关税成本进行决策。

 【案例 4-1】

关税筹划的计算

某年 6 月 21 日,国务院关税税则委员会发出公告:根据《中华人民共和国进出口关税条例》第 6 条的规定,自 6 月 22 日起,对原产于日本的汽车、手持和车载无线电话机、空气调节器加征税率为 100% 的特别关税,即在原关税的基础上,再加征100% 的关税。在这种情况下,日本商用空调最大的生产厂家——大金工业日前宣布,从今年 10 月份开始,将把在中国销售的楼房用大型商用空调由出口改为在中国生产,以此来应对中国为报复日本对中国农产品实施限制进口而采取的对空调进口加征 100% 特别关税的措施。

毫无疑问,如果大金工业的战略得以顺利实施,将彻底避免承担关税和特别关税的税负。大金工业的这种行为,就是应对特别关税而采取的投资决策,属于典型的关税筹划。主要思路是根据关税的性质和纳税环节,由原来在日本生产后再出口到中国,改为在中国直接生产、销售,从而彻底避免了缴纳关税。

 【案例 4-2】

关税筹划的计算

李先生为回国探亲在国外买了 300 美元的名酒、800 美元的松下影碟机、500 美元的瑞士金表作为探亲礼物,那么李先生在回国时需要缴纳进口行邮税为:

$$应纳税额 = 300 \times 50\% + 800 \times 13\% + 500 \times 50\%$$
$$= 150 + 104 + 250$$
$$= 504(美元)$$

李先生为探亲,光送礼就花了 2 104 美元(1 600+504)。但是如果李先生带回的都是税率为 13% 的金银戒指、项链、金表等,那么所负担的税负仅为 208 美元(1 600×13%)。相比之下,同样花了 1 600 美元买的礼物,却节约了 296 美元的关税。

【案例 4 - 3】

关税筹划的计算

实力汽车公司是一家全球性的跨国大公司,该公司生产的汽车在世界汽车市场上占有一席之地。2×19 年 8 月,该公司决定打入中国市场。同月,公司召开董事会商议此事,并初步拟定两套方案:

方案 1:在中国设立一家销售企业作为实力汽车公司的子公司,通过国际间转让定价,压低汽车进口的价格,从而节省关税,使中国境内子公司利润增大,以便于扩大规模,占领中国汽车市场。

方案 2:在中国境内设立一家总装配公司的子公司,通过国际间转让定价,压低汽车零部件的进口价格,节省关税,也可使中国境内子公司利润增大,以便于扩大规模,占领中国汽车市场。

后经进一步讨论,公司决定采用方案 2。

根据方案 1,企业利用了转让定价法进行筹划,由于我国沿海地带优惠较多,利润从高税国转到低税国会节省税款,包括了关税的节约。根据方案 2,企业也可以得到方案 1 中转让定价的好处,但更重要的是,方案 2 利用了关税税率差异筹划方法,考虑到零部件的进口关税比成品汽车的税率要低很多,而低的关税税率也可以帮企业节约不少税款。另外,也考虑到零部件生产国比较分散,更加易于进行转让定价筹划,所以方案 2 优于方案 1。

二、从关税优惠政策着手的税收筹划

关税优惠是纳税人进行税收筹划的重点。例如,世界上几百个经济特区对关税的课征一般都实施大同小异的优惠待遇。又如,我国对企业从事高新技术和生产出口产品实行鼓励政策,对于从事上述产品生产的企业所需的进口设备及配套技术、配件、备件及软件费等给予减免关税和进口环节增值税的优惠政策。再如,我国对日本三种产品加征特别关税后,许多汽车进口商很快就转向从欧美进口汽车,可以简单地避免高关税。这些都为企业开展税收筹划,调整经营战略提供了空间。

三、从合理控制完税价格着手的税收筹划

在税率确定的情况下,完税价格的高低就决定了关税的轻重。完税价格的确定是关税弹性较大的一环,在同一税率下,完税价格如果高,从价计征的税负则重;如果低,税负则轻。而且在许多情况下,完税价格的高低还会影响关税的税率。所以,关税筹划的另一个切入点就是合理控制完税价格。

在审定成交价格下,如何缩小进出口货物的申报价格,又能被海关审定认可为"正常

成交价格"就成为筹划的关键所在。该成交价格的核心内容是货物本身的价格(即不包括运、保、杂费的货物价格)。该价格除包括货物的生产、销售等成本费用外,还包括买方在成交价格之外另行向卖方支付的佣金。由此看来,利用控制完税价格进行税收筹划,就要选择同类产品中成交价格比较低的,运输、杂项费用相对小的货物进口或出口。

按审定成交价格法经海关审查未能确定的,海关主要按以下方法依次估定完税价格:相同货物成交价格法、类似货物成交价格法、国际市场价格法、国内市场价格倒扣法、由海关按其他合理方法估定的价格。

当然,不能把完税价格的筹划方法片面地理解为降低申报价格。如果为了少缴关税而降低申报价格的话,就会构成偷税。

四、从原产地标准着手的税收筹划

我国进口税则设有最惠国税率、协定税率、特惠税率和普通税率,共四档税率。同一种进口货物的原产国不同,适用的税率也将有很大区别。而关于原产地的确认,我国设定了全部产地标准和实质性加工标准。正确合理地运用原产地标准,选择合适的地点,就可达到税收筹划的效果。

目前许多跨国公司在全球不同国家设立了分支机构,这些机构在某种商品的生产过程中承担了一定的角色,可以说,成品是用在不同国家生产的零部件组装起来的,那么最后组装成最终产品的地点(即原产国)就非常重要,一般应选择在同进口国签订有优惠税率的国家或地区,避开进口国征收特别关税的国家和地区。比如,甲国与乙国未签订飞机整机进口关税优惠协议,而乙国与丙国签订了有关互惠条约,那么,甲国可以把在不同地区生产的飞机零部件运到丙国组装成整机,再向乙国出口,那么这种飞机整机就不会被乙国视为原产于甲国,从而可以避开高额关税。

五、从保税制度着手的税收筹划

为了创造完善的投资、运营环境,国家通常在境内设立保税区,保税区是在海关监控管理下进行存放和加工保税货物的特定区域。保税区内复运出口的进口货物通常免征进口关税和进口环节税。

利用保税制度进行税收筹划,纳税人首先要积极地在保税区内投资设厂,开展为出口贸易服务的加工整理、保障、运输、仓储、商品展出和转口贸易,以获取豁免进出口关税的好处。其次,纳税人若能将进口货物向海关申请为保税货物,待该批货物向保税区外销售之时再补纳进口关税,这时纳税人可在批准日到补缴税款之间的时段内占有该笔税款的时间价值,达到筹划的目的,也就是说,保税制度为纳税人提供了把进口货物应纳的税款滞后缴纳,从而相当于从海关获得一笔无息贷款的可能性。

另外,如果保税货物复运出口,其基本环节包含了进口和出口,税收筹划的入手处就是这两个环节。纳税人在进口和出口时都必须向海关报关,在纳税人填写的报关表中有单耗计量单位一栏,税收筹划的突破口就是这一个栏目。所谓单耗计量单位,即生产一个单位成品耗费几个单位原料,通常有以下几种形式:一种是度量衡单位/度量衡单位,如米/米、吨/立方米等;一种是度量衡单位/自然单位,如 吨/块、米/套等;还有一种是自然单位/自然单位,如件/套、匹/件等。度量衡单位容易测量,而自然单位要具体测量则很困难,所以纳税人可以利用第三种形式做出税收筹划。

六、从行邮税着手的税收筹划

行邮税的税率有 50%、20% 和 13% 三个档次。纳税人就可在入境时选择携带低税率的物品,以避免被征高税。比如回国探亲时选购礼品,可选 13% 税率的原版录影带、金银制品等,而不选税率为 50% 的烟酒。

七、从反倾销税着手的税收筹划

在对外贸易过程中,我国廉价能源、原材料、劳动力竞争优势下的合理低成本、低出口价常常被认为是"倾销",国内企业因而不得不承受高额的反倾销税。可见,对如何避免不公平的反倾销税进行筹划十分必要。

可以采取的措施包括:提高产品附加值,取消片面的低价策略;组建出口企业商会,加强内部协调和管理,塑造我方整体战略集团形象;分散出口市场,尽量减少被控诉的可能;调整产品利润预测,改进企业会计财务核算,以符合国际规范和商业惯例;还要密切注意国际外汇市场的浮动状况;与外方投诉厂商私下进行谈判、妥协;全面搜集有关资料、信息情报,有效地获取进口国市场的商情动态,查证控诉方并未受到损失,以便在应诉中占据有利、主动的地位;就出口地设厂,筹建跨国公司;借以便利的销售条件、优质的产品、高水平的服务和良好的运输条件去占有市场,提高单位产品的价格(效用),降低其替代率,从而增强外方消费市场对我方产品的依赖性,获取群众支持;等等。

八、从关税法律救济着手的税收筹划

在进出口贸易中,经常会产生关税纠纷,如对海关在原产地认定、税则归类、税率或汇率适用、完税价格确定、关税减征、免征、追征、补征和退还等征税行为是否合法或适当,是否侵害了自身合法权益等问题表示异议。而在处理纠纷中,纳税人也不是完全被动的,他们有自己的权利,分析产生税务纠纷的原因、纠纷会带来多大的损失、纠纷的解决途径、纠纷的胜算率等,从而采取主动,以便尽量减少损失,或者采取正当的法律行为维护自己的合法权益,这被称作关税法律救济的筹划。

九、从货物的运输方式着手的税收筹划

运输及其相关费用、保险费用的计算,在进出口货物的完税价格中占有很大一部分,对运输方式的选择形成关税的筹划空间。以一般陆运、空运、海运方式进口的货物,运费应核算到起卸地点,保险费应按照实际支付或结算比例计算。若用其他运输方式进口货物,运费和保险费的计算有所不同:邮运的进口货物,以邮费作为运输及其相关费用、保险费;以境外边境口岸价格条件成交的铁路或公路运输进口货物,海关按照货价的 1% 计算运输及其相关费用、保险费;作为进口货物的自驾进口的运输工具,海关在审定完税价

格时,则可以不另行计入运费。

另外,纳税人也可以选择不同的外贸运输方式,进口货物有 CIF(货价＋运费＋保险费)价格、FOB(仅含货价)价格、CFR(货价＋运费)价格;出口货物也有 FOB 价格、CIF 价格、CFR 价格以及 CIFC(货价＋运费＋保险费＋佣金)价格。不同的外贸方式计算完税价格的方式也不同,故而具有一定的税收筹划空间。

第三节　关税优惠政策解读

一、法定减免税

法定减免税是税法中明确列出的减税或免税。符合税法规定可予以减免税的进出口货物,纳税义务人无须提出申请,海关可按规定直接予以减免税。海关对法定减免税货物一般不进行后续管理。

(一) 下列进出口货物,免征关税

(1) 关税税额在人民币 50 元以下的货物。

(2) 无商业价值的广告品和货样。

(3) 外国政府、国际组织无偿赠送的物资。

(4) 在海关放行前损失的货物。

(5) 进出境运输工具装载的途中必需的燃料、物料和饮食用品。在海关放行前遭受损坏的货物,可以根据海关认定的受损程度减征关税。因品质或者规格原因,出口货物自出口之日起 1 年内原状复运进境的,不征收进口关税。因品质或者规格原因,进口货物自进口之日起 1 年内原状复运出境的,不征收出口关税。

(6) 我国缔结或者参加的国际条约规定减征、免征关税的货物、物品,按照规定予以减免关税。

(7)法律规定减征、免征关税的其他货物、物品

(二) 下列进出口货物,可以暂不缴纳关税

经海关批准暂时进境或者暂时出境的下列货物,在进境或者出境时纳税义务人向海关缴纳相当于应纳税款的保证金或者提供其他担保的,可以暂不缴纳关税,并应当自进境或者出境之日起 6 个月内复运出境或者复运进境;经纳税义务人申请,海关可以根据海关总署的规定延长复运出境或者复运进境的期限。

(1) 在展览会、交易会、会议及类似活动中展示或者使用的货物。

(2) 文化、体育交流活动中使用的表演、比赛用品。

(3) 进行新闻报道或者摄制电影、电视节目使用的仪器、设备及用品。

(4) 开展科研、教学、医疗活动使用的仪器、设备及用品。

(5) 在第(1)～(4)项所列活动中使用的交通工具及特种车辆。

(6) 货样。

（7）供安装、调试、检测设备时使用的仪器、工具。

（8）盛装货物的容器。

（9）其他用于非商业目的的货物。

以上所列暂准进境货物在规定的期限内未复运出境的，或者暂准出境货物在规定的期限内未复运进境的，海关应当依法征收关税。

以上所列可以暂时免征关税范围以外的其他暂准进境货物，应当按照该货物的完税价格和其在境内滞留时间与折旧时间的比例计算征收进口关税。具体办法由海关总署规定。因残损、短少、品质不良或者规格不符等原因，由进出口货物的发货人、承运人或者保险公司免费补偿或者更换的相同货物，进出口时不征收关税。被免费更换的原进口货物不退运出境或者原出口货物不退运进境的，海关应当对原进出口货物重新按照规定征收关税。

（三）有下列情形之一的，纳税义务人自缴纳税款之日起1年内，可以申请退还关税，并应当以书面形式向海关说明理由，提供原缴款凭证及相关资料

（1）已征进口关税的货物，因品质或者规格原因，原状退货复运出境的。

（2）已征出口关税的货物，因品质或者规格原因，原状退货复运进境，并已重新缴纳因出口而退还的国内环节有关税收的。

（3）已征出口关税的货物，因故未装运出口，申报退关的。

海关应当自受理退税申请之日起30日内查实并通知纳税义务人办理退还手续。纳税义务人应当自收到通知之日起3个月内办理有关退税手续。按照其他有关法律、行政法规规定应当退还关税的，海关应当按照有关法律、行政法规的规定退税。

二、特定减免税

特定减免税也称政策性减免税。在法定减免税之外，国家按照国际通行规则和我国实际情况，制定发布的有关进出口货物减免关税的政策，称为特定或政策性减免税。特定减免税货物一般有地区、企业和用途的限制，海关需要进行后续管理，也需要进行减免税统计。

（一）科教用品

为有利于我国科研、教育事业的发展，国务院制定了《科学研究和教学用品免征进口税收暂行规定》，对不以营利为目的科学研究机构和学校，在合理数量范围内进口国内不能生产的科学研究和教学用品，直接用于科学研究和教学的，免征进口关税和进口环节增值税、消费税。该规定对享受该优惠的科研机构和学校资格、类别以及可以免税的物品都做了明确规定。

（二）残疾人专用品

为支持残疾人的健康工作，国务院制定了《残疾人专用品免征进口税收暂行规定》。对康复、福利机构、假肢厂和荣誉军人康复医院进口国内不能生产的，对规定的残疾个人专用品，免征进口关税和进口环节增值税、消费税。该规定对免税的残疾人专用品种类和品名做了明确规定。

(三)扶贫、慈善性捐赠物资

对境外自然人、法人或者其他组织等境外捐赠人,无偿向国务院有关部门和各省、自治区、直辖市人民政府,中国红十字会总会、中华全国妇女联合会、中国残疾人联合会、中华慈善总会、中国初级卫生保健基金会、中国宋庆龄基金会和中国癌症基金会,以及经民政部或省级民政部门登记注册且被评定为5A级的以人道救助和发展慈善事业为宗旨的社会团体或基金会等受赠人捐赠的直接用于慈善事业的物资,免征进口关税和进口环节增值税。

(四)重大技术装备

为继续支持我国重大技术装备制造业发展,财政部会同工业和信息化部、海关总署、国家税务总局、能源局发布了《重大技术装备进口税收政策管理办法》(财关税〔2020〕2号),自2020年1月8日起实施。对符合规定条件的企业及核电项目业主为生产国家支持发展的重大技术装备或产品而确有必要进口的部分关键零部件及原材料,免征关税和进口环节增值税。由工业和信息化部会同财政部、海关总署、国家税务总局、能源局制定《国家支持发展的重大技术装备和产品目录》和《重大技术装备和产品进口关键零部件及原材料商品目录》后公布。工业和信息化部会同财政部、海关总署、国家税务总局、能源局核定企业及核电项目业主免税资格,每年对新申请享受进口税收政策的企业及核电项目业主进行认定,每3年对已享受进口税收政策企业及核电项目业主进行复核。取得免税资格的企业及核电项目业主可向主管海关提出申请,选择放弃免征进口环节增值税,只免征进口关税。企业及核电项目业主主动放弃免征进口环节增值税后,36个月内不得再次申请免征进口环节增值税。取得免税资格的企业及核电项目业主应按照《中华人民共和国海关进出口货物减免税管理办法》(海关总署第179号令)及海关有关规定办理有关重大技术装备或产品进口关键零部件及原材料的减免税手续。

三、暂时免税

暂时进境或者暂时出境的下列货物,在进境或者出境时纳税义务人向海关缴纳相当于应纳税款的保证金或者提供其他担保的,可以暂不缴纳关税,并应当自进境或者出境之日起6个月内复运出境或者复运进境;需要延长复运出境或者复运进境期限的,纳税义务人应当根据海关总署的规定向海关办理延期手续:

(1)在展览会、交易会、会议及类似活动中展示或者使用的货物;

(2)文化、体育交流活动中使用的表演、比赛用品;

(3)进行新闻报道或者摄制电影、电视节目使用的仪器、设备及用品;

(4)开展科研、教学、医疗活动使用的仪器、设备及用品;

(5)在上述第(1)项至第(4)项所列活动中使用的交通工具及特种车辆;

(6)货样;

(7)供安装、调试、检测设备时使用的仪器、工具;

(8)盛装货物的容器;

(9)其他用于非商业目的的货物。

第(1)款所列暂时进境货物在规定的期限内未复运出境的,或者暂时出境货物在规定的期限内未复运进境的,海关应当依法征收关税。

第(2)款所列可以暂时免征关税范围以外的其他暂时进境货物,应当按照该货物的完税价格和其在境内滞留时间与折旧时间的比例计算征收进口关税。具体办法由海关总署规定。

四、临时减免税

临时减免税是指以上法定和特定减免税以外的其他减免税,即由国务院根据《海关法》对某个单位、某类商品、某个项目或某批进出口货物的特殊情况,给予特别照顾,一案一批,专文下达的减免税。一般有单位、品种、期限、金额或数量等限制,不能比照执行。我国已经加入世界贸易组织,为遵循统一、规范、公平、公开的原则,有利于统一税法、公平税负、平等竞争,国家严格控制减免税,一般不办理个案临时性减免税,对特定减免税也在逐步规范、清理,对不符合国际惯例的税收优惠政策将逐步予以废止。

课程思政案例

联泉公司总经理周启厚为了降低联泉公司进口合金钢螺丝的成本,寻找进口代理商进行走私犯罪。2018年年底至2019年年初,联泉公司财务部门负责人郭俊铭联系曾与其共事过的三明市财通对外经贸有限公司(简称财通公司)总经理贾康,经商洽,确定由财通公司为联泉公司代理进口合金钢螺丝。

2019年3月,在财通公司的同意下,联泉公司以"铁制螺丝"为品名、低报价格为"港币6元/千克",从深圳进口了2票合金钢螺丝(共2柜)。由于被深圳海关质疑申报价格存在问题,周启厚、郭俊铭认为已无法以这种方式从深圳进口合金钢螺丝,于是转而向贾康提出联泉公司委托财通公司"包柜"代理进口之意向。

双方通过共谋达成合作协议:由周启厚指挥香港中泉公司邓立新向中国台湾厂家购买合金钢螺丝,而后向财通公司发货,财通公司通过伪报品名为"铁制螺丝"以及低报价格为"港币5.1元/千克"的方式向厦门海关报关进口,再将进口货物从厦门运输到深圳交给被告单位联泉公司,同时开具给增值税专用发票。为此,财通公司向联泉公司支付4.2万元/柜的包柜代理费。就这样,财通公司以形式为自营、实际上是代理的方式,为联泉公司走私进口合金钢螺丝。

为了便于操作,被告人周启厚、贾康分别指挥香港中泉公司、财通公司制作虚假的清单、发票及合同。每当一批货物进口后,财通公司由被告人邓立新制作一套《铁制螺丝进口业务结算清单》《货物发运通知书》,送交给联泉公司被告人郭俊铭,郭俊铭经被告人周启厚签字确认后将所谓的货款和代理费支付给财通公司,财通公司扣下代理费后将余款付汇给香港中泉公司。至案发,双方共结算了44票的货款和代理费,财通公司共获得包柜代理费609 683.75元(人民币,下同)。

经查证,2019年3月到2020年6月被告单位联泉公司、财通公司通过向厦门海关伪报品名、低报价格的手段，共走私进口 50 票合金钢螺丝 1 778 402 千克，应缴税额共计人民币 4 047 216.65 元。经厦门海关关税处核定，偷逃应缴税额共计人民币 1 505 422.6 元。

厦门市中级人民法院根据上述事实和证据认为：联泉公司、财通公司，分别在被告人周启厚、贾康的决策指挥下和被告人郭俊铭、邓立新的具体操作下，违反国家海关法规定，逃避海关监管，采用伪报品名、低报价格的方式向厦门海关进行虚假申报，走私进口合金钢螺丝，共同偷逃税额人民币 1 505 422.6 元，其行为均已构成走私普通货物罪，系共同犯罪。周启厚、贾康分别作为单位直接负责的主管人员，郭俊铭、邓立新分别作为单位直接责任人员，其行为均构成走私普通货物罪。

走私犯罪严重破坏社会主义市场秩序，它不仅影响国家税收，冲击本国工商业，破坏市场经济秩序，而且危害国家安全，损害国家主权和尊严，败坏社会风气，导致滋生腐败现象，在经济和政治上都有极大的危害性。

 **本章练习题**

一、名词解释

1. 关税
2. 关税征税对象
3. 关税纳税义务人
4. 一般进口货物的完税价格

二、计算题

1. 位于市区的某动漫软件公司为增值税一般纳税人，2020 年 12 月经营业务如下：

（1）进口一台机器设备，国外买价折合人民币 640 000 元，运抵我国入关地前支付的运费折合人民币 42 000 元、保险费折合人民币 38 000 元，入关后运抵公司所在地，取得运输公司开具的增值税专用发票，注明运费 16 000 元，税额 1 440 元。

（2）支付给境外某公司特许权使用费，扣缴相应税款并取得税收缴款凭证，合同约定的特许权使用费的金额为人民币 1 000 000 元（含按税法规定应由该动漫软件公司代扣代缴的税款）。（其他相关资料：进口机器设备关税税率为 12%。涉及的相关票据均在当月申报抵扣。期初留抵税额为 0）

要求：根据上述资料，按照下列顺序计算回答问题，如有计算需计算出合计数。

（1）计算业务（1）应缴纳的进口关税。

（2）计算业务（1）应缴纳的进口环节增值税。

（3）计算业务（2）应代扣代缴的增值税。

2. 某市进出口企业（增值税一般纳税人）2020 年 2 月发生如下业务：进口设备一批，合同规定货款 50 000 美元，进口海运费 1 000 美元，报关费及港口至企业的内陆运费 200 美元，买方另支付进口货物保险费 100 美元，向自己的采购代理人支付佣金 200 美元，向货物代理中介支付中介费 500 美元。（设备关税税率 7%，美元当期汇率 1 : 6.2）进口后将此批设备以 500 000 元人民币的含税价格销售，开具普通发票。

要求：(1) 计算其进口环节应纳关税；

(2) 计算其进口环节应纳的其他税金合计；

(3) 计算内销环节实际应缴纳的各项税金及附加合计。

3. 某企业(具有金银首饰经营资质的增值税一般纳税人)海运进口一批银首饰，海关审定货价折合人民币 6 970 万元，运保费无法确定，海关按同类货物同程运输费估定运费折合人民币 9.06 万元，该批货物进口关税税率为 15%，消费税税率 5%。

请计算：(1) 进口环节应缴纳的关税；

(2) 进口环节应缴纳的消费税；

(3) 进口环节应缴纳的增值税。

三、思考题

1. 关税顾名思义就是海关税收，可是关税并不仅仅是一个普通的税收，它是国家财政的一大笔收益，是保护国家内部市场平稳的一个手段，更是维护国家利益的一个重要途径，其对国际贸易有很大的影响。那么关税对国际贸易的影响有哪些呢？

2. 关税作为国家间的经济交流枢纽，一直颇受关注。在学习了关税的相关知识后，相信你对关税也有着更深层次的了解，也掌握了一些关税筹划方式，请试着总结一下你掌握的关税筹划方式。

第五章　企业所得税税务筹划

本章重点

(1) 企业所得税的定义。

(2) 企业所得税的纳税义务人。

(3) 企业所得税的税率。

(4) 企业所得税的计税依据。

(5) 资产的税务处理。

(6) 企业所得税税额的计算。

(7) 企业所得税税收优惠政策。

(8) 企业所得税的申报与缴纳。

第一节　企业所得税的计算与缴纳

一、认识企业所得税

(一) 企业所得税的含义

企业所得税是以各类组织取得的生产经营所得和其他所得为征税对象所征收的一种税,在 2008 年 1 月 1 日以前,我国的企业所得税采用了内外分开、分别管理的原则,即内资企业适用企业所得税,外资企业适用外商投资企业和外国企业所得税。这两种税构成了统一的企业所得税,两种所得税在计税原理上基本相同,但是税率、税收优惠等方面具有一定的差别。

从 2008 年 1 月 1 日起,我国实行了合并企业所得税的改革,无论外资企业,还是内资企业,均适用统一的企业所得税。2007 年 3 月 16 日,《中华人民共和国企业所得税法》(以下简称《企业所得税法》)已由第十届全国人民代表大会第五次会议表决通过,2007 年 11 月 28 日,《中华人民共和国企业所得税法实施条例》(以下简称《企业所得税法实施条例》)已经由国务院第 197 次常务会议通过,以上两部法律法规将同于 2008 年 1 月 1 日起施行,标志着我国新的企业所得税的法律框架基本建立。原先的 1991 年 6 月 30 日国务院发布的《中华人民共和国外商投资企业和外国企业所得税法实施细则》和 1994 年 2

月 4 日财政部发布的《中华人民共和国企业所得税暂行条例实施细则》同时废止。

（二）企业所得税的特点

现行企业所得税具有以下特点。

（1）纳税人的构成更为复杂。企业所得税的纳税人既包括企业，又包括取得收入的其他经济组织；既包括内资企业，又包括外资企业。纳税人的构成将非常复杂。

（2）计税依据为应纳税所得额，企业所得税的计税依据是纳税人的收入总额扣除各项成本、费用、税金、损失等支出后的净所得额，它既不等于企业实现的会计利润额，也不是企业的增值额，更非销售额或营业额。

（3）应纳税所得额的计算较为复杂。

（4）征税以量能负担为原则，即所得多、负担能力大的，多纳税；所得少、负担能力小的，少纳税；无所得、没有负担能力的，不纳税。

（5）实行按年计征、分期预缴的征收管理办法。

二、企业所得税的纳税人、征税范围、税率

（一）企业所得税的纳税人

在中华人民共和国境内，企业和其他取得收入的组织（为了论述的方便，以下统称为企业）为企业所得税的纳税人，依照本法的规定缴纳企业所得税。个人独资企业、合伙企业不适用本法。

1. 企业所得税纳税人的范围

对企业所得税的纳税人范围，《企业所得税法》采用了一般减去特殊的原则，除了个人独资企业和合伙企业，其他凡取得收入的各类经济组织，包括依照中国法律、行政法规在中国境内成立的企业、事业单位、社会团体以及其他取得收入的组织。

2. 纳税人分为居民企业纳税人和非居民企业纳税人

居民企业纳税人，是指依法在中国境内成立，或者依照外国（地区）法律成立但实际管理机构在中国境内的企业。从以上的规定我们可以看出，居民企业纳税人主要包括以下的两类：

（1）依法在中国境内设立的企业；

（2）依照外国（地区）法律成立但实际管理机构在中国境内的企业。

非居民企业纳税人，是指依照外国（地区）法律成立且实际管理机构不在中国境内，但在中国境内设立机构、场所的，或者在中国境内未设立机构、场所，但有来源于中国境内所得的企业。从以上的规定我们可以看出，非居民企业纳税人主要包括以下的两类：

（1）依照外国（地区）法律成立，而且实际管理机构不在中国境内，但在中国境内设立机构、场所的；

（2）在中国境内未设立机构、场所，但有来源于中国境内所得的企业。

3. 居民企业和非居民企业纳税义务的不同

居民企业应当就其来源于中国境内、境外的所得缴纳企业所得税。

非居民企业在中国境内设立机构、场所的，应当就其所设机构、场所取得的来源于中

国境内的所得,以及发生在中国境外但与其所设机构、场所有实际联系的所得缴纳企业所得税。

非居民企业在中国境内未设立机构、场所的,或者虽设立机构、场所但取得的所得与其所设机构、场所没有实际联系的,应当就其来源于中国境内的所得缴纳企业所得税。

4. 所得来源的确定

《企业所得税法实施条例》第 7 条规定,来源于中国境内、境外的所得,按照以下原则确定。

(1) 销售货物所得,按照交易活动发生地确定。

(2) 提供劳务所得,按照劳务发生地确定。

(3) 转让财产所得,不动产转让所得按照不动产所在地确定;动产转让所得按照转让动产的企业或者机构、场所所在地确定;权益性投资资产转让所得按照被投资企业所在地确定。

(4) 股息、红利等权益性投资所得,按照分配所得的企业所在地确定。

(5) 利息所得、租金所得、特许权使用费所得,按照负担、支付所得的企业或者机构、场所所在地确定,或者按照负担、支付所得的个人的住所地确定。

(6) 其他所得,由国务院财政、税务主管部门确定。

(二) 企业所得税的征税范围

《企业税的税法》规定,企业以货币形式和非货币形式从各种来源取得的收入,为收入总额。具体有:

(1) 销售货物收入。

(2) 提供劳务收入。

(3) 转让财产收入。

(4) 股息、红利等权益性投资收益。

(5) 利息收入。

(6) 租金收入。

(7) 特许权使用费收入。

(8) 接受捐赠收入。

(9) 其他收入。

依据《企业税的税法》的规定,收入总额中的下列收入为不征税收入:

(1) 财政拨款。

(2) 依法收取并纳入财政管理的行政事业性收费、政府性基金。

(3) 国务院规定的其他不征税收入。

另外,企业在清算结算的时候,往往会产生清算所得,所谓清算所得是指企业的全部资产可变现价值或者交易价格减除资产净值、清算费用以及相关税费等后的余额。清算所得也属于企业所得税的征税范围。

(三) 企业所得税的税率

当前企业所得税的税率统一为 25%。但在三种情况下,可以享受到 20%、15% 的优惠税率。

第一种情况是：非居民企业在中国境内未设立机构、场所的，或者虽设立机构、场所，但取得的所得与其所设机构、场所没有实际联系的，应当就其来源于中国境内的所得缴纳企业所得税，适用税率为20%。

第二种情况是：对于符合一定条件的小型微利企业，采用20%优惠税率的规定，这些我们将在税收优惠部分进行详细的讲解。

第三种情况是：对于国家需要重点扶持的高新技术企业，减按15%的税率征收企业所得税。

因此，我国企业所得税执行的是25%的统一税率，并辅以20%、15%优惠税率的政策。

三、企业所得税计税依据的确定

（一）计算应纳税所得额应依据什么原则

企业所得税的计税依据是企业的应纳税所得额。所谓应纳税所得额，是指企业每一纳税年度的收入总额，减除不征税收入、免税收入、各项扣除，以及允许弥补的以前年度亏损后的余额。应纳税所得额的基本计算公式是：

$$应纳税所得额 = 收入总额 - 不征税收入 - 免税收入 - 准予扣除项目 -$$
$$允许弥补的以前年度亏损$$

要正确地计算应纳税所得额，必须注意以下的几个原则：

（1）企业应纳税所得额的计算，以权责发生制为原则，属于当期的收入和费用，不论款项是否收付，均作为当期的收入和费用；不属于当期的收入和费用，即使款项已经在当期收付，均不作为当期的收入和费用。本条例和国务院财政、税务主管部门另有规定的除外。

（2）应纳税所得额的正确计算，同成本、费用核算关系密切，其主要核算内容包括收入总额、扣除范围和标准、资产的税务处理、亏损弥补等几个方面。

（3）亏损是指企业依照《企业所得税法》和《实施条例》的规定，将每一纳税年度的收入总额减除不征税收入、免税收入和各项扣除后小于零的数额。

（4）会计利润调整为应纳税所得额的纳税人在计算应纳税所得额时，按照税法规定计算出的应纳税所得额与企业依据财务会计制度计算的会计所得额（即会计利润），往往是不一致的。

当企业财务、会计处理办法与有关税收法规不一致时，税法规定，应当依照国家有关税收法规的规定计算纳税。因此，企业按照有关财务会计制度规定计算的利润，必须按照税法的规定进行必要的调整后，才能作为应纳税所得额，计算缴纳企业所得税。这是计算应纳税所得额时最重要的一项原则。

（二）如何正确地计算企业收入

要正确地计算企业的应纳税所得额，首先是要正确地计算企业的收入总额，企业以货币形式和非货币形式从各种来源取得的收入为收入总额。企业取得收入的货币形式，包括现金、存款、应收账款、应收票据、准备持有至到期的债券投资以及债务的豁免等。企业取得收入的非货币形式，包括固定资产、生物资产、无形资产、股权投资、存货、不准备持有至到期的债券投资、劳务以及有关权益等。企业以非货币形式取得的收入，应当按照公允价值确定收入额，公允价值是指按照市场价格确定的价值。

1. 企业收入的主要内容

按照新施行的《企业所得税法》的规定，企业的各项收入主要包括以下的内容：

（1）销售货物收入，是指企业销售商品、产品、原材料、包装物、低值易耗品以及其他存货取得的收入。

（2）提供劳务收入，是指企业从事建筑安装、修理修配、交通运输、仓储租赁、金融保险、邮电通信、咨询经纪、文化体育、科学研究、技术服务、教育培训、餐饮住宿、中介代理、卫生保健、社区服务、旅游、娱乐、加工，以及其他劳务服务活动取得的收入。

（3）转让财产收入，是指企业转让固定资产、生物资产、无形资产、股权、债权等财产取得的收入。

（4）股息、红利等权益性投资收益，是指企业因权益性投资从被投资方取得的收入。

（5）利息收入，是指企业将资金提供他人使用但不构成权益性投资，或者因他人占用本企业资金取得的收入，包括存款利息、贷款利息、债券利息、欠款利息等收入。

（6）租金收入，是指企业提供固定资产、包装物或者其他有形资产的使用权取得的收入。

（7）特许权使用费收入，是指企业提供专利权、非专利技术、商标权、著作权以及其他特许权的使用权取得的收入。

（8）接受捐赠收入，是指企业接受的来自其他企业、组织或者个人无偿给予的货币性资产、非货币性资产。

（9）其他收入，是指企业取得的除企业所得税法第六条第（1）～（8）项规定的收入外的其他收入，包括企业资产溢余收入、逾期未退包装物押金收入、确实无法偿付的应付款项、已作坏账损失处理后又收回的应收款项、债务重组收入、补贴收入、违约金收入、汇兑收益等。

2. 不征税收入的主要内容

《企业所得税法》规定，收入总额中的下列收入为不征税收入。

（1）财政拨款，是指各级人民政府对纳入预算管理的事业单位、社会团体等组织拨付的财政资金，但国务院和国务院财政、税务主管部门另有规定的除外。

（2）依法收取并纳入财政管理的行政事业性收费、政府性基金。行政事业性收费，是指依照法律、法规等有关规定，按照国务院规定程序批准，在实施社会公共管理以及在向公民、法人或者其他组织提供特定公共服务过程中，向特定对象收取并纳入财政管理的费用。

政府性基金，是指企业依照法律、行政法规等有关规定，代政府收取的具有专项用途的财政资金。

（3）国务院规定的其他不征税收入，是指企业取得的，由国务院财政、税务主管部门规定专项用途，并经国务院批准的财政性资金。

（4）专项用途财政性资金企业所得税处理的具体规定。根据《财政部国家税务总局关于专项用途财政资金企业所得税处理问题的通知》（财税〔2011〕70号，以下简称《通知》）规定，自2011年1月1日起，企业取得的专项用途财政性资金企业所得税处理按以下规定执行：

a）企业从县级以上各级人民政府财政部门及其他部门取得的应计入收入总额的财政性资金，凡同时符合以下条件的，可以作为不征税收入，在计算应纳税所得额时从收入总额中减除：①企业能够提供规定资金专项用途的资金拨付文件。②财政部门或其他拨付资金的政府部门对该资金有专门的资金管理办法或具体管理要求。③企业对该资金以及以该资金发生的支出单独进行核算。

b）根据《实施条例》第二十八条的规定，上述不征税收入用于支出所形成的费用，不得在计算应纳税所得额时扣除；用于支出所形成的资产，其计算的折旧、摊销不得在计算应纳税所得额时扣除。

c）企业将符合上述第a）项规定条件的财政性资金作不征税收入处理后，在5年（60个月）内未发生支出且未缴回财政部门或其他拨付资金的政府部门的部分，应计入取得该资金第6年的应税收入总额；计入应税收入总额的财政性资金发生的支出，允许在计算应纳税所得额时扣除。另外，企业取得的不征税收入，应按照上述《通知》的规定进行处理。凡未按照《通知》规定进行管理的，应作为企业应税收入计入应纳税所得额，依法缴纳企业所得税。

3. 免税收入

（1）国债利息收入。为鼓励企业积极购买国债，支援国家建设，税法规定，企业因购买国债所得的利息收入，免征企业所得税。

（2）符合条件的居民企业之间的股息、红利等权益性收益，是指居民企业直接投资于其他居民企业取得的投资收益。

（3）在中国境内设立机构、场所的非居民企业从居民企业取得与该机构、场所有实际联系的股息、红利等权益性投资收益。该收益不包括连续持有居民企业公开发行并上市流通的股票不足12个月取得的投资收益。

（4）符合条件的非营利组织的收入。

4. 确定企业收入时应注意的问题

在计算企业的收入时，必须准确地解决以下的问题。

（1）减免或返还的流转税的税务处理。对企业减免或返还的流转税（含即征即退、先征后退），除国务院、财政部、国家税务总局规定有指定用途的以外，都应并入企业利润，照章征收企业所得税。对直接减免和即征即退的，应并入企业当年利润征收企业所得税；对先征税后返还和先征后退的，应并入企业实际收到退税或返还税款年度的企业利润征收企业所得税。

（2）对于企业接受捐赠应计入应税收入。依据《企业所得税法实施条例》第二十一条规定,企业所得税法第六条第(八)项所称接受捐赠收入,是指企业接受的来自其他企业、组织或者个人无偿给予的货币性资产、非货币性资产。接受捐赠收入,按照实际收到捐赠资产的日期确认收入的实现。一般来说企业接受捐赠会计与税法一致,即按市价(或公允价值)确认收入或应纳税所得额。

企业接受捐赠作为资本金一般是指企业的股东对企业进行捐赠,且合同、协议约定作为资本金(包括资本公积)的情况。在税法上,《国家税务总局关于企业所得税应纳税所得额若干问题的公告》(国家税务总局公告2014年第29号)规定:

① 企业接收股东划入资产(包括股东赠予资产、上市公司在股权分置改革过程中接收原非流通股股东和新非流通股股东赠予的资产、股东放弃本企业的股权,下同),凡合同、协议约定作为资本金(包括资本公积)且在会计上已做实际处理的,不计入企业的收入总额,企业应按公允价值确定该项资产的计税基础。

② 企业接收股东划入资产,凡作为收入处理的,应按公允价值计入收入总额,计算缴纳企业所得税,同时按公允价值确定该项资产的计税基础。

(3) 纳税人在基本建设、专项工程及职工福利等方面使用本企业的商品、产品的,应作为收入处理;纳税人对外进行来料加工装配业务节省的材料,如合同约定应当留归企业所有的,也应视为企业收入处理。

(4) 纳税人取得的收入为非货币资产或者权益的,其收入额应当参照取得收入当时的市场价格计算或估定。

(5) 以分期收款方式销售商品的,按合同约定的购买人应付价款的日期确定销售收入的实现。

(6) 建筑、安装、装配工程和提供劳务,持续时间超过1年的,可以按完工进度或者完成的工作量确定收入的实现。

为其他企业加工、制造大型机械设备、船舶等,持续时间超过1年的,可以按完工进度或者完成的工作量确定收入的实现。

(7) 企业收取的包装物押金,凡逾期未返还买方的,应确认为收入,依法计征企业所得税。逾期是指按照合同规定已逾期未返还的押金;如合同规定未逾期,但从收取之日起计算,已超过1年(12个月)仍未返还的,原则上要确认为期满之日所属年度的收入。

包装物周转期间较长的,如有关购销合同明确规定了包装物押金的返还期的,经主管税务机关核准,包装物押金确认为收入的期限可适当延长,但最长不得超过3年。

(8) 销售货物给购货方的折扣销售,如果销售额和折扣额在同一张销售发票上注明的,可按折扣后的销售额计算收入;如果将折扣额另开发票,则不得从销售额中减除折扣的金额。

(9) 企业出售住房的净收入,属上级主管部门下拨的住房资金和住房周转金的利息等,不计入企业应纳税所得额,可作为住房周转金,纳入住房基金管理。

(10) 企业在建工程发生的试运行收入,应并入总收入予以征收企业所得税,而不能直接冲减在建工程成本。

(11) 企业取得国家财政性补贴和其他补贴收入,除国务院、财政部和国家税务总局规定不计入损益者外,应一律并入实际收到该补贴收入年度的应纳税所得额,予以征收企业所得税。

(12) 新股申购冻结资金利息收入征收所得税的确定。

① 股份公司取得的申购新股成功(中签)投资者的申购资金被冻结期间的存款利息,视为股票溢价发行收入处理,不并入公司利润总额征收企业所得税。

② 股份公司取得的申购无效(不中签)投资者的申购资金被冻结期间的存款利息,应并入公司的利润总额,如数额较大,可在 5 年的期限内平均转入,依法征收企业所得税。

③ 股份公司取得的投资者申购新股资金被冻结期间的存款利息,如不能在申购成功和申购无效投资者之间准确划分,一律并入公司利润总额,依法征收企业所得税。

(13) 固定资产、无形资产变卖收入的确定。事业单位、社会团体、民办非企业单位的固定资产、无形资产变卖收入,应计入应纳税所得额。

(14) 国债利息收入。纳税人购买国债的利息收入,不计入应纳税所得额。所谓"国债利息收入",不包括国家发行的金融债券利息收入。

5. 需要分期确认收入的几种情况

企业的下列生产经营业务可以分期确认收入的实现。

(1) 以分期收款方式销售货物的,按照合同约定的收款日期确认收入的实现。

(2) 企业受托加工制造大型机械设备、船舶、飞机,以及从事建筑、安装、装配工程业务或者提供其他劳务等,持续时间超过 12 个月的,按照纳税年度内完工进度或者完成的工作量确认收入的实现。

(3) 采取产品分成方式取得收入的,按照企业分得产品的日期确认收入的实现,其收入额按照产品的公允价值确定。

(4) 企业发生非货币性资产交换,以及将货物、财产、劳务用于捐赠、偿债、赞助、集资、广告、样品、职工福利或者利润分配等用途的,应当视同销售货物、转让财产或者提供劳务,但国务院财政、税务主管部门另有规定的除外。

(三) 准予在税前进行扣除的项目

《企业所得税法》第 8 条规定,企业实际发生的与取得收入有关的、合理的支出,包括成本、费用、税金、损失和其他支出,准予在计算应纳税所得额时扣除。

其中,有关的支出是指与取得收入直接相关的支出。合理的支出是指符合生产经营活动常规,应当计入当期损益或者有关资产成本的必要和正常的支出。

(1) 成本。成本是指企业在生产经营活动中发生的销售成本、销货成本、业务支出以及其他耗费等。

(2) 费用。费用是指企业在生产经营活动中发生的销售费用、管理费用和财务费用,已经计入成本的有关费用除外。

(3) 税金。税金是指企业发生的除企业所得税和允许抵扣的增值税以外的各项税金及其附加。企业缴纳的增值税因其属于价外税,故不在扣除之列。

(4) 损失。损失是指企业在生产经营活动中发生的固定资产和存货的盘亏、毁损、报废损失,转让财产损失、呆账损失、坏账损失、自然灾害等不可抗力因素造成的损失以及其他损失。

企业发生的损失,减除责任人赔偿和保险赔款后的余额,依照国务院财政、税务主管部门的规定扣除。

企业已经作为损失处理的资产,在以后纳税年度又全部收回或者部分收回时,应当计入当期收入。

(5) 其他支出。其他支出是指除成本、费用、税金、损失外,企业在生产经营活动中发生的与生产经营活动有关的、合理的支出。

(四) 一些具体的成本、费用项目如何进行扣除

1. 工资、薪金支出

在新的企业所得税法中,对于工资薪金支出的扣除办法进行了重大改革,由原来的定额扣除,变成了现在的据实扣除,据《企业所得税法实施条例》第 34 条的规定:"企业发生的合理的工资薪金支出,准予扣除。"

工资薪金,是指企业每一纳税年度支付给在本企业任职或者受雇的员工的所有现金形式或者非现金形式的劳动报酬,包括基本工资、奖金、津贴、补贴、年终加薪、加班工资,以及与员工任职或者受雇有关的其他支出。

2. 社会保险支出

企业依照国务院有关主管部门或者省级人民政府规定的范围和标准为职工缴纳的基本养老保险费、基本医疗保险费、失业保险费、工伤保险费、生育保险费等基本社会保险费和住房公积金,准予扣除。

企业为投资者或者职工支付的补充养老保险费、补充医疗保险费,在国务院财政、税务主管部门规定的范围和标准内,准予扣除。

需要特别提示的是,除企业依照国家有关规定为特殊工种职工支付的人身安全保险费和国务院财政、税务主管部门规定可以扣除的其他商业保险费外,企业为投资者或者职工支付的商业保险费,不得扣除。

3. 企业的借款利息支出

借款费用是纳税人为经营活动的需要承担的、与借入资金相关的利息费用,包括:长期、短期借款的利息;与债券相关的折价或溢价的摊销;安排借款时发生的辅助费用的摊销;与借入资金有关,作为利息费用调整额的外币借款产生的差额。

按照贷款用途的不同,相应的利息支出也划分为两个类别,生产经营中产生的利息支出和构建大型固定资产产生的利息支出。这两种利息支出在计算应纳税所得额时,减除的方法也是不同的。

1) 生产经营中产生的利息支出

企业在生产经营活动中发生的下列利息支出,准予扣除。

(1) 非金融企业向金融企业借款的利息支出、金融企业的各项存款利息支出和同业拆借利息支出、企业经批准发行债券的利息支出。

(2) 非金融企业向非金融企业借款的利息支出,不超过按照金融企业同期同类贷款

利率计算的数额的部分。

2）构建大型固定资产产生的利息支出

企业为购置、建造固定资产、无形资产和经过12个月以上的建造才能达到预定可销售状态的存货发生借款的，在有关资产购置、建造期间发生的合理的借款费用，应当作为资本性支出计入有关资产的成本。这一部分利息支出，将随着固定资产逐年计提折旧，将分次进入计提当期的成本费用。

除此之外，在确定企业的利息支出如何减除时，还应该注意以下两点。

（1）纳税人借款未指明用途的，其借款费用应按经营性活动和资本性支出占用资金的比例，合理计算应计入有关资产成本的借款费用和可直接扣除的借款费用。

（2）企业筹建期间发生的长期借款费用，除购置固定资产、对外投资而发生的长期借款费用外，计入开办费。

4. 职工福利费、职工工会经费、职工教育经费支出

《企业所得税实施条例》对职工福利费、职工工会经费、职工教育经费支出如何进行减除给予了明确的规定。

企业发生的职工福利费支出，不超过工资薪金总额14%的部分，准予扣除。

自2010年7月1日起，企业拨缴的工会经费，不超过工资薪金总额2%的部分，准予扣除。建立工会组织的企业、事业单位、社会团体，按每月全部职工工资总额的2%向工会拨交的经费，凭工会组织开具的《工会经费拨缴款专用收据》在税前扣除。自2010年1月1日起，在委托税务机关代收工会经费的地区，企业拨缴的工会经费，也可凭合法、有效的工会经费代收凭据依法在企业所得税税前扣除。凡不能出具《工会经费拨缴款专用收据》的，其提取的职工工会经费不得在企业所得税前扣除。

除国务院财政、税务主管部门另有规定的外，企业发生的职工教育经费支出，自2018年1月1日起，不超过工资薪金总额8%的部分，准予扣除；超过部分，准予在以后纳税年度结转扣除。

5. 业务招待费支出

企业发生的与生产经营活动有关的业务招待费支出，按照发生额的60%扣除，但最高不得超过当年销售（营业）收入的5‰。

对从事股权投资业务的企业（包括集团公司总部、创业投资企业等），其从被投资企业所分配的股息、红利以及股权转让收入，可以按规定的比例计算业务招待费扣除限额。

企业在筹建期间，发生的与筹办活动有关的业务招待费支出，可按实际发生额的60%计入企业筹办费，并按有关规定在税前扣除。

按照以上规定，企业支出的业务招待费必须同时满足以下的要求，才能在计算应纳税所得额时把当年业务招待费的发生额的60%予以减除。

（1）必须是与生产经营活动有关的业务招待费支出。

（2）一个年度内需要减除的业务招待费最高不得超过当年销售（营业）收入的5‰。

（3）纳税人申报扣除的业务招待费，主管税务机关要求提供证明资料的，应提供能证明真实性的足够的有效凭证或资料。不能提供的，不得在税前扣除。

6. 广告费和业务宣传费支出

依据《企业所得税实施条例》的规定,企业发生的符合条件的广告费和业务宣传费支出,除国务院财政、税务主管部门另有规定的外,不超过当年销售(营业)收入15%的部分,准予扣除;超过部分,准予在以后纳税年度结转扣除。

自2021年1月1日起至2025年12月31日止,对化妆品制造或销售、医药制造和饮料制造(不含酒类制造)企业发生的广告费和业务宣传费支出,不超过当年销售(营业)收入30%的部分,准予扣除;超过部分,准予在以后纳税年度结转扣除。

对签订广告费和业务宣传费分摊协议(以下简称分摊协议)的关联企业,其中一方发生的不超过当年销售(营业)收入税前扣除限额比例内的广告费和业务宣传费支出可以在本企业扣除,也可以将其中的部分或全部按照分摊协议归集至另一方扣除。另一方在计算本企业广告费和业务宣传费支出企业所得税税前扣除限额时,可将按照上述办法归集至本企业的广告费和业务宣传费不计算在内。

企业在筹建期间,发生的广告费和业务宣传费,可按实际发生额计入企业筹办费,并按上述规定在税前扣除。

烟草企业的烟草广告费和业务宣传费支出,一律不得在计算应纳税所得额时扣除。企业申报扣除的广告费支出应与赞助支出严格区分。企业申报扣除的广告费支出,必须符合下列条件:①广告是通过工商部门批准的专门机构制作的。②已实际支付费用,并已取得相应发票。③通过一定的媒体传播。

7. 固定资产租赁费

按照性质的不同,固定资产租赁分为经营性租赁和融资性租赁。融资性租赁又称资本租赁,是指在实质上转移一项资产所有权有关的全部风险和报酬的一种租赁。所有权最终可以转移,也可以不转移。经营性租赁是指所有权不转移的租赁。

企业根据生产经营活动的需要租入固定资产支付的租赁费,按照以下方法扣除。

(1) 以经营租赁方式租入固定资产发生的租赁费支出,按照租赁期限均匀扣除。

(2) 以融资租赁方式租入固定资产发生的租赁费支出,按照规定构成融资租入固定资产价值的部分应当提取折旧费用,分期扣除。

8. 公益、救济性捐赠支出

企业发生的公益性捐赠支出,不超过年度利润总额12%的部分,准予扣除。超过年度利润总额12%的部分,准予以后3年内在计算应纳税所得额时结转扣除。年度利润总额,是指企业依照国家统一会计制度的规定计算的年度会计利润。

企业发生的公益性捐赠支出未在当年税前扣除的部分,自2017年1月1日起准予向以后年度结转扣除,但结转年限自捐赠发生年度的次年起计算最长不得超过3年。企业在对公益性捐赠支出计算扣除时,应先扣除以前年度结转的捐赠支出,再扣除当年发生的捐赠支出。

对于这条规定,我们应该重点理解以下的问题。

所谓公益性捐赠,是指企业通过公益性社会团体或者县级以上人民政府及其部门,用于《中华人民共和国公益事业捐赠法》规定的公益事业的捐赠。

所谓公益性社会团体，是指同时符合下列条件的基金会、慈善组织等社会团体：

（1）依法登记，具有法人资格；

（2）以发展公益事业为宗旨，且不以营利为目的；

（3）全部资产及其增值为该法人所有；

（4）收益和营运结余主要用于符合该法人设立目的的事业；

（5）终止后的剩余财产不归属任何个人或者营利组织；

（6）不经营与其设立目的无关的业务；

（7）有健全的财务会计制度；

（8）捐赠者不以任何形式参与社会团体财产的分配；

（9）国务院财政、税务主管部门会同国务院民政部门等登记管理部门规定的其他条件。

9. 坏账损失与坏账准备金

对于呆账损失、坏账损失，《企业所得税法》中将各种损失作为一个大类给予了统一规定："企业发生的损失，减除责任人赔偿和保险赔款后的余额，依照国务院财政、税务主管部门的规定扣除。"

结合当前的各种税收法规，总结出以下的几个要点。

（1）纳税人发生的坏账损失，原则上应按实际发生额据实扣除。经报税务机关批准，也可提取坏账准备金。提取坏账准备金的纳税人发生的坏账损失，应冲减坏账准备金；实际发生的坏账损失，超过已提取的坏账准备的部分，可在发生当期直接扣除；已核销的坏账收回时，应相应增加当期的应纳税所得额。

（2）经批准可提取坏账准备金的纳税人，除另有规定者外，坏账准备金提取比例一律不得超过年末应收账余额的 5‰。

纳税人符合下列条件之一的应收账款，应作为坏账处理。

① 债务人被依法宣告破产、撤销，其剩余财产确实不足清偿的应收账款。

② 债务人死亡或被依法宣告死亡、失踪，其财产或遗产确实不足清偿的应收账款。

③ 债务人遭受重大自然灾害或意外事故，损失巨大，以其财产（包括保险赔款等）确实无法清偿的应收账款。

④ 债务人逾期未履行偿债义务，经法院裁决，确实无法清偿的应收账款。

⑤ 逾期 3 年以上仍未收回的应收账款。

⑥ 经国家税务总局批准核销的应收账款。

10. 汇兑损失

企业在货币交易中，以及纳税年度终了时将人民币以外的货币性资产、负债按照期末即期人民币汇率中间价折算为人民币时产生的汇兑损失，除已经计入有关资产成本以及与向所有者进行利润分配相关的部分外，准予扣除。

11. 支付给总机构的管理费

非居民企业在中国境内设立机构、场所，就其中国境外总机构发生的与该机构、场所生产经营有关的费用，能够提供总机构出具的费用汇集范围、定额、分配依据和方法等证明文件,并合理分摊的,准予扣除。

12. 保险费用

由于保险在企业的发展中具有越来越重要的意义,税法对各种保险费用能否在计算应纳税所得额时予以扣除进行了详细的规定。

(1) 企业依照国务院有关主管部门或者省级人民政府规定的范围和标准为职工缴纳的基本养老保险费、基本医疗保险费、失业保险费、工伤保险费、生育保险费等基本社会保险费,准予扣除。

企业为投资者或者职工支付的补充养老保险费、补充医疗保险费,在国务院财政、税务主管部门规定的范围和标准内,准予扣除。

(2) 除企业依照国家有关规定为特殊工种职工支付的人身安全保险费和国务院财政、税务主管部门规定可以扣除的其他商业保险费外,企业为投资者或者职工支付的商业保险费,不得扣除。

(3) 企业参加财产保险,按照规定缴纳的保险费,准予扣除。

(4) 保险公司给予纳税人的无赔款优待,应作为当年的应纳税所得额。

13. 会员费

纳税人加入工商业联合会缴纳的会员费,在计算应纳税所得额时准予扣除。纳税人按省及省级以上民政、物价、财政部门批准的标准,向依法成立的协会、学会等社团组织缴纳的会费,经主管税务机关审核后,允许在所得税前扣除。

14. 新产品、新技术、新工艺研究开发费用

《企业所得税法》第 30 条规定,企业"开发新技术、新产品、新工艺发生的研究开发费用"可以在计算应纳税所得额时加计扣除。

根据《企业所得税法实施条例》的补充规定,研究开发费用的加计扣除,是指企业为开发新技术、新产品、新工艺发生的研究开发费用,未形成无形资产计入当期损益的,在按照规定据实扣除的基础上,按照研究开发费用的 75%加计扣除;形成无形资产的,按照无形资产成本的 175%摊销。

15. 差旅费、会议费、董事会费

纳税人发生的与其经营活动有关的合理的差旅费、会议费、董事会费,主管税务机关要求提供证明资料的,应能够提供证明其真实性的合法凭证,否则,不得在税前扣除。

差旅费的证明材料应包括:出差人员姓名、地点、时间、任务、支付凭证等。

会议费证明材料应包括:会议时间、地点、出席人员、内容、目的、费用标准、支付凭证等。

16. 佣金

纳税人发生的佣金符合下列条件的,可计入销售费用。

(1) 有合法真实凭证。

(2) 支付的对象必须是独立的、有权从事中介服务的纳税人或个人(支付对象不含本企业雇员)。

(3) 支付给个人的佣金,除另有规定者外,不得超过服务金额的 5%。

17. 劳动保护

企业发生的合理的劳动保护支出,准予扣除。劳动保护支出是指确因工作需要为雇员配备或提供工作服、手套、安全保护用品、防暑降温用品等所发生的支出。

(五) 在计算应纳税所得额时,不准予扣除的项目

依据《企业所得税法》第 10 条的规定,在计算应纳税所得额时,下列支出不得扣除。

(1) 向投资者支付的股息、红利等权益性投资收益款项。

(2) 企业所得税税款。

(3) 税收滞纳金。

(4) 罚金、罚款和被没收财物的损失。

(5) 超过规定标准的捐赠支出。

(6) 赞助支出,在这里是指企业发生的与生产经营活动无关的各种非广告性质支出。

(7) 未经核定的准备金支出,在这里是指不符合国务院财政、税务主管部门规定的各项资产减值准备、风险准备等准备金支出。

(8) 企业之间支付的管理费、企业内营业机构之间支付的租金和特许权使用费,以及非银行企业内营业机构之间支付的利息,不得扣除。

(9) 与取得收入无关的其他支出。

(六) 亏损弥补

1. 一般企业亏损弥补

企业纳税年度发生的亏损,准予向以后年度结转,用以后年度的所得弥补,但结转年限最长不得超过 5 年。5 年内不论纳税人是盈利还是亏损,都应连续计算弥补的年限。先亏先补,按顺序连续计算弥补期。

亏损额不是企业利润表中的亏损额,是指企业依照企业所得税法和本条例的规定将每一纳税年度的收入总额减除不征税收入、免税收入和各项扣除后小于零的数额。

自 2018 年 1 月 1 日起,当年具备高新技术企业或科技型中小企业资格(以下统称资格)的企业,其具备资格年度之前 5 个年度发生的尚未弥补完的亏损,准予结转以后年度弥补,最长结转年限由 5 年延长至 10 年。

企业筹办期间不计算为亏损年度,企业自开始生产经营的年度,为开始计算企业损益的年度。企业从事生产经营之前进行筹办活动期间发生的筹办费用支出,不得计算为当期的亏损,企业可以在开始经营之日的当年一次性扣除,也可以按照税法有关长期待摊费用的处理规定处理,但一经选定,不得改变。

对企业发现以前年度实际发生的、按照税法规定应在企业所得税税前扣除而未扣除或者少扣除的支出,企业做出专项申报及说明后,准予追补至该项目发生年度计算扣除,但追补确认期限不得超过 5 年。

2. 联营企业的亏损

联营企业的亏损,由联营企业就地依法进行弥补。投资方不得弥补联营企业的亏损。如果纳税人会计上对投资采用的是用权益法进行核算,在计算会计利润总额时已减除的投资损失作纳税调整。

如果投资方企业发生亏损，可将其分回的税后利润还原后用于弥补亏损，弥补亏损后仍有余额的，就其余额再按照规定计算缴纳所得税。如果企业既有按规定需要补税的投资收益，也有不需要补税的投资收益，可先用需要补税的投资收益还原后弥补亏损，弥补后还有亏损的，再用不需要补税的投资收益还原后弥补亏损，弥补亏损后有盈余的，不再计算缴税。

3. 税前弥补亏损的审核

纳税人在税收法规规定的亏损弥补期内，以年度实现的所得弥补以前年度亏损的，在年度终了后 45 日内，报送企业所得税纳税申报表时，必须附送《企业税前弥补亏损申报表》（表式由各地自定），主管税务机关要依据税收法规及有关规定和纳税人弥补亏损台账的有关资料进行认真审核，审核无误后方可弥补。

主管税务机关要建立纳税人弥补亏损台账。台账的内容包括以前亏损年度亏损数额、已弥补亏损数额，待弥补亏损数额及主管税务机关审核纳税人弥补亏损等情况。

（七）关联企业间业务往来应纳税所得额的确定

所谓关联企业，是指直接或间接被同一利益集团所拥有或控制的有关企业。如总机构与分支机构之间、同一总机构的不同分支机构之间、母公司与其子公司或孙公司之间、同一母公司的不同子公司或孙公司之间，以及总机构与其分支机构的子公司之间等等。

这些利益上相互关联的公司、企业之间，有可能在相互发生的销货、劳务、贷款和无形资产转让等业务中，通过制定某种低于或高于一般市场价格的价格，将利润从高税地区转移到低税地区，以达到逃避或减轻纳税义务的目的。

1. 关联企业的认定

我国税法规定，关联方是指与企业有下列关联关系之一的企业、其他组织或者个人。

（1）在资金、经营、购销等方面存在直接或者间接的控制关系。

（2）直接或者间接地同为第三者所拥有或控制。

（3）在利益上具有相关联的其他关系。

上述所谓"控制"，包括管理控制和股权控制。

2. 应纳税所得额的调整方法

为了防止纳税人通过关联企业以及其他关联关系，利用转让定价方式转移利润，进行避税，税法明确规定，企业与其关联方之间的业务往来，不符合独立交易原则而减少企业或者其关联方应纳税收入或者所得额的，税务机关有权按照合理方法调整。独立交易原则，是指没有关联关系的交易各方，按照公平成交价格和营业常规进行业务往来遵循的原则。合理的调整方法，主要包括：

（1）可比非受控价格法，是指按照没有关联关系的交易各方进行相同或者类似业务往来的价格进行定价的方法。

（2）再销售价格法，是指按照从关联方购进商品再销售给没有关联关系的交易方的价格，减除相同或者类似业务的销售毛利进行定价的方法。

（3）成本加成法，是指按照成本加合理的费用和利润进行定价的方法。

（4）交易净利润法，是指按照没有关联关系的交易各方进行相同或者类似业务往来取得的净利润水平确定利润的方法。

（5）利润分割法，是指将企业与其关联方的合并利润或者亏损在各方之间采用合理标准进行分配的方法。

（6）其他符合独立交易原则的方法。

（八）清算所得

清算所得，是指企业的全部资产可变现价值或者交易价格减除资产净值、清算费用以及相关税费等后的余额。

投资方企业从被清算企业分得的剩余资产，其中相当于从被清算企业累计未分配利润和累计盈余公积中应当分得的部分，应当确认为股息所得；剩余资产减除上述股息所得后的余额，超过或者低于投资成本的部分，应当确认为投资资产转让所得或者损失。

纳税人依法清算时，以其清算终了后的清算所得为应纳税所得额，按规定缴纳企业所得税。所谓清算所得，是指纳税人清算时的全部资产或财产扣除各项清算费用、损失、负债、企业未分配利润、公益金和公积金后的余额，超过实缴资本的部分。

四、资产的税务处理

（一）资产的概念和种类

资产是由于资本投资而形成的财产，对于资本性支出，以及无形资产受让、开发费用和开办费用，不允许作为成本、费用从纳税人的收入总额中作一次性扣除，而只能采取分次计提折旧或分次摊销的方式予以扣除。

税法规定，纳入税务处理范围的资产形式主要有固定资产、生物资产、无形资产、长期待摊费用、投资资产、存货等，均以历史成本为计税基础。历史成本是指企业取得该项资产时实际发生的支出。

纳税人发生合并、分立和资本结构调整等改组活动，有关资产隐含的增值或损失在税收上已确认实现的，可按经评估确认后的价值确定有关资产的成本。

（二）固定资产的税务处理

纳税人的固定资产，是指企业为生产产品、提供劳务、出租或者经营管理而持有的、使用时间超过 12 个月的非货币性资产，包括房屋、建筑物、机器、机械、运输工具，以及其他与生产经营活动有关的设备、器具、工具等。

1. 如何确定固定资产的计税基础

固定资产按照以下方法确定计税基础。

（1）外购的固定资产，以购买价款和支付的相关税费，以及直接归属于使该资产达到预定用途发生的其他支出为计税基础。

（2）自行建造的固定资产，以竣工结算前发生的支出为计税基础。

（3）融资租入的固定资产，以租赁合同约定的付款总额和承租人在签订租赁合同过程中发生的相关费用为计税基础，租赁合同未约定付款总额的，以该资产的公允价值和承租人在签订租赁合同过程中发生的相关费用为计税基础。

（4）盘盈的固定资产，以同类固定资产的重置完全价值为计税基础。

（5）通过捐赠、投资、非货币性资产交换、债务重组等方式取得的固定资产，以该资产的公允价值和支付的相关税费为计税基础。

（6）改建的固定资产，除已足额提取折旧的固定资产的改建支出、租入固定资产的改建支出之外，以改建过程中发生的改建支出增加计税基础。

固定资产的价值确定后，除下列特殊情况外，一般不得调整。

（1）国家统一规定的清产核资。

（2）将固定资产的一部分拆除。

（3）固定资产发生永久性损害，经主管税务机关审核，可调整至该固定资产可收回金额，并确认损失。

（4）根据实际价值调整原暂估价值，或发现原计价有错误。

2. 对哪些固定资产折旧可以计提折旧

1）应该提取折旧的固定资产

下列固定资产应当提取折旧。

（1）房屋、建筑物。

（2）在用的机器设备、运输车辆、器具、工具。

（3）季节性停用和修理停用的机器设备。

（4）以经营租赁方式租出的固定资产。

（5）以融资租赁方式租入的固定资产。

（6）财政部规定的其他应当提取折旧的固定资产。

2）不得提取折旧的固定资产

下列固定资产不得计算折旧扣除。

（1）房屋、建筑物以外未投入使用的固定资产。

（2）以经营租赁方式租入的固定资产。

（3）以融资租赁方式租出的固定资产。

（4）已足额提取折旧仍继续使用的固定资产。

（5）与经营活动无关的固定资产。

（6）单独估价作为固定资产入账的土地。

（7）其他不得计算折旧扣除的固定资产。

3. 固定资产计提折旧的依据和方法

1）固定资产计提折旧的依据

企业应当自固定资产投入使用月份的次月起计算折旧；停止使用的固定资产，应当自停止使用月份的次月起停止计算折旧。

企业应当根据固定资产的性质和使用情况，合理确定固定资产的预计净残值。固定资产的预计净残值一经确定，不得变更。

2）固定资产计提折旧的方法

纳税人可扣除的固定资产折旧的计算，原则上采取直线折旧法。对促进科技进步、环境保护和国家鼓励投资的关键设备，以及常年处于震动、超强度使用或受酸、碱等强烈腐蚀状态的机器设备，确需缩短折旧年限或采取加速折旧办法。

4. 固定资产计提折旧的年限

企业固定资产的折旧年限,按财政部制定的分行业财务制度的规定执行。固定资产计提折旧的最低年限如下。

(1) 房屋、建筑物,为 20 年。

(2) 飞机、火车、轮船、机器、机械和其他生产设备,为 10 年。

(3) 与生产经营活动有关的器具、工具、家具等,为 5 年。

(4) 飞机、火车、轮船以外的运输工具,为 4 年。

(5) 电子设备,为 3 年。

从事开采石油、天然气等矿产资源的企业,在开始进行商业性生产前发生的费用和有关固定资产的折耗、折旧方法,由国务院财政、税务主管部门另行规定。

5. 生产性生物资产的折旧计提

1) 生产性生物资产的计税基础

生产性生物资产按照以下方法确定计税基础。

(1) 外购的生产性生物资产,以购买价款和支付的相关税费为计税基础。

(2) 通过捐赠、投资、非货币性资产交换、债务重组等方式取得的生产性生物资产,以该资产的公允价值和支付的相关税费为计税基础。

前款所称生产性生物资产,是指企业为生产农产品、提供劳务或者出租等而持有的生物资产,包括经济林、薪炭林、产畜和役畜等。

2) 生产性生物资产的折旧方法

生产性生物资产按照直线法计算的折旧,准予扣除。

企业应当自生产性生物资产投入使用月份的次月起计算折旧;停止使用的生产性生物资产,应当自停止使用月份的次月起停止计算折旧。

企业应当根据生产性生物资产的性质和使用情况,合理确定生产性生物资产的预计净残值。生产性生物资产的预计净残值一经确定,不得变更。

3) 生产性生物资产的折旧年限

生产性生物资产计算折旧的最低年限如下:

(1) 林木类生产性生物资产,为 10 年。

(2) 畜类生产性生物资产,为 3 年。

6. 可以对固定资产加速折旧的规定

在下列情形下,可以采取缩短折旧年限或者采取加速折旧的方法对固定资产计提折旧,包括:

(1) 由于技术进步,产品更新换代较快的固定资产;

(2) 常年处于强震动、高腐蚀状态的固定资产。

采取缩短折旧年限方法的,最低折旧年限不得低于《企业所得税法实施条例》所规定折旧年限的 60%;采取加速折旧方法的,可以采取双倍余额递减法或年数总和法。

7. 固定资产改建、大修理的税务支出

固定资产的改建支出,是指改变房屋或者建筑物结构、延长使用年限等发生的支出。

1）固定资产改建支出的税务处理

固定资产改建支出按照以下的三种情况，分别进行税务处理。

（1）已足额提取折旧的固定资产的改建支出，按照固定资产预计尚可使用年限分期摊销。

（2）租入固定资产的改建支出，按照合同约定的剩余租赁期限分期摊销。

（3）改建的固定资产延长使用年限的，除以上（1）（2）两项的规定之外，应当适当延长折旧年限。

2）固定资产大修理支出的税务处理

固定资产的大修理支出，是指同时符合下列条件的支出。

（1）修理支出达到取得固定资产时的计税基础50%以上。

（2）修理后固定资产的使用年限延长2年以上。

固定资产的大修理支出，按照固定资产尚可使用年限分期摊销；其他应当作为长期待摊费用的支出，自支出发生月份的次月起，分期摊销，摊销年限不得低于3年。

（三）无形资产的税务处理

无形资产，是指企业为生产产品、提供劳务、出租或者经营管理而持有的、没有实物形态的非货币性长期资产，包括专利权、商标权、著作权、土地使用权、非专利技术、商誉等。

1. 无形资产的计税基础

无形资产按照以下方法确定计税基础。

（1）外购的无形资产，以购买价款和支付的相关税费，以及直接归属于使该资产达到预定用途发生的其他支出为计税基础。

（2）自行开发的无形资产，以开发过程中该资产符合资本化条件后至达到预定用途前发生的支出为计税基础。

（3）通过捐赠、投资、非货币性资产交换、债务重组等方式取得的无形资产，以该资产的公允价值和支付的相关税费为计税基础。

2. 无形资产的摊销

无形资产的摊销，采取直线法计算。在税务实务处理中应注意以下问题。

（1）无形资产按照直线法计算的摊销费用，准予扣除。

（2）无形资产的摊销年限不得低于10年。

（3）作为投资或者受让的无形资产，有关法律规定或者合同约定了使用年限的，可以按照规定或者约定的使用年限分期摊销。

下列无形资产不得计算摊销费用扣除：

① 自行开发的支出已在计算应纳税所得额时扣除的无形资产。

② 自创商誉。

③ 与经营活动无关的无形资产。

④ 其他不得计算摊销费用扣除的无形资产。

五、应纳所得税税额的计算

（一）预缴及汇算清缴所得税的计算

企业所得税实行按年计征、分期预缴、年终汇算清缴、多退少补的办法。其应纳所得税税额的计算分为预缴所得税税额计算和年终汇算清缴所得税税额计算两部分。

1. 按月（季）预缴所得税的计算方法

纳税人预缴所得税时，应当按纳税期限内应纳税所得额的实际数预缴；按实际数预缴有困难的，可按上一年度应纳税所得额的 1/12 或 1/4 预缴，或者经当地税务机关认可的其他方法分期预缴所得税。其计算公式为：

$$应纳所得税税额＝月（季）应纳税所得额×25\%$$

$$或＝上年应纳税所得额×1/12（或 1/4）×25\%$$

2. 年终汇算清缴的所得税的计算方法

$$全年应纳所得税税额＝全年应纳税所得额×25\%$$

$$多退少补所得税税额＝全年应纳所得税税额－月（季）已预缴所得税税额$$

企业所得税税款应以人民币为计算单位。若所得为外国货币的，应当按照国家外汇管理机关公布的外汇汇率折合人民币缴纳。

 【案例 5-1】

企业所得税的计算

某企业 2×20 年全年应纳税所得额为 240 万元。2×20 年，企业经税务机关同意，每月按应纳税所得额的 1/12 预缴企业所得税。2×20 年，全年实现利润经调整后的应纳税所得额为 300 万元。计算该企业 2×20 年每月应预缴的企业所得税；年终汇算清缴时应补缴的企业所得税。

分析与计算：

(1) 2×20 年 1～12 月每月应预缴所得税税额为：

$$应纳税额 ＝ 240÷12×25\% ＝ 5（万元）$$

(2) 2×20 年 1～12 月实际预缴所得税税额为：

$$实际预缴额 ＝ 5×12 ＝ 60（万元）$$

(3) 2×20 年全年应纳所得税税额为：

$$应纳税额 ＝ 300×25\% ＝ 75（万元）$$

(4) 年终汇算清缴时应补缴所得税税额为：

$$应补缴所得税税额 ＝ 75－60 ＝ 15（万元）$$

（二）境外所得税抵免和应纳税额的计算

依据《企业所得税法》第 23 条的规定，企业取得的下列所得已在境外缴纳的所得税税额，可以从其当期应纳税额中抵免，抵免限额为该项所得依照本法规定计算的应纳税额；超过抵免限额的部分，可以在以后 5 个年度内，用每年度抵免限额抵免当年应抵税额后的余额进行抵补。

（1）居民企业来源于中国境外的应税所得。

（2）非居民企业在中国境内设立机构、场所，取得发生在中国境外但与该机构、场所有实际联系的应税所得。

在这里已在境外缴纳的所得税税额，是指企业来源于中国境外的所得依照中国境外税收法律以及相关规定应当缴纳并已经实际缴纳的企业所得税性质的税款。

抵免限额，是指企业来源于中国境外的所得，依照企业所得税法和本条例的规定计算的应纳税额。

1. 税收限额抵免法的计算

（1）限额抵免的计算方法。税收的限额抵免是纳税人的境外所得依据我国《企业所得税》及其实施条例的有关规定，扣除取得该项所得应摊计的成本、费用及损失后，所得出应税所得额按规定税率计算出的应纳税额。该税收抵免限额应当分国（地区）不分项计算。计算公式为：

抵免限额 = 中国境内、境外所得依照企业所得税法和企业所得税法实施条例的规定计算的应纳税总额 × 来源于某国（地区）的应纳税所得额 ÷ 中国境内、境外应纳税所得总额

按照现行企业所得税年度纳税申报表的相关规定，从境外取得的税后投资收益，应先将其还原后计入企业的应纳税所得总额，一并计算应纳税额。然后将境外应抵扣的已纳税额从当年应纳税额中扣除。

【案例 5-2】

有境外收益的企业所得税的计算

某企业 2×20 年度境内所得为 800 万元，同期从境外某国分支机构取得税后收益 160 万元，在境外已按 20% 的税率缴纳了所得税。该企业适用税率为 25%。计算该企业本年度应缴纳入库的所得税税额。

分析与计算：

（1）境外收益应纳税所得额 = 160 ÷ (1 − 20%) = 200（万元）

（2）境内、外所得应纳税总额 = (800 + 200) × 25% = 250（万元）

（3）境外所得税扣除限额 = 250 × 200 ÷ (800 + 200) = 50（万元）

（4）境外所得实际缴纳所得税 = 200 × 20% = 40（万元），小于扣除限额 50 万元。

境外所得应抵扣的已纳所得税税额为 40 万元。

(5) 本年度该企业应缴纳企业所得税 ＝ 250 － 40 ＝ 210(万元)

(2) 抵免不足部分的处理。纳税人来源于境外所得实际缴纳的所得税款,如果低于按规定计算出的扣除限额,可以从应纳税额中如数扣除其在境外实际缴纳的所得税税款;如果超过扣除限额,其超过部分不得在本年度作为税额扣除,也不得列为费用支出,但可以用以后年度税额扣除不超过限额的余额补扣,补扣期限最长不得超过 5 年。5 个年度,是指从企业取得的来源于中国境外的所得,已经在中国境外缴纳的企业所得税性质的税额超过抵免限额的当年的次年起连续 5 个纳税年度。

(3) 盈亏弥补。依据《企业所得税法》第 17 条的规定:"企业在汇总计算缴纳企业所得税时,其境外营业机构的亏损不得抵减境内营业机构的盈利。"

企业境外业务之间的盈亏除国务院财政、税务主管部门另有规定外,该抵免限额应当分国(地区)不分项计算,不同国家(地区)之间的不能相互弥补,但是同一个国家(地区)的不同的项目可以相互弥补。

2. 来源于中国境外的股息、红利等权益性投资收益的应纳税额的计算

居民企业从其直接或者间接控制的外国企业分得的来源于中国境外的股息、红利等权益性投资收益,外国企业在境外实际缴纳的所得税税额中属于该项所得负担的部分,可以作为该居民企业的可抵免境外所得税税额,按照税收限额抵免法在抵免限额内抵免。

这里的直接控制,是指居民企业直接持有外国企业 20％以上股份;间接控制,是指居民企业以间接持股方式持有外国企业 20％以上股份,具体认定办法由国务院财政、税务主管部门另行制定。

特别强调的是抵免企业所得税税额时,应当提供中国境外税务机关出具的税款所属年度的有关纳税凭证。

(三) 从被投资方分回税后利润(股息)应纳税额的计算

企业在国内投资、联营取得的税后利润,由于接受投资或联营企业已向其所在地税务机关缴纳了企业所得税。因此,对于投资方或参营方分得的税后利润、股息,一般不再征税。

依据《企业所得税》第 26 条的规定,符合一定条件的企业的下列收入为免税收入。

(1) 符合条件的居民企业之间的股息、红利等权益性投资收益。在这里符合条件的居民企业之间的股息、红利等权益性投资收益,是指居民企业直接投资于其他居民企业取得的投资收益。

(2) 在中国境内设立机构、场所的非居民企业从居民企业取得与该机构、场所有实际联系的股息、红利等权益性投资收益。这里的股息、红利等权益性投资收益,不包括连续持有居民企业公开发行并上市流通的股票不足 12 个月取得的投资收益。

(四) 清算所得应纳税额的计算方法

纳税人依法进行清算时,其清算终了后的清算所得,应当依照企业所得税条例规定缴

纳所得税。清算所得，是指企业的全部资产可变现价值或者交易价格减除资产净值、清算费用以及相关税费等后的余额。

投资方企业从被清算企业分得的剩余资产，其中相当于从被清算企业累计未分配利润和累计盈余公积中应当分得的部分，应当确认为股息所得；剩余资产减除上述股息所得后的余额，超过或者低于投资成本的部分，应当确认为投资资产转让所得或者损失。

清算所得应纳税额＝清算所得×适用税率

【案例 5-3】

清算所得应纳税额的计算方法

某企业因经营管理不善，严重亏损，于 2×20 年 4 月底宣布破产，实施解散清算。经过清算，该企业存货变现损益 1 000 万元，清算资产盘盈 150 万元，应付未付职工工资 200 万元，偿还负债收入 400 万元，发生清算费用 30 万元，企业累计未分配利润 120 万元，企业注册资本金 1 000 万元。试计算该企业清算时应缴纳的企业所得税。

分析与计算：

(1) 清算所得＝1 000＋150－200－30＋400－120－1 000＝200(万元)

(2) 应缴纳所得税税额＝200×25％＝50(万元)

六、企业所得税税款缴纳与申报

（一）企业所得税的缴纳方法

企业所得税实行按年计算、分月或分季预缴、年终汇算清缴、多退少补的征纳办法。具体纳税期限由主管税务机关根据纳税人应纳税额的大小，予以核定。

（二）企业所得税的缴纳期限

企业所得税分月或者分季预缴，其相应的缴纳期限如下。

（1）企业应当自月份或者季度终了之日起 15 日内，向税务机关报送预缴企业所得税纳税申报表，预缴税款。

（2）企业应当自年度终了之日起 5 个月内，向税务机关报送年度企业所得税纳税申报表，并汇算清缴，结清应缴应退税款。企业在报送企业所得税纳税申报表时，应当按照规定附送财务会计报告和其他有关资料。

（3）企业在年度中间终止经营活动的，应当自实际经营终止之日起 60 日内，向税务机关办理当期企业所得税汇算清缴。

企业应当在办理注销登记前，就其清算所得向税务机关申报并依法缴纳企业所得税。

企业所得税的清缴，由纳税人自行计算年度应纳税所得额和应缴所得税税额，根据预缴税款情况,计算全年应缴纳税额,并填写纳税申报表,在税法规定的申报期内向税务机关进行年度纳税申报,经税务机关审核后,办理结清手续。

(三)企业所得税的纳税年度

企业所得税按纳税年度计算。纳税年度自公历1月1日起至12月31日止。

企业在一个纳税年度中间开业,或者终止经营活动,使该纳税年度的实际经营期不足12个月的,应当以其实际经营期为一个纳税年度。

企业依法清算时,应当以清算期间作为一个纳税年度。

(四)企业所得税的纳税地点

企业所得税的纳税地点,按照取得收入的不同情况,按以下的规定进行处理:

(1)除税收法律、行政法规另有规定外,居民企业以企业登记注册地为纳税地点;但登记注册地在境外的,以实际管理机构所在地为纳税地点。

居民企业在中国境内设立不具有法人资格的营业机构的,应当汇总计算并缴纳企业所得税。

在这里,主要机构、场所,应当同时符合下列条件:第一,对其他各机构、场所的生产经营活动负有监督管理责任;第二,设有完整的账簿、凭证,能够准确反映各机构、场所的收入、成本、费用和盈亏情况。

(2)非居民企业在中国境内设立机构、场所的,应当就其所设机构、场所取得的来源于中国境内的所得,以及发生在中国境外,但与其所设机构、场所有实际联系的所得,以机构、场所所在地为纳税地点。

非居民企业在中国境内设立两个或者两个以上机构、场所的,经税务机关审核批准,可以选择由其主要机构、场所汇总缴纳企业所得税。

非居民企业在中国境内未设立机构、场所的,或者虽设立机构、场所,但取得的所得与其所设机构、场所没有实际联系的,以扣缴义务人所在地为纳税地点。

(五)纳税申报表的格式和填报方法

表5-1　　　　　　　**企业所得税年度纳税申报表**

税款所属期间: 　年　月　日至　年　月　日　　　　　　　金额单位:元

纳税人识别号:□□□□□□□□□□□□□□□

纳税人名称				
纳税人地址			邮政编码	
纳税人所属经济类型			纳税人所属行业	
纳税人开户银行			账　号	

	行次	项　目	金　额
收入总额	1	销售(营业)收入	
	2	减:销售退回	
	3	折扣与折让	

（续表）

	行次	项　　　　　目	金　额
收入总额	4	销售(营业)收入净额(1－2－3)	
	5	其中：免税的销售(营业)收入	
	6	特许权使用费收益	
	7	投资收益	
	8	投资转让净收益	
	9	租赁净收益	
	10	汇兑净收益	
	11	资产盘盈净收益	
	12	补贴收入	
	13	其他收入	
	14	收入总额合计(4＋6＋7＋8＋9＋10＋11＋12＋13)	
扣除项目	15	销售(营业)成本	
	16	期间费用合计(17＋…＋41)	
	17	其中：工资薪金	
	18	职工福利费、职工工会经费、职工教育经费	
	19	固定资产折旧	
	20	无形资产、递延资产摊销	
	21	研究开发费用	
	22	利息净支出	
	23	汇兑净损失	
	24	租金净支出	
	25	上缴总机构管理费	
	26	业务招待费	
	27	税金	
	28	坏账损失	
	29	增提的坏账准备金	
	30	资产盘亏、毁损和报废净损失	
	31	投资转让净损失	
	32	社会保险缴款	
	33	劳动保护费	
	34	广告支出	
	35	捐赠支出	

（续表）

	行次	项　　　目	金　额
扣除项目	36	审计、咨询、诉讼费	
	37	差旅费	
	38	会议费	
	39	运输、装卸、包装、保险、展览费等销售费用	
	40	矿产资源补偿费	
	41	其他扣除费用项目	
应纳税所得额的计算	42	纳税调整前所得(14－15－16)	
	43	加：纳税调整增加额(44＋…＋58)	
	44	其中：工资薪金纳税调整额	
	45	职工福利费、职工工会经费和职工教育经费的纳税调整额	
	46	利息支出纳税调整额	
	47	业务招待费纳税调整额	
	48	广告支出纳税调整额	
	49	赞助支出纳税调整额	
	50	捐赠支出纳税调整额	
	51	折旧、摊销支出纳税调整额	
	52	坏账损失纳税调整额	
	53	坏账准备纳税调整额	
	54	罚款、罚金或滞纳金	
	55	存货跌价准备	
	56	短期投资跌价准备	
	57	长期投资减值准备	
	58	其他纳税调整增加项目	
	59	减：纳税调整减少额(60＋61)	
	60	其中：研究开发费用附加扣除额	
	61	其他纳税调整减少项目	
	62	纳税调整后所得(42＋43－59)	
	63	减：弥补以前年度亏损	
	64	减：免税所得(65＋…＋71)	
	65	其中：国债利息所得	
	66	免税的补贴收入	
	67	免税的纳入预算管理的基金、收费或附加	

（续表）

应纳税所得额的计算	行次	项 目	金 额
	68	免于补税的投资收益	
	69	免税的技术转让收益	
	70	免税的治理"三废"收益	
	71	其他免税所得	
	72	应纳税所得额（62－63－64）	
应交所得税	73	适用税率	
	74	应缴所得税税额	
	75	减：期初多缴所得税税额	
	76	已预缴的所得税税额	
	77	应补税的境内投资收益的抵免税额	
	78	应补税的境外投资收益的抵免税额	
	79	经批准减免的所得税税额	
	80	应补（退）的所得税税额（74－…－79）	

纳税人代表签章：
纳税人单位公章：
日期：
联系电话：

代理申报中介机构签章：
日期：
经办人：
经办人执业证件号码：
联系电话：

以下由税务机关填写：
经办

受理申报税务机关公章

受理申报日期：
审核人：
审核日期：

第二节 企业所得税筹划方略及分析

一、从税收优惠政策着手的税收筹划

（一）利用优惠年度

对于新办企业，如为年度中期开业，当年实际生产经营期不足 6 个月的，可向主管税务机关申请选择就当年所得缴纳企业所得税，其减征、免征企业所得税的执行期限，可以推延至下一年度计算。如企业已选择该办法后，次年度发生亏损，其上一年度已缴纳税款,不予退库,亏损年度应计算为减免执行期限,其亏损额可按规定用以后年度的所得抵补。

因此,如果新创办的符合减免条件的企业当年实际经营不足 6 个月,而且能够预测到第二年的经济效益较当年好,则可以选择第二年为免税年度,这样享受到的优惠更大;反之,若预计第二年的收益不如当年,或仅稍强于当年,倒不如选择创办当年为免税年度。

税法规定,纳税人发生年度亏损,可以用下一纳税年度的所得弥补;下一纳税年度的所得不足弥补的,可以逐年延续弥补,但是延续弥补期最长不超过 5 年。这一规定适用于不同经济成分、不同经营组织形式的企业。弥补亏损对企业来说非常重要,因为企业发生亏损后,是否可以在以后的 5 年内将全部亏损弥补完,直接影响到企业的经济效益。纳税人发生年度亏损,必须在年度终了后 45 日内,将本年度纳税申报表和《企业税前弥补亏损申报表》报送当地税务机关审核。因此,纳税人在进行亏损弥补时,应最大限度地进行弥补,以免丧失亏损抵税的利益。

（二）选择投资地区

改革开放以来,国家为了适应各地区不同的情况,相继对一些不同的地区制定了不同的税收政策,为进行投资地区的纳税筹划提供了空间。投资者选择投资地点,除了考虑投资地点的硬环境等常规的因素外,不同地点的税收差异也应作为考虑的重点。税收作为最重要的经济杠杆,体现着国家的经济政策和税收政策。例如,为了配合对外开放政策由沿海向内地推进战略布局的贯彻落实,国家对不同的区域给予不同的税收待遇,出台了许多诸如经济特区、经济开发区、沿海开放城市等税收优惠政策。这种区域性的税收优惠差异,要求投资者在投资决策之前,认真进行筹划研究,找出几个可能投资的区域并拟出相应的投资方案,在充分调查、研究的基础上,计算各个投资方案的成本、收益及税负水平,权衡比较各方案后,选择既能减轻企业税收负担又能使企业获得最大经济效益的区域投资方案,做出投资决策。

 【案例 5-4】

投资地区税收筹划的计算

某纸业公司甲,拟在外地建立一家生产兼销售的子公司乙。经调查得知,A 地享有税收优惠政策,即从获利年度起 5 年内税率为 15%。在 A 地生产每吨产品的成本为 800 元;若在 B 地生产,每吨的成本为 750 元,但 B 地没有税收优惠,其适用的企业所得税税率为 25%。如果以税前利润衡量,选择 B 地优于 A 地,若以税后利润衡量,A 地条件显然优于 B 地。

（三）选择投资项目

投资项目是多种多样的,不同项目所享受的税收待遇也各不相同,企业可以根据自身的具体情况,根据税法的不同规定,在生产经营过程中选择恰当的投资项目,在获得更多收益的同时又能减轻自身的税收负担。

【案例 5－5】

投资项目税收筹划的计算

某厂欲将 5 000 万元资金投资于一项新产品的生产,设计了两套方案。各方案的有关资料如下表所示。

方案＼年份		第一年			第二年			第三年		
甲方案	收益	3 000	2 500	2 000	3 500	3 000	2 500	2 000	1 500	1 000
	概率	0.3	0.5	0.2	0.2	0.6	0.2	0.3	0.4	0.3
乙方案	收益	2 500	1 500	500	4 000	2 500	1 000	4 000	3 500	1 500
	概率	0.3	0.5	0.2	0.2	0.6	0.2	0.3	0.4	0.3

已知资金的贴现率为 6%,甲方案的风险率为 2%,乙方案的风险率为 4%。

要求:用收益期望值法进行计算和分析,并确定最佳方案。

甲方案的收益期望值:

$$E1 = 3\,000 \times 0.3 + 2\,500 \times 0.5 + 2\,000 \times 0.2 = 2\,550(万元)$$

$$E2 = 3\,500 \times 0.2 + 3\,000 \times 0.6 + 2\,500 \times 0.2 = 3\,000(万元)$$

$$E3 = 2\,000 \times 0.3 + 1\,500 \times 0.4 + 1\,000 \times 0.3 = 1\,500(万元)$$

乙方案的收益期望值:

$$E1 = 2\,500 \times 0.3 + 1\,500 \times 0.5 + 500 \times 0.2 = 1\,600(万元)$$

$$E2 = 4\,000 \times 0.2 + 2\,500 \times 0.6 + 1\,000 \times 0.2 = 2\,500(万元)$$

$$E3 = 4\,000 \times 0.3 + 3\,500 \times 0.4 + 1\,500 \times 0.3 = 3\,050(万元)$$

考虑资金的时间价值和方案的风险率,则甲方案包含风险的贴现率为 8%,乙方案包含风险的贴现率为 10%。预测期 3 年内总收益的期望值分别为:

甲方案总收益的期望值 $= 2\,550 \div (1 + 8\%) + 3\,000 \div (1 + 8\%)^2 + 1\,500 \div (1 + 8\%)^3$

$$= 6\,123.88(万元)$$

乙方案总收益的期望值 $= 1\,600 \div (1 + 10\%) + 2\,500 \div (1 + 10\%)^2 + 3\,050 \div (1 + 10\%)^3$

$$= 5\,812.17(万元)$$

因此,甲方案更优于乙方案。因而该厂的 5 000 万元资金应该按甲方案投资于新产品的生产。

（四）选择投资方式

投资方式可分为两大类，即直接投资和间接投资。直接投资是指投资主体将金融资产转化为实物资产进行生产、经营活动，并从经营活动中取得盈利。间接投资是指投资主体用货币资产购买各种有价证券，以期从持有和转让中获取投资收益和转让增值。直接投资形成了各种形式的企业，企业生产经营成果既要征收流转税，如增值税，其纯收益还要征收企业所得税。而间接投资的交易需征收证券交易税（目前仍征收印花税），其收益则征收企业所得税。另外，购买一级市场的国债、金融债券，其利息免征和所得税，而在二级市场购买的国债和在一级市场上购买的其他类债券则需征收和所得税。

 【案例 5 - 6】

投资方式税收筹划的计算

某企业有一笔 1 000 万元的资金，在投资方案上有两种选择：一是投资于 5 年期国债，假定年利率为 5%，二是购买某公司发行的 5 年期债券，票面利率为 6%。

从表面上看，公司债券利率 6% 高于国债票面利率 5%，购买公司债券是有利的。但考虑到税收因素，其计算结果如下：

购买国债投资收益为：1 000 × 5% × 5 = 250（万元），免征所得税。

购买公司债券投资收益为：1 000 × 6% × 5 = 300（万元），假设该企业的所得税税率为 25%，则：

企业该笔投资的净利润为：300 × (1 - 25%) = 225（万元）

由以上计算可以看出，购买国债方案优于购买公司债券，可多获利 25 万元。

（五）选择设备更新方式

现行的所得税制度由于对不同经济行为的税收待遇不同，为企业进行税务筹划提供了可能性。企业在进行投资决策时，必然会涉及所得税这一因素。在其他条件相同情况下，应尽量减轻税负，以使自己的效益最大化。

根据现行所得税条例规定，企业固定资产的折旧费可以在计算应纳税所得额时准予扣除，也就是说折旧具有抵税作用。因此，企业在进行固定资产更新决策时要考虑这一因素，以选择最优的决策方案。

企业的固定资产更新决策是指在旧设备尚可继续使用的情况下，是继续使用旧设备还是更换新设备，若旧设备不能继续使用，只能更新的情况下，又面临着如何更新、购买何种设备的问题。

【案例 5-7】

设备更新方式税收筹划的计算

某公司有一台设备,购于 3 年前,现在考虑是否需要更新。该公司的所得税税率为 25%,假定年利率为 15%,税法规定采用直线法计提折旧。

由于两台设备的生产能力相同,并且使用的年限相同,只要从现金流出角度采用年平均成本法考虑即可。所谓年平均成本法,是指设备未来使用年限内现金流出总现值与年金现值系数的比值,即平均每年的现金流出。

有关数据如下:

	旧设备	新设备
原值	2 200	2 400
预计使用年限	10	10
已经使用年限	4	0
最终残值	200	300
变现价值	600	2 400
年运行成本	800	400
预计残值	110	120

在不考虑所得税情况下:

$$旧设备年运行成本 = [600 + 800 \times (P/A,15\%,6) - 200 \times (P/S,15\%,6)] \div$$
$$(P/A,15\%,6)$$
$$= (600 + 800 \times 3.784 - 200 \times 0.432) \div 3.784$$
$$= 936(万元)$$

继续使用旧设备所引起的企业现金流出项目有两项,即每年付出的设备操作成本和因没有变现设备所损失的收益,其中后者是一种机会成本。现金流入为设备残值收益的现值。

$$新设备年运行成本 = [2 400 + 400 \times (P/A,15\%,10) - 300 \times (P/S,15\%,10)] \div$$
$$(P/A,15\%,10)$$
$$= (2 400 + 400 \times 5.019 - 300 \times 0.247) \div 5.019$$
$$= 863(万元)$$

由以上计算可以得知,由于旧设备的年运行成本 936 万元高于新设备的年运行成本,因此第二种方案合算,在这种情况下,不宜使用旧设备,应及时更换新设备。

在考虑所得税情况下:

$$旧设备年运行成本＝600－[600－(2\ 200－209×4)]×25\%＋800×(1－25\%)×(P/A,15\%,$$
$$6)－209×25\%×(P/A,15\%,6)－200×(P/S,15\%,6)＋(200－110)×$$
$$25\%×(P/S,15\%,6)÷(P/A,15\%,6)$$
$$＝(600＋191＋2\ 270.4－197.71－86.4＋9.72)÷3.784$$
$$＝736.52(万元)$$

继续使用旧设备所引起的企业现金流出项目有两项，即每年付出的设备操作成本和因没有变现设备所损失的收益。考虑到操作成本具有抵税作用，因此在计算年运行成本时，应将其换算为税后成本。计算旧设备变现的收益时，其变现值超过账面净值的部分作为企业的一种营业外收入，应该缴纳企业所得税；否则应作为营业外支出可以抵减企业所得税。所以在计算年运行成本时应将该部分税收考虑进去。

继续使用旧设备所引起的现金流入项目也有两项，即每年的折旧抵税和设备残值收益的现值。这里，折旧起着抵税作用，它使企业现金流出量减少，即相当于现金流入。在计算残值收益的现值时，由于税法规定了一个残值比例，超过残值比例的部分是不能从应纳税所得额中减去的，相当于要缴纳所得税，所以应作为年运行成本考虑过去。

$$新设备年运行成本＝[2\ 400＋400×(1－25\%)×(P/A,15\%,10)－228×25\%×(P/A,$$
$$15\%,10)－300×(P/S,15\%,10)＋(300－120)×25\%×(P/S,15\%,$$
$$10)]÷(P/A,15\%,10)$$
$$＝(2\ 400＋1\ 505.7－286.08－74.16＋11.12)÷5.019$$
$$＝708.62(万元)$$

由以上计算可以得知，在考虑所得税情况下，旧设备年运行成本736.52万元高于新设备的年运行成本708.62万元，因此第二种方案优于第一种方案，应及时更换新设备。

注：P/A为年金现值符号，如$(P/A,15\%,6)$表示年利率为15%的6年期年金现值，它的值为3.784，$(P/A,15\%,10)$表示年利率为15%的10年期年金现值，它的值为5.019；P/S表示复利现值系数，如$(P/S,15\%,6)$表示年利率为15%的6年期复利现值，它的值为0.432，$(P/S,15\%,10)$表示年利率为15%的10年期复利现值，它的值为0.247 2。

(六) 境外所得已纳税额的扣除

纳税人在境外缴纳的所得税，在汇总纳税时，可选择以下一种方法予以抵扣，抵扣方法一经确定，不得任意更改。

1. 分国不分项抵扣

企业能全面提供境外完税凭证的，可采取分国不分项抵扣。纳税人在境外已缴纳的所得税税款应按国别(地区)进行抵扣。在境外已缴纳的所得税税款，包括纳税人在境外实际缴纳的税款及按规定视同已缴纳的所得税税款，纳税人应提供所在国(地区)税务机关核发的纳税凭证或纳税证明,以及减免税有关证明,如实申报在境外缴纳的所得税税款。

2. 定率抵扣

为便于计算和简化征管,经企业申请,税务机关批准,企业也可以不区分免税或非免税项目,统一按境外应纳税所得额16.5%的比率抵扣。

上述规定给纳税人计算境外所得补缴税款提供了筹划空间。世界各国的企业(公司)所得税税率的设置是不同的。多数国家或地区采用单一税率,其税率水平也高低不等。税率的不同,决定着企业(公司)所得税税负的不同,由于计算境外所得抵扣税额的方法有两种,其计算补缴税款的金额是不同的。因此,纳税人可以根据被投资国的所得税税率的高低,选择合适的抵扣方法。

【案例 5-8】

境外所得已纳税额的扣除计算

某企业 2×20 年度境内应纳税所得额为 100 万元,所得税税率为 25%;其在 A、B 两国设有分支机构,在 A 国机构的所得额为 40 万元,A 国的所得税税率为 30%;在 B 国机构的所得额为 46 万元,B 国所得税税率为 35%。在 A、B 两国已分别缴纳所得税 12 万元和 16.1 万元。假设在 A、B 两国的应税所得额按我国税法计算分别为 45 万元和 48 万元。请判断企业选择哪种抵扣方式对自己有利?

1. 限额抵扣法

境内、境外所得按我国税法计算的应纳税额 =(100+45+48)×25% = 48.25(万元)

抵扣限额的计算:

A 国的抵扣限额 = 境内、境外所得按我国税法计算的应纳税额 × 来源于 A 国的所得 ÷
境内、境外所得总额

= (100+45)×25%×45÷(100+45)

= 11.25(万元)

B 国的抵扣限额 = 境内、境外所得按我国税法计算的应纳税额 × 来源于 B 国的所得 ÷ 境内、
境外所得总额

= (100+48)×25%×48÷(100+48)

= 12(万元)

在 A 国缴纳所得税 12 万元,高于抵扣限额 11.25 万元,超过的 0.75 万元(12-11.25)在当年不得抵扣,在 B 国缴纳所得税 16.1 万元,高于抵扣限额 12 万元,超过限额的部分,当年不得抵扣。

该企业当年境内、境外所得应缴纳所得税税额 = 48.25-11.25-12 = 25(万元)

2. 定率抵扣法

$$抵扣额 = (45+48) \times 16.5\% = 15.345(万元)$$

$$应纳所得税税额 = 48.25 - 15.345 = 32.905(万元)$$

比较上述计算结果,采用限额抵扣法比采用定率抵扣法节省税收 7.905 万元(32.905-25)。

二、从纳税人着手的税收筹划

纳税人的税收筹划主要是通过纳税人之间的合并、分立、对集团公司内设立子公司或分公司的选择,以达到规避高税率、享受税收优惠的目的。

(一) 企业合并的筹划

1. 合并筹划的法律依据

企业合并是指两个或两个以上的企业,通过签订合并协议,依法律程序合并为一个企业的法律行为。合并可以采取吸收合并和新设合并两种形式。吸收合并是指两个或两个以上的企业合并时,其中一家企业吸收了其他企业而成为存续企业,被吸收的企业解散;新设合并,又称创立合并或联合,是指两个或两个以上的企业合并成为一个新企业,合并各方解散。

1) 纳税人的认定

第一,被吸收或兼并的企业和存续企业依照《企业所得税暂行条例》及其实施细则规定,符合企业所得税纳税人条件的,分别以被吸收或兼并的企业和存续企业为纳税人;被吸收或兼并的企业已不符合企业所得税纳税人条件的,应以存续企业为纳税人,被吸收或兼并企业的未了税务事宜,应由存续企业承继。

第二,企业以新设合并方式合并后,新设企业符合企业所得税纳税人条件的,以新设企业为纳税人,合并前企业的未了税务事宜,应由新设企业承继。

2) 减免税优惠的处理

第一,企业无论采取何种方式合并、兼并,都不是新办企业,不应享受新办企业的税收优惠照顾。

第二,合并、兼并前各企业应享受的定期减免税优惠,且已享受期满的,合并或兼并后的企业不再享受优惠。

第三,合并、兼并前各企业应享受的定期减免税优惠,未享受期满的,且剩余期限一致的,经主管税务机关审核批准后,合并或兼并后的企业可继续享受优惠至期满;如果剩余期限不一致的,应分别计算相应的应纳税所得额,分别按税收法规规定继续享受优惠至期满。合并、兼并后不符合减免税优惠的,照章纳税。

3) 资产转让损益、资产计价、亏损弥补的税务处理

第一,企业合并时,通常情况下,被合并企业应视为按公允价值转让、处置全部资产,计算资产的转让所得,依法缴纳所得税;被合并企业以前年度的亏损,不得结转到合并企

业弥补;合并企业接受被合并企业的有关资产,计税时可以按经评估确认的价值确定成本。合并企业和被合并企业为实现合并而向股东回购本公司股份,回购价格与发行价格之间的差额,应作为股票转让所得或损失。

第二,合并企业支付被合并企业或其股东的收购价款中,除合并企业股权以外的现金、有价证券和其他资产(简称非股权支付额),不高于所支付的股权票面价值(或支付的股本的账面价值)20%的,经税务机关审核确认,当事人各方可选择按下列规定进行所得税税收处理:

被合并企业不确认全部资产的转让所得或损失,不计算缴纳所得税;被合并企业合并以前的全部企业所得税事项由合并企业承担,以前年度的亏损,如果未超过法定弥补期限,可由合并企业继续按规定用以后年度实现的与被合并企业资产相关的所得弥补;合并企业接受被合并企业全部资产的计税成本,须以被合并企业原账面净值为基础确定。

被合并企业的股东以其持有的原被合并企业的股权交换合并企业的股权,不被视为出售旧股、购买新股处理。被合并企业的股东换得新股的成本,须以其所持旧股的成本为基础确定。但未交换新股的被合并企业的股东取得的全部非股权支付额,应视为其持有的旧股的转让收入,按规定计算确认财产转让所得或损失,依法缴纳所得税。

此外,如被合并企业的资产与负债基本相等,即净资产几乎为零,合并企业以承担被合并企业全部债务的方式实现吸收合并,不视为被合并企业按公允价值转让、处置全部资产,不计算资产的转让所得。

2. 企业合并的税收筹划

从上述规定可以看出,在合并中由于产权交换的支付方式不同,其转让所得、资产计价、亏损弥补等涉及所得税的事项可选择不同的税务处理方法。而对这些涉及所得税事项的税务处理方法不同,必然对合并企业或被合并企业的所得税负担产生不同的影响,这就要求进行企业合并的税收筹划时必须考虑如下几个方面:

(1)资产转让损益的确认与否对所得税负的影响。在企业合并中,被合并企业是否确认财产转让收益取决于产权交换的支付方式。在合并企业支付给被合并企业或其股东的收购价款中,非股权支付额不高于所支付的股权票面价值(或股本账面价值)20%的,被合并企业可以不确认全部资产的转让所得或损失,只有待股权转让后才计算损益,计算资本利得所得税。如果合并企业支付给被合并企业或其股东的非股权支付额高于所支付的股权票面价值(或股本账面价值)20%的,被合并企业应视为按公允价值转让、处置全部资产,计算资产的转让所得,依法缴纳财产转让所得税。因此在企业合并过程中,应合理控制非股权支付的比例。

【案例 5-9】

非股权支付比例的计算

A 企业购买 B 企业,出价 200 万元,B 企业账面净资产为 150 万元。购买方式有两种选择:一是全部用股票支付;二是用股权支付 60%,其余用现金支付。

在第一种方式下,B 企业不计算资产转让所得,不用缴纳所得税。

在第二种方式下,由于非股权支付额超过 20%,则 B 企业在合并时应按资产转让所得计算缴纳所得税。

$$应纳所得税 = (200 - 150) \times 25\% = 12.5(万元)$$

(2) 资产计价的税务处理对所得税税负的影响。在非股权支付额不高于所支付股权票面价值 20% 的情况下,合并企业接受被合并企业的全部资产的计税成本,可按被合并企业原账面净值为基础确定;而如果非股权支付额高于所支付股权票面价值 20% 的,合并企业接受被合并企业的资产,可以按经评估确认的价值确定计税成本。

由于在两种不同情况下,合并企业接受的被合并企业的资产计入成本费用的价值基础不同,必然导致税前扣除的金额不同,从而使合并后合并企业的所得税税负不同。

(3) 亏损弥补的处理对所得税税负的影响。在非股权支付额不高于所支付的股权票面价值 20% 的情况下,被合并企业以前年度的亏损,如果未超过法定弥补期限的,可由合并企业继续按规定用以后年度实现的与被合并企业资产相关的所得弥补;而如果非股权支付额高于所支付的股权票面价值 20% 的,被合并企业以前年度的亏损,不得结转到合并企业弥补。

由于在两种不同情况下,被合并企业以前年度亏损的处理方式不同,必然会影响到合并后企业的所得税税负。

(二) 企业分立的税收筹划

1. 企业分立税收筹划的法律依据

分立是指一个企业依照有关法律、法规的规定,分立为两个或两个以上企业的法律行为。分立可以采取存续分立和新设分立两种形式。存续分立亦称派生分立,是指原企业存续,而其一部分分出设立为一个或数个新的企业。新设分立亦称解散分立,是指原企业解散,分立出的各方分别设立为新的企业。

企业无论采取何种分立方式,一般不需经过清算程序。分立前企业的债权或债务,按法律规定的程序和分立协议的约定,由分立后的企业承继。

(1) 纳税人的认定。分立后各企业符合所得税纳税人条件的,以各企业为纳税人。分立前企业的未了税务事宜,由分立后的企业承继。

(2) 减免税优惠的处理。一是企业分立不能视为新办企业,不得享受新办企业的税收优惠照顾。二是分立前享受有关税收优惠尚未期满,分立后的企业符合减免条件的,可继续享受减免税至期满;分立后的企业不再符合减免税条件的,不得继续享受有关税收优惠。

(3) 资产转让损益、资产计价、亏损弥补的税务处理。第一,通常情况下,被分立企业应视为按公允价值转让其被分离出去的部分或全部资产,计算被分立资产的财产转让所得,依法缴纳所得税;分立企业接受被分立企业的资产,在计税时按经评估确认的价值确定成本。如果是存续分立,被分立企业未超过法定约定期限的亏损额可由存续企业继续弥补。如果是新设分立,被分立企业未超过法定弥补期限的亏损额不得结转到分立企业弥补。第二,分立企业支付给被分立企业或其股东的交换价款中,除分立企业的股权以外的非股权支付额,不高于其支付的股权票面价值(或支付的股本的账面价值)20％的,经税务机关审核确认,企业分立当事各方也可选择按下列规定进行分立业务的所得税处理。

被分立企业可以不确认分离资产的转让所得或损失,不计算所得税;分立企业接受被分立企业的全部资产和负债的成本,须以被分立企业的账面净值为基础结转确定,不得按经评估确认的价值进行调整;被分立企业已分离资产相对应的纳税事项由接受资产的分立企业承继,被分立企业的未超过法定弥补期限的亏损额可按分离资产占全部资产的比例进行分配,由接受分离资产的分立企业承继。

2. 企业分立的税收筹划方式

同企业合并一样,在企业分立中由于产权交换所采用的支付方式不同,其资产转让损益、资产计价、亏损弥补等涉及所得税的事项也可选择不同的税务处理方法。而选择的税务处理方法不同,同样会对分立企业或被分立企业的所得税负产生不同的影响,这就要求进行企业分立的税收筹划时必须考虑如下几个方面:

(1)从是否确认资产转让损益来看,当被分立企业分离给分立企业的资产转让价格高于账面净值时,应选择分立企业支付给被分立企业的非股权支付额不高于支付股权票面价值(或股本账面价值)20％的支付方式,因为选择这种支付方式,可以不确认分离资产的转让所得,不缴纳资产转让所得税,从而降低被分立企业的所得税税负;当被分立企业分离给分立企业的资产转让价格低于账面净值时,则应选择分立企业支付给被分立企业的非股权支付额高于支付的股权票面价值20％的支付方式,因为选择这种支付方式,可以确认分离资产的转让损失,并入被分立企业的利润总额,从而降低被分立企业的所得税税负。

(2)从资产计价的税收处理来看,当被分立企业分离给分立企业资产的评估价值低于账面净值时,应选择非股权支付额不高于支付股权票面价值20％的支付方式,因为选择这种支付方式,分立企业可按所接受资产的原账面净值确定结转计税成本,从而降低分立企业的所得税税负;当被分立企业分离给分立企业资产的评估价值高于账面净值时,要选择哪一种支付方式,则必须考虑其他方面的因素,因为不管采用哪种支付方式,分立企业都可按其所接受的资产的评估价值确定结转计税成本。

(3)从亏损弥补的处理来看,如果被分立企业尚有未超过法定弥补期限的亏损额时,应选择非股权支付额不高于支付股权票面价值20％的支付方式。因为选择这种支付方式,被分立企业的未弥补亏损额可由接受分离资产的分立企业承继,从而降低分立企业的所得税税负。是否选择非股权支付额高于支付的股权票面价值20％的支付方式,还必须看企业采用的是存继分立还是新设分立。

3. 设立子公司、分公司的税收筹划

在前面的章节中,讲到了设立子公司、分公司的优缺点。由于分公司不是独立的法人,不是企业所得税的纳税人,其所得与总公司汇总计算纳税。因此,对于设立之初亏损的分支机构,或者在总公司亏损、分支机构盈利的情况下,分支机构宜采用分公司的形式,以获得盈亏相抵的好处。另外,如果分公司处于税率较高的地区,通过汇总纳税,可以实现规避高税率的目的。反之,分支机构则选择子公司的形式。

【案例 5-10】

子公司税收筹划的计算

某公司有 A、B、C、D 四个下属公司,2×20 年,A 公司计税所得额为 500 万元,其所在地区所得税税率为 25%;B 公司计税所得额为 400 万元,其所在地区的所得税税率为 25%;C 公司的计税所得额为 300 万元,其所在地区的所得税税率为 24%;D 公司的计税所得为 -300 万元,其所在地区的所得税税率为 15%;总公司的计税所得额为 -100 万元,其所在地区的所得税税率为 15%。

(1) 若 A、B、C、D 为子公司,则应纳所得税的计算为:

$$A 公司应纳所得税税额 = 500 \times 25\% = 125(万元)$$
$$B 公司应纳所得税税额 = 400 \times 25\% = 100(万元)$$
$$C 公司应纳所得税税额 = 300 \times 24\% = 72(万元)$$

D 公司和总公司的亏损留作以后年度弥补。

该集团公司 2000 年度合计应缴纳企业所得税为:

$$125 + 100 + 72 = 297(万元)$$

(2) 若 A、B、C、D 为分公司,本身不独立核算,那么,各分支机构的年度计税所得额都要并入总机构缴纳所得税。其应纳税额的计算为:

$$(500 + 400 + 300 - 300 - 100) \times 15\% = 120(万元)$$

企业合并纳税,一是各自之间的亏损可以弥补,二是由于总机构位于税率较低的地区,汇总纳税可以降低税率,节约税款 177 万元。

三、从企业所得税计税依据着手的税收筹划

从应纳税所得额的计算公式可知,应纳税所得额的大小取决于收入和扣除项目两个因素,因此计税依据的筹划从这两个方面进行。

(一) 收入的筹划

1) 产销规模

一般来说,企业的收入规模取决于销量的大小。但是,在市场供求关系的影响下,某种产品的销量增加时,其销售价格可能反向降低。或者为了薄利多销,往往在增加销量的同时,需要不断降低产品的销售价格,以强化竞争力。在这种情况下,销售收入总额将会以递减变动率增加,即其增加的幅度低于销量的增幅。就成本费用来看,在产品产量增长

的初级阶段,由于受生产管理水平、产品加工工艺及工人劳动熟练程度的限制,生产中直接材料、直接人工和制造费用的消耗通常是较多的,这样变动成本总额会以某一递增的速率上升。而当产销规模达到某一水平时,由于管理经验、管理水平及工人熟练程度的提高和工艺技术的改进,必然有利于企业产品的单位成本的不断降低,即在固定成本相对稳定的同时,变动成本总额将以递减的变动率增长。然而,一旦产品的产销规模超过本企业有效的负荷限度,由于各种不利因素的影响及企业内在秩序的紊乱,则会导致产品的生产成本及推销与管理成本大幅度增加。因而在固定成本增加的同时,变动成本总额也将以递增的变动率上升。

据上述分析,可以得出这样的结论:在产销量增长的过程中,至少会存在两个盈亏分界点,首先随着产销量的增长,企业将由亏转盈,而当产销量超过一定的限度,则又会由盈转亏。因此,依托企业营运能力,明确其盈亏分界点,并在此范围内寻求利润最大化的产销业务规模,便成为企业财务决策的重要工作之一。

从税收角度来说,产销规模会影响企业税负,反过来企业税负同样也会影响产销规模。在税款的计征过程中,由于计税依据是企业账面记载的应税收益额及税款征收额,因而企业所取得的现金流入量并不能影响税款的征收,即不会因为现金流入量的减少而使得税收减少。但实际上,税款是要用现金来缴纳的,如果企业为了无限制地扩大产销规模,大量进行固定资产投资,购买原材料,过度挤占资金,可能就会导致税款的征收与企业现金的脱节。从现金流量这个角度来看税收,企业在扩大产销规模时,一定要考虑到期要缴纳的税款。除此以外,企业在进行盈亏临界点分析时,也要将税收的因素考虑进去。

2)产销结构

在具体的生产经营过程中,企业还必须结合自身的实际,确定适当的产销结构。

【案例 5-11】

产销结构税收筹划的计算

长春某汽车钢圈厂生产轿车钢圈,出售给某汽车制造厂配套使用。销路好时,从 2×20 年开始以后 10 年中,每年可销 8 万只钢圈,估计概率是 0.4;销路差时,则每年只能销 4 万只钢圈,概率是 0.6。该汽车制造厂希望钢圈厂能供给配套钢圈,洽谈价格为:

(1) 如果保证供应,则汽车制造厂在 10 年内不再购置其他厂的钢圈,每只钢圈价格 150 元。

(2) 如果钢圈厂每年只能供应 4 万只钢圈,则售价降低 3%。

(3) 如果每年固定供应 8 万只钢圈,则价格降低 5%,超过 4 万只,不足 8 万只,也按此价收购。

钢圈厂根据上述情况,分析本厂的有关资料如下:

(1) 如果要达到年产 4 万只,需将成型车间改建,投资 50 万元。由企业自有资金解决,2×13 年年初改建,年底可完工。

(2) 如果达到年产 8 万只,需扩建成型车间,投资 800 万元,除了自有 50 万元外,其余资金由贷款解决,年利率 6%,于 2×13 年年初开工,年底完工。

(3) 钢圈厂现有生产轿车钢圈的固定资产 1 000 万元,(不考虑净残值)年折旧率为 20%,每年分摊管理费为 10 万元,车间改建后每只钢圈变动成本为 75 元,扩建后可下降 8%。

(4) 经市场预测,2×20 年后的 10 年内,其他汽车制造厂也需要这种钢圈,预计每年需求量大的话可达 3.2 万只,概率是 0.6;需求量少的话也要 1.2 万只,概率是 0.4,每只售价 150 元(不含税)。企业所得税税率为 25%,增值税税率为 17%,每只可抵扣进项税额的材料成本占销售价格的比重为 50%,城市维护建设税税率为 7%,教育费附加征收率为 3%。

该厂财务部门根据掌握的资料,对市场销售、购买要求以及本厂的具体情况作了全面的分析,提出了 3 个可行性方案供选择:

方案 1:用自有资金投资 50 万元改建车间,生产 4 万只钢圈,全部卖给汽车制造厂。

方案 2:贷款 750 万元,自有资金 50 万元,总投资 800 万元扩建车间,生产 8 万只钢圈,全部卖给该汽车制造厂。

方案 3:扩建成型车间,达到 8 万只钢圈的生产能力,一部分产品供应汽车制造厂,一部分钢圈卖给其他厂。

从中选择净利润最大者。各方案净利润的计算如下:

方案 1:

产品单价 $= 150 \times (1 - 3\%) = 145.5$(元)

年销售额 $= 145.5 \times 4 = 582$(万元)

年固定费用 = (年固定资产 + 新增投资) × 折旧率 + 应摊管理费

$\qquad = (1\ 000 + 50) \times 20\% + 10$

$\qquad = 220$(万元)

年变动成本总额 $= 75 \times 4 = 300$(万元)

年总费用 = 固定费用 + 变动费用总额

$\qquad = 220 + 300 = 520$(万元)

年销售利润 = 销售收入 − 销售总成本 − 城市维护建设税 − 教育费附加

$\qquad = 582 - 520 - (150 - 150 \times 50\%) \times 4 \times 17\% \times (7\% + 3\%)$

$\qquad = 582 - 520 - 5.1$

$\qquad = 56.9$(万元)

年应纳所得税 $= 56.9 \times 25\% = 14.225$(万元)

年税后净利润 ＝ 56.9 － 14.225 ＝ 42.675(万元)

投资回收期 ＝ 投资额÷年税后利润 ＝ 50÷42.675 ＝ 1.17(年)

方案 2：

产品单价 ＝ 150×(1－5％) ＝ 142.5(万元)

年销售额 ＝ 142.5×8 ＝ 1 140(万元)

年固定费用＝(年固定资产＋新增固定资产)×折旧率＋应摊管理费＋利息支出

　　　　　　 ＝ (1 000＋800)×20％＋10＋(800－50)×6％

　　　　　　 ＝ 415(万元)

年变动成本总额 ＝ 75×(1－8％)×8 ＝ 552(万元)

年总费用 ＝ 415＋552 ＝ 967(万元)

年销售利润＝ 1 140－967－(150－150×50％)×8×17％×(7％＋3％)

　　　　　　 ＝ 1140－967－10.2

　　　　　　 ＝ 162.8(万元)

年应纳所得税 ＝ 162.8×25％ ＝ 40.7(万元)

年税后净利润 ＝ 162.8－40.7 ＝ 122.1(万元)

投资回收期 ＝ 800÷122.1 ＝ 6.55(年)

方案 3：

每年供应汽车制造厂钢圈数量 ＝ 4×0.6＋8×0.4 ＝ 5.6(万只)

销售额 ＝ 150×(1－5％)×5.6 ＝ 798(万元)

每年供应给其他厂的数量 ＝ 3.2×0.6＋1.2×0.4 ＝ 2.4(万只)

销售额 ＝ 150×2.4 ＝ 360(万元)

年总销售量 ＝ 5.6＋2.4 ＝ 8(万只)

年总销售额 ＝ 798＋360 ＝ 1 158(万元)

年销售利润＝ 1 158－967－(150－150×50％)×8×17％×(7％＋3％)

　　　　　　 ＝ 180.8(万元)

年应纳所得税 ＝ 180.8×25％ ＝ 45.2(万元)

年税后净利润 ＝ 180.8－45.2 ＝ 135.6(万元)

投资回收期 ＝ 800÷135.6 ＝ 5.90(年)

通过以上计算可知，应该选择方案 3。

(二) 扣除项目的税收筹划

在收入总额既定的前提下，尽可能增加准予扣除项目的金额，必然会使应纳税所得额减少,从而减少企业所得税。

1. 固定资产

1) 利用折旧方法进行税收筹划

固定资产的折旧方法有直线折旧法和加速折旧法。直线折旧法包括平均年限法、工作量法、行驶里程法;加速折旧法包括年数总和法和双倍余额递减法。财务制度规定,企业固定资产折旧方法一般采用平均年限法。企业车队的客货汽车、大型设备,可以采用工作量法和行驶里程法。在国民经济中具有重要地位和技术进步快的电子生产企业、船舶工业企业、生产"母机"的机械企业、飞机制造企业、化工生产企业和医药生产企业,以及其他经财政部批准的特殊行业的企业,其机器设备可以采用双倍余额递减法或者年数总和法。

运用不同的折旧方法所计算出来的折旧额在量上不一致,分摊到各期的固定资产成本也存在差异,从而影响到企业的应税所得额。加速折旧(或加速摊销)可以使企业前期的折旧(摊销)费用加大,应纳所得税减少,以充分享受资金的时间价值所带来的税收利益。这也就是我们前面所讲的纳税期递延法。

折旧方法选择的筹划应立足于使折旧费用的抵税效应得到最充分或最快的发挥。在不同企业内,应选择不同的折旧方法,才能使企业的所得税税负降低。

对盈利企业,由于折旧费用都能从当年的所得中税前扣除,即折旧费用的抵税效应能够完全发挥。因此,在选择折旧方法时,应着眼于使折旧费用的抵税效应尽可能早地发挥作用。

【案例 5 - 12】

折旧税收筹划的计算

某企业的计算机网络设备共投资 100 万元,税法规定的折旧年限为 5 年,预计净残值率为 5%。若按税法规定,对于科技进步较快的电子设备,经主管税务机关批准后,其折旧方法既可采用直线折旧法,也可采用加速折旧法,加速折旧法包括年数总和法和双倍余额递减法。假定该企业在不考虑折旧的情况下,其应纳税所得额为 500 万元,下面比较一下不同折旧方法对企业净利润的影响。

说明:(1)平均年限法的折旧额计算公式为:

年折旧额 = 固定资产原值×[(1-净残值率)÷折旧年限]

(2)年数总和法的折旧额计算公式为:

年折旧率 = 尚可使用年限÷预计使用年限之和

年折旧额 = 固定资产原值×(1-净残值率)×年折旧率

(3)双倍余额递减法的折旧额计算公式为:

> 年折旧率 ＝ 2÷预计使用年限
>
> 年折旧额 ＝ 固定资产账面净值×年折旧率

2）利用折旧年限进行税收筹划

折旧年限取决于固定资产的使用年限。缩短折旧年限有利于加速成本收回，可以使后期成本费用前移，从而使前期会计利润发生后移。在税率稳定的情况下，所得税的递延缴纳，相当于从国家取得了一笔无息贷款。

对于折旧年限，税法和会计法规都赋予了较大的弹性空间，表现在税法只规定了各类固定资产的最低折旧年限，这为企业通过选择折旧年限，达到最大限度地列支折旧费用、充分发挥折旧费用的抵税作用提供了可能。

在盈利企业选择最低的折旧年限，有利于加速固定资产投资的回收，使计入成本的折旧费用前移、应纳税所得额尽可能后移，这相当于取得一笔无息的贷款，从而相对降低纳税人的所得税税负。

在享受所得税税收优惠政策的企业，选择较长的折旧年限，有利于企业充分享受税收优惠政策，把税收优惠政策对折旧费用抵税效应的抵消作用降低到最低限率，从而达到降低企业所得税税负的目的。

在亏损企业，确定最佳折旧年限必须充分考虑企业亏损的税前弥补规定。如果某一纳税年度的亏损额不能在今后的纳税年度中得到税前弥补或不能全部得到税前弥补，则该纳税年度折旧费用的抵税效应就不能发挥或不能完全发挥作用。在这种情况下，纳税人只有通过选择合理的折旧年限，使亏损的税前弥补不足对折旧费用抵税效应的抵消作用减到最低程度，才能充分发挥折旧费用的抵税效应，从而降低所得税税负。

【案例 5 - 13】

折旧年限税收筹划的计算

某公司有一台机器设备，原价为 20 000 元，残值按原价的 5％估计，在一般情况下应该 5 年提完折旧，每年应提的折旧额为 3 800 元，如果公司将折旧期延长为 8 年，则每年应提取折旧 2 375 元，这样在开始的 5 年中，每年将少提折旧 1 425 元，5 年共计 7 125 元。以后 3 年每年各提 2 375 元，共计也是 7 125 元。总的来说，并不影响公司 8 年的利润总额，企业也未因此而多交或少交所得税。但考虑到资金的时间价值，企业前期多缴税款就不合算了。若企业是一新办企业，前两年处于免税期，情况就大不一样了。企业延长折旧期会少缴税（1 425×2）×25％＝712.5 元。企业可以利用延长折旧期引起的时间差减轻税负。延长的折旧期越长，节税额也就越大。

3）固定资产修理与改良

为了保证生产经营活动的正常进行，就必须定期对固定资产进行修理或改良。固定资产按期修理范围的大小和修理间隔时间的长短，可分为大修理和中小修理。中小修理支出可以直接在税前扣除；对固定资产大修理发生的支出应该在修理间隔期内平均摊销，其摊销额允许在税前扣除。而对于固定资产的改良支出，由于其属于资本性支出，应计入固定资产的价值，其支出不得直接在税前扣除，但其净支出在增加固定资产价值后按规定标准增提的折旧，允许在税前扣除。企业应该根据当时的具体情况进行决策，以确定固定资产的修理类型。

根据税法规定，企业为固定资产发生的支出符合下列条件之一者，应确认为固定资产改良支出：发生的固定资产处理支出达到固定资产原值的 20% 以上；经过修理后有关资产的使用寿命延长 2 年以上；经过修理后的固定资产被用于新的或不同的用途。

2. 成本费用核算

1）选择合理的存货计价方法

税法规定，纳税人的商品、材料、产成品、半成品等存货的计价应当以实际成本为准。纳税人各项存货的发生和领用，其实际成本的计算可以在先进先出法、后进先出法、加权平均法、移动平均法等方法中任选一种。一经选用，不得随意改变，确实需要改变计价方法的，应当在下一纳税年度开始前报主管税务机关备案。

计价方法选择的筹划应立足于使成本费用的抵税效应得到最充分或最快的发挥。在不同企业内，应选择不同的计价方法，才能使企业的所得税税负降低。

第一，在盈利企业，由于存货成本能从所得额中税前扣除，即存货成本的抵税效应能够完全发挥。因此，在选择计价方法时，应着眼于使成本费用的抵税效应尽可能早地发挥作用，即选择前期成本较大的计价方法。如在通货膨胀时期，可选择后进先出法；在通货紧缩时期，可选择先进先出法。

第二，在享受所得税优惠政策的企业，由于减免税期内成本费用的抵税效应会全部或部分地被减免优惠所抵消，应选择减免税期成本少、非减免税期成本多的计价方法。

第三，在亏损企业，选择计价方法应同企业的亏损弥补情况相结合。选择的计价方法，必须能使不能得到或不能完全得到税前弥补的亏损年度的成本费用降低，保证成本费用的抵税效应得到最大程度的发挥。

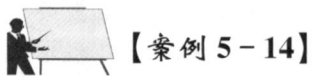 【案例 5－14】

存货计价方法的税收筹划

某企业为保证生产经营，每年需有一定数量的库存材料。2×20 年，该企业共进货 6 次，具体见下表。

	单价(元/件)	13
第一次购进	数 量(件)	10 000
	金 额(元)	130 000
	单价(元/件)	17
第二次购进	数 量(件)	12 000
	金 额(元)	204 000
	单价(元/件)	20
第三次购进	数 量(件)	5 000
	金 额(元)	100 000
	单价(元/件)	19
第四次购进	数 量(件)	18 000
	金 额(元)	342 000
	单价(元/件)	18
第五次购进	数 量(件)	10 000
	金 额(元)	180 000
	单价(元/件)	20
第六次购进	数 量(件)	12 000
	金 额(元)	240 000

并在该年售出了 10 000 件产品,市场售价为 37 元/件。除材料费用外,其他开支 10 元/件。企业所得税税率为 25%。用先进先出法时:

$$材料费用 = 13 \times 10\ 000 = 130\ 000(元)$$

$$成本总额 = 130\ 000 + 10\ 000 \times 10 = 230\ 000(元)$$

$$销售收入 = 37 \times 10\ 000 = 370\ 000(元)$$

$$利润额 = 370\ 000 - 230\ 000 = 140\ 000(元)$$

$$应纳税额 = 140\ 000 \times 25\% = 35\ 000(元)$$

用后进先出法时:

$$材料费用 = 20 \times 10\ 000 = 200\ 000(元)$$

$$成本总额 = 200\ 000 + 10\ 000 \times 10 = 300\ 000(元)$$

$$销售收入 = 37 \times 10\ 000 = 370\ 000(元)$$

$$利润额 = 370\ 000 - 300\ 000 = 70\ 000(元)$$

$$应纳税额 = 70\ 000 \times 25\% = 17\ 500(元)$$

用加权平均法时:

$$单位材料购入价 = [(10\,000 \times 13) + (12\,000 \times 17) + (5\,000 \times 20) +$$
$$(18\,000 \times 19) + (10\,000 \times 18) + (12\,000 \times 20)] \div$$
$$(10\,000 + 12\,000 + 5\,000 + 18\,000 + 10\,000 + 12\,000)$$
$$= 17.85(元 / 件)$$

$$材料费用 = 17.85 \times 10\,000 = 178\,500(元)$$

成本总额为：278 500 元

销售收入为：370 000 元

$$利润额 = 370\,000 - 278\,500 = 91\,500(元)$$

$$应纳所得税税额 = 91\,500 \times 25\% = 22\,875(元)$$

2）选择合理的费用分摊方法

现行的税收法规和财务会计法规也对成本费用的分摊期限、分摊方法作了明确的确定，具体分为以下几种类型：

第一，分摊期限和分摊方法都不能自主选择的成本费用。这种成本费用只能按法规所规定的分摊方法和分摊期限进行分摊，如租入固定资产的租金、财产保险的保险费等。

第二，分摊期限可适当选择的成本费用。这种成本费用一般应严格按照法规所规定的方法进行分摊，但分摊期限可在不违反法规的前提下加以选择。如对无形资产和递延资产的摊销，税法通常只规定最短的摊销期限。

第三，分摊方法可自主选择的成本费用。这种成本费用在法规中一般规定有几种分摊方法，可供企业自主选择。如低值易耗品价值可采用一次摊销法、分期摊销法、五五摊销法等。

对于分摊期限和分摊方法都不能自主选择的成本费用，只能按法规的规定计入相应的成本费用，可参考固定资产折旧的选择方法进行筹划。

对于有多种分摊方法可供选择的成本费用，在采用不同的分摊方法下，其每期应分摊的成本费用额不同，对利润和应纳所得税税额产生的影响也就不同。

第一，在盈利年度，应选择能使成本费用尽快得到分摊的分摊方法。其目的是使成本费用的抵税作用尽早发挥，推迟利润的实现，从而推迟所得税的纳税义务时间。例如，在盈利企业，对低值易耗品的价值摊销应选择一次摊销法。

第二，在亏损年度，分摊方法的选择应充分考虑亏损的税前弥补程度。在其亏损额预计不能或不能全部在未来年度里得到税前弥补的年度，应选择能使成本费用尽可能地摊入亏损能全部得到税前弥补或盈利的年度，从而使成本费用的抵税作用得到最大程度的发挥。

第三，在享受税收优惠政策的年度，应选择能避免成本费用的抵税作用被优惠政策抵消的分摊方法。例如，在享受免税和正常纳税的交替年度，应选择能使减免税年度摊销额最小和正常纳税年度摊销最大的分摊方法。

另外,在企业所得税实行超额累进税率的国家里,应采用平均分摊方法,使企业的获利相对平稳,从而使其适用的所得税税率处于低位上,它是减少纳税的最佳方法。

3) 选择合理的资产租赁方式

从企业税收筹划的角度来看,租赁也是企业用以减轻税负的一种重要方法。对承租人来说,租赁可以使其获取双重好处:一是可以避免因长期拥有设备而承担的负担和风险;二是可以在经营活动中以支付租金的方式冲减企业的利润,从而减小计税依据,降低税负。尤其是当出租人和承租人同属一个大的利益集团时,采用租赁这一形式,最终将会使该利益集团所享受的税收待遇最为优惠、税负最低。当出租人和承租人属于关联企业时,若一方盈利,一方亏损,则亏损方可以利用租赁形式把某些设备租赁给盈利方,减少盈利方利润,从而获得节税收益。尤其是在双方适用的税率有差别的情况下,使利润流向适用税率较低的一方,效果可能会更加显著。

对出租人来说,租赁方式不同,其税收待遇也不同。对于经营性租赁,其租金收入按5%的税率缴纳营业税。对于融资性租赁方式,税法规定:对经中国人民银行批准经营融资租赁业务的单位所从事的融资租赁业务,无论租赁货物的所有权是否转让给租赁方,均以5%的税率缴纳营业税。其他单位从事的融资租赁业务,租赁货物的所有权转让给承租方,征收增值税;租赁货物的所有权未转让给承租方的,征收营业税。由于每种租赁方式的税收待遇不同,因此出租人在现实经济生活中,可选择适当的租赁方式,以获取较好的收益。

4) 选择合理的筹资方式

筹资作为一个相对独立的行为,它对企业经营理财业绩的影响,主要是通过资本结构的变动而引发效应的,因而分析筹资的税收筹划时,应着重考虑两个方面:一是资本结构的变动究竟是如何对企业业绩和税负产生影响的;二是企业应当如何组织资本结构的配置,才能在有效降低税负的同时实现投资所有者税后收益最大化的目标。资本结构的构成与变动主要取决于负债与资本金的比例,也就是负债比率,而负债比率是否合理是判定资本结构是否优化的关键。负债比率越高,意味着企业的税前扣除额越大,节税效果相应也就越明显,但同时企业的经营风险也就越大。因此,企业在利用筹资方式进行纳税筹划时,不能仅从税收上考虑,还要注意企业收益提高所带来的风险,要充分考虑企业自身的特点以及抗风险的能力。

【案例 5 - 15】

筹资方式税收筹划的计算

某股份制企业 A 共有普通股 400 万股,每股 10 元,没有负债。由于产品市场前景看好,准备扩大经营规模,该公司董事会经过研究,商定三个筹资方案。

方案 1：发行股票 600 万股(每股 10 元)，共 6 000 万元。

方案 2：发行股票 300 万股，债券 3 000 万元(债券利率为 8%)。

方案 3：发行债券 6 000 万元。

该公司预计下一年度的资金盈利率为 10% 的概率为 30%，资金盈利率为 14% 的概率是 40%，资金盈利率为 18% 的概率为 30%，则企业预期盈利率的计算如下：

$$企业预期盈利率 = 10\% \times 30\% + 14\% \times 40\% + 18\% \times 30\% = 14\%$$

$$预期盈利 = (400 \times 10 + 600 \times 10) \times 14\% = 1\,400(万元)$$

方案 1：

$$应纳企业所得税 = 1\,400 \times 25\% = 350(万元)$$

$$税后利润 = 1\,400 - 350 = 1\,050(万元)$$

$$每股净利 = 1\,050 \div 1\,000 = 1.05(元 / 股)$$

方案 2：

$$利息支出 = 3\,000 \times 8\% = 240(万元)$$

$$应纳企业所得税 = (1\,400 - 240) \times 25\% = 290(万元)$$

$$税后利润 = 1\,400 - 240 - 290 = 870(万元)$$

$$每股净利 = 870 \div 700 = 1.24(元 / 股)$$

方案 3：

$$利息支出 = 6\,000 \times 8\% = 480(万元)$$

$$应纳企业所得税 = (1\,400 - 480) \times 25\% = 230(万元)$$

$$税后利润 = 1\,400 - 480 - 230 = 690(万元)$$

$$每股净利 = 690 \div 400 = 1.73(元 / 股)$$

5）选择合理的坏账核销方式

税法规定，纳税人按财政部的规定提取的坏账准备金，准予在计算应纳税所得额时扣除。不建立坏账准备金的纳税人，发生的坏账损失，经主管税务机关核定后，按当期实际发生数扣除。坏账损失的财务处理方法，主要有直接转销法和备抵法。

 【案例 5 - 16】

坏账核销方式税收筹划的计算

某公司 2×20 年 3 月销售产品 10 000 件，单价 120 元，2×20 年年底货款尚未收到，根据有关规定确认为坏账。已知 2×20 年年末"应收账款"的年末余额为 1 000 万元。

采用直接转销法处理时,2×20 年年底才能确认为坏账损失,记入"管理费用"1 200 000 元。其会计处理为:

借:管理费用   1 200 000

    贷:应收账款   1 200 000

采用备抵法处理时,2×20 年年末根据"应收账款"余额计提坏账准备。该部分"应收账款"应计提坏账准备额为:1 200 000×5‰＝6 000(元)

其会计处理为:

借:管理费用   6 000

    贷:坏账准备   6 000

2×20 年年末确认为坏账时:

借:坏账准备   1 200 000

    贷:应收账款   1 200 000

6) 选择合理的外币折算方式

企业在对外币业务进行会计核算时,记账方法上可以选择外币统账制或外币分账制。外币统账制是指业务发生时即将外币折算为记账本位币入账;外币分账制是指在日常核算时分币种以外币原币记账,而在编制资产负债表日才将其折算为记账本位币报表。我国大多数企业都采用外币统账制,只有银行等少数金融企业采用外币分账制。

在外币统账制下,企业发生外币业务时,应当按外币原币登记外币账户,同时选取一定的汇率,将外币金额折算为记账本位币金额。由于汇率总是在不断地变化,所以就导致同一外币数额在不同时点会对应不同的记账本位币数额,两者之间相互折算时就会形成汇兑损益。

汇兑损益在会计处理上有两种方法:一种方法是资本化,即把它作为原始成本的一部分计入相关的资本账户;另一种方法是把它直接计入当期损益。汇兑损益无论是资本化还是直接计入当期损益,最终都要分次或一次性地在计征所得税之前以各种费用的形式被扣除,所以必然要影响企业应纳税所得额。

按照我国现行会计制度的规定,对在企业筹建期间以及固定资产购建期间发生的汇兑损益应予以资本化,而对在企业生产经营期间发生的汇兑损益应直接计入当期损益。

企业日常外币业务所发生的汇兑损益原则上都是直接计入当期损益,其所得税筹划的关键是通过选取适当的记账汇率,使核算出的净汇兑损失最大化或净汇兑收益最小化,从而尽量使企业当期的应纳税所得额最小化。

记账汇率是指企业在外币业务发生当日记账时,将外币金额折算为记账本位币金额时所采用的汇率。按照会计制度的规定,企业可以选取外币业务发生当日的市场汇率作为记账汇率。市场汇率一般是当月 1 日的市场汇率。在月份(或季度、年度)终了时,要将各外币账户的期末余额按期末的市场汇率折算为记账本位币金额,将与其相对应的记账本位币账户期末余额之间的差额确认为汇兑损益。因此,在外币汇率持续上升,也就是外币升值时,卖出外币,选取当日汇率为记账汇率有利,买入外币,选取当期期初汇率为记账汇率有利;在外币汇率持续下降,也就是外币贬值时,卖出外币,选取当期期初汇率为记账汇率有利,买入外币,选取当日汇率为记账汇率有利。

对于外币调整业务,由于月末需要调整的账户主要是外币账户,对于允许开立现汇账户的企业,企业需要设置的外币账户主要有外币现金、外币银行存款,以及外币结算的债权债务账户。外币结算的债权账户包括应收账款、应收票据、预付货款等;外币结算的债务账户包括短期借款、长期借款、应付账款、应付票据、应付工资、预付货款等。对于不允许开立现汇账户企业可以设置除外币现金和外币银行存款之外的所有账户。企业发生的外币业务若是只引起上述账户间的增减变动,无论选取业务发生当日汇率还是当期期初汇率作为记账汇率,期末调整时核算出的汇兑损益结果一样,没有筹划余地;但若企业发生的外币业务引起上述账户和期末不需调整的账户间增减变动,如用外币购买原材料或机器设备、发生外币销售等业务,则选取不同的记账汇率,核算出的汇兑损益结果大不一样。

 【案例 5 - 17】

外币折算税收筹划的计算

　　某企业用人民币为记账本位币,有美元外币账户。当月 1 日市场汇率为 1 美元＝8.2 元人民币,月底市场汇率为 1 美元＝8.4 元人民币。企业进口原材料一批,价款 10 万美元,当天收到发票和提货单,货款尚未支付,当天市场汇率 1 美元＝8.35 元人民币。若企业选取当日汇率为记账汇率,则在期末调整时会有汇兑损失 15 000 元;若选取当月 1 日汇率为记账汇率,则在期末调整时会有汇兑损失 20 000 元。因此在汇率持续上升时,这笔业务选取当月 1 日汇率为记账汇率有利;反之,在汇率下降时,选取当日汇率有利。

第三节　企业所得税优惠政策解读

一、免征与减征优惠

企业的下列所得,可以免征、减征企业所得税。企业如果从事国家限制和禁止发展的项目,不得享受企业所得税优惠。

1. 从事农、林、牧、渔业项目的所得

(1) 企业从事下列项目的所得,免征企业所得税:

① 蔬菜、谷物、薯类、油料、豆类、棉花、麻类、糖料、水果、坚果的种植；

② 农作物新品种的选育；

③ 中药材的种植；

④ 林木的培育和种植；

⑤ 牲畜、家禽的饲养；

⑥ 林产品的采集；

⑦ 灌溉、农产品初加工、兽医、农技推广、农机作业和维修等农、林、牧、渔服务业项目；

⑧ 远洋捕捞。

（2）企业从事下列项目的所得，减半征收企业所得税：

① 花卉、茶以及其他饮料作物和香料作物的种植；

② 海水养殖、内陆养殖口。

2. 从事国家重点扶持的公共基础设施投资经营的所得

企业从事国家重点扶持的公共基础设施项目的投资经营的所得，自项目取得第一笔生产经营收入所属纳税年度起，第一年至第三年免征企业所得税，第四年至第六年减半征收企业所得税。

3. 从事符合条件的环境保护、节能节水项目的所得

环境保护、节能节水项目的所得，自项目取得第一笔生产经营收入所属纳税年度起，第一年至第三年免征企业所得税，第四年至第六年减半征收企业所得税。

符合条件的环境保护、节能节水项目，包括公共污水处理、公共垃圾处理、沼气综合开发利用、节能减排技术改造、海水淡化等。项目的具体条件和范围由国务院财政、税务主管部门商国务院有关部门制定，报国务院批准后公布施行。

但是以上规定享受减免税优惠的项目，在减免税期限内转让的，受让方自受让之日起，可以在剩余期限内享受规定的减免税优惠；减免税期限届满后转让的，受让方不得就该项目重复享受减免税优惠。

4. 符合条件的技术转让所得

税法所称符合条件的技术转让所得免征、减征企业所得税，是指一个纳税年度内，居民企业转让技术所有权所得不超过 500 万元的部分，免征企业所得税；超过 500 万元的部分，减半征收企业所得税。

技术转让中所称技术的范围，包括居民企业转让专利技术、计算机软件著作权、集成电路布图设计权、植物新品种、生物医药新品种、5 年（含）以上非独占许可使用权，以及财政部和国家税务总局确定的其他技术。

符合条件的技术转让所得的计算方法如下：

技术转让所得 = 技术转让收入 - 技术转让成本 - 相关税费

或：技术转让所得 = 技术转让收入 - 无形资产摊销费用 - 相关税费 - 应分摊期间费用

居民企业技术出口应由有关部门按照商务部、科技部发布的《中国禁止出口限制出口技术目录》(商务部、科技部令 2008 年第 12 号)进行审查。居民企业取得禁止出口和限制出口技术转让所得,不享受技术转让减免企业所得税优惠政策。

居民企业从直接或间接持有股权之和达到 100% 的关联方取得的技术转让所得,不享受技术转让减免企业所得税优惠政策。

享受技术转让所得减免企业所得税优惠的企业,应单独计算技术转让所得,并合理分摊企业的期间费用;没有单独计算的,不得享受技术转让所得企业所得税优惠。

企业发生技术转让,应在纳税年度终了后至报送年度纳税申报表以前,向主管税务机关办理减免税备案手续。

二、高新技术企业优惠

1. 国家需要重点扶持的高新技术企业减按 15% 的税率征收企业所得税。

国家需要重点扶持的高新技术企业,是指拥有核心自主知识产权,并同时符合下列条件的企业:

(1) 企业申请认定时须注册成立一年以上。

(2) 企业通过自主研发、受让、受赠、并购等方式,获得对其主要产品(服务)在技术上发挥核心支持作用的知识产权的所有权。

(3) 对企业主要产品(服务)发挥核心支持作用的技术属于《国家重点支持的高新技术领域》规定的范围。

(4) 企业从事研发和相关技术创新活动的科技人员占企业当年职工总数的比例不低于 10%。

(5) 企业近 3 个会计年度(实际经营期不满 3 年的按实际经营时间计算,下同)的研究开发费用总额占同期销售收入总额的比例符合如下要求:①最近一年销售收入小于5 000 万元(含)的企业,比例不低于 5%。②最近一年销售收入在 5 000 万元至 2 亿元(含)的企业,比例不低于 4%。③最近一年销售收入在 2 亿元以上的企业,比例不低于 3%。其中,企业在中国境内发生的研究开发费用总额占全部研究开发费用总额的比例不低于 60%。

(6) 近一年高新技术产品(服务)收入占企业同期总收入的比例不低于 60%。

(7) 企业创新能力评价应达到相应要求。

(8) 企业申请认定前一年内未发生重大安全、重大质量事故或严重环境违法行为。

根据《国家税务总局关于实施高新技术企业所得税优惠政策有关问题的公告》(国家税务总局公告 2011 年第 24 号)规定,高新技术企业资格复审结果公示之前企业所得税预缴按以下规定执行:企业的高新技术企业资格期满当年,在通过重新认定前,其企业所得税暂按 15% 的税率预缴,在年底前仍未取得高新技术企业资格的,应按规定补缴相应期间的税款。

2. 经济特区和上海浦东新区新设立高新技术企业过渡性税收优惠。

三、技术先进型服务企业的优惠税率

自 2017 年 1 月 1 日起,在全国范围内对经认定的技术先进型服务企业,减按 15% 的税率征收企业所得。

享受符合规定的企业所得税优惠政策的技术先进型服务企业必须同时符合以下条件：

（1）在中国境内（不包括港、澳、台地区）注册的法人企业。

（2）从事《技术先进型服务业务认定范围（试行）》中的一种或多种技术先进型服务业务，采用先进技术或具备较强的研发能力。

（3）具有大专以上学历的员工占企业职工总数的50％以上。

（4）从事《技术先进型服务业务认定范围（试行）》中的技术先进型服务业务取得的收入占企业当年总收入的50％以上。

（5）从事离岸服务外包业务取得的收入不低于企业当年总收入的35％。

从事离岸服务外包业务取得的收入，是指企业根据境外单位与其签订的委托合同，由本企业或其直接转包的企业为境外单位提供《技术先进型服务业务认定范围（试行）》中所规定的信息技术外包服务（ITO）、技术性业务流程外包服务（BPO）和技术性知识流程外包服务（KPO），而从上述境外单位取得的收入。

四、小型微利企业优惠

1. 小型微利企业减按20％的税率征收企业所得税

小型微利企业的条件如下：

（1）工业企业，年度应纳税所得额不超过50万元，从业人数不超过100人，资产总额不超过3 000万元。

（2）其他企业，年度应纳税所得额不超过50万元，从业人数不超过80人，资产总额不超过1 000万元。

从业人数，包括与企业建立劳动关系的职工人数和企业接受的劳务派遣用工人数。

从业人数和资产总额指标，应按企业全年的季度平均值确定。具体计算公式为：

$$季度平均值 ＝ （季初值 ＋ 季末值）÷ 2$$
$$全年季度平均值 ＝ 全年各季度平均值之和 ÷ 4$$

年度中间开业或者终止经营活动的，以其实际经营期作为一个纳税年度确定上述相关指标。小型微利企业，是指企业的全部生产经营活动产生的所得均负有我国企业所得税纳税义务的企业。仅就来源于我国所得负有我国纳税义务的非居民企业，不适用上述规定。

2. 2019年1月1日至2021年12月31日优惠政策

对小型微利企业年应纳税所得额不超过100万元的部分，减按25％计入应纳税所得额，按20％的税率缴纳企业所得税；对年应纳税所得额超过100万元但不超过300万元的部分，减按50％计入应纳税所得额，按20％的税率缴纳企业所得税。上述小型微利企业是指从事国家非限制和禁止行业，且同时符合年度应纳税所得额不超过300万元、从业人数不超过300人、资产总额不超过5 000万元三个条件的企业。从业人数，包括与企业建立劳动关系的职工人数和企业接受的劳务派遣用工人数。所称从业人数和资产总额指标,应按企业全年的季度平均值确定。具体计算公式为:

$$季度平均值＝(季初值＋季末值)÷2$$
$$全年季度平均值＝全年各季度平均值之和÷4$$

年度中间开业或者终止经营活动的,以其实际经营期作为一个纳税年度确定上述相关指标。

五、加计扣除优惠

1. 一般企业研究开发费

一般企业研究开发费加计扣除优惠包括以下几项内容。

一般企业研究开发费,是指企业为开发新技术、新产品、新工艺发生的研究开发费用,自 2018 年 1 月 1 日至 2020 年 12 月 31 日未形成无形资产计入当期损益的,在按照规定据实扣除的基础上,按照研究开发费用的 75％加计扣除;形成无形资产的,按照无形资产成本的 175％摊销。

从 2017 年 1 月 1 日起,可以加计扣除的研究开发费按下列相关规定执行:

(1) 人员人工费用。人员人工费用是指直接从事研发活动人员的工资、薪金,基本养老保险费,基本医疗保险费,失业保险费,工伤保险费,生育保险费和住房公积金,以及外聘研发人员的劳务费用。

① 直接从事研发活动的人员包括研究人员、技术人员、辅助人员。研究人员是指主要从事研究开发项目的专业人员;技术人员是指具有工程技术、自然科学和生命科学中一个或一个以上领域的技术知识和经验,在研究人员指导下参与研发工作的人员;辅助人员是指参与研究开发活动的技工。外聘研发人员是指与本企业或劳务派遣企业签订劳务用工协议(合同)和临时聘用的研究人员、技术人员、辅助人员。接受劳务派遣的企业按照协议(合同)约定支付给劳务派遣企业,且由劳务派遣企业实际支付给外聘研发人员的工资、薪金等费用,属于外聘研发人员的劳务费用。

② 工资、薪金包括按规定可以在税前扣除对研发人员股权激励的支出。

③ 直接从事研发活动的人员、外聘研发人员同时从事非研发活动的,企业应对其人员活动情况做必要记录,并将其实际发生的相关费用按实际工时占比等合理方法在研发费用和生产经营费用间分配,未分配的不得加计扣除。

(2) 直接投入费用。直接投入费用是指研发活动直接消耗的材料、燃料和动力费用;用于中间试验和产品试制的模具、工艺装备开发及制造费,不构成固定资产的样品、样机及一般测试手段购置费,试制产品的检验费;用于研发活动的仪器、设备的运行维护、调整、检验、维修等费用,以及通过经营租赁方式租入的用于研发活动的仪器、设备租赁费。

① 以经营租赁方式租入的用于研发活动的仪器、设备,同时用于非研发活动的,企业应对其仪器设备使用情况做必要记录,并将其实际发生的租赁费按实际工时占比等合理方法在研发费用和生产经营费用间分配,未分配的不得加计扣除。

② 企业研发活动直接形成产品或作为组成部分形成产品对外销售的,研发费用中对应的材料费用不得加计扣除。产品销售与对应的材料费用发生在不同纳税年度且材料费用已计入研发费用的,可在销售当年以对应的材料费用发生额直接冲减当年的研发费用,不足冲减的,结转以后年度继续冲减。

(3) 折旧费用。折旧费用是指用于研发活动的仪器、设备的折旧费。

① 用于研发活动的仪器、设备,同时用于非研发活动的,企业应对其仪器设备使用情况做必要记录,并将其实际发生的折旧费按实际工时占比等合理方法在研发费用和生产经营费用间分配,未分配的不得加计扣除。

② 企业用于研发活动的仪器、设备,符合税法规定且选择加速折旧优惠政策的,在享受研发费用税前加计扣除政策时,就税前扣除的折旧部分计算加计扣除。

(4) 无形资产摊销费用。

无形资产摊销费用是指用于研发活动的软件、专利权、非专利技术(包括许可证、专有技术、设计和计算方法等)的摊销费用。

① 用于研发活动的无形资产,同时用于非研发活动的,企业应对其无形资产使用情况做必要记录,并将其实际发生的摊销费按实际工时占比等合理方法在研发费用和生产经营费用间分配,未分配的不得加计扣除。

② 用于研发活动的无形资产,符合税法规定且选择缩短摊销年限的,在享受研发费用税前加计扣除政策时,就税前扣除的摊销部分计算加计扣除。

(5) 新产品设计费、新工艺规程制定费、新药研制的临床试验费、勘探开发技术的现场试验费。上述费用指企业在新产品设计、新工艺规程制定、新药研制的临床试验、勘探开发技术的现场试验过程中发生的与开展该项活动有关的各类费用。

(6) 其他相关费用。其他相关费用是指与研发活动直接相关的其他费用,如技术图书资料费、资料翻译费、专家咨询费、高新科技研发保险费,研发成果的检索、分析、评议、论证、鉴定、评审、评估、验收费用,知识产权的申请费、注册费、代理费、差旅费、会议费、职工福利费、补充养老保险费、补充医疗保险费。其他相关费用的总额不得超过可加计扣除研发费用总额的 10%。

(7) 其他事项。

① 企业取得的政府补助,会计处理时采用直接冲减研发费用的方法且税务处理时未将其确认为应税收入的,应按冲减后的余额计算加计扣除金额。

② 企业取得研发过程中形成的下脚料、残次品、中间试制品等特殊收入,在计算确认收入当年的加计扣除研发费用时,应从已归集的研发费用中扣减该特殊收入,不足扣减的,加计扣除研发费用按零计算。

③ 企业开展研发活动中实际发生的研发费用形成无形资产的,其资本化的时点与会计处理保持一致。

④ 失败的研发活动所发生的研发费用可享受税前加计扣除政策。

⑤《国家税务总局关于企业研究开发费用税前加计扣除政策有关问题的公告》(国家税务总局公告 2015 年第 97 号)第三条所称研发活动发生费用是指委托方实际支付给受

托方的费用。无论委托方是否享受研发费用税前加计扣除政策,受托方均不得加计扣除。委托方委托关联方开展研发活动的,受托方需向委托方提供研发过程中实际发生的研发项目费用支出明细情况。

(8)执行时间和适用对象。上述规定适用于2017年度及以后年度汇算清缴。以前年度已经进行税务处理的不再调整。涉及追溯享受优惠政策情形的,按照规定执行。以下第(二)项中科技型中小企业研发费用加计扣除事项按上述规定执行。

2. 高科技性中小企业研究开发费用

(1)科技型中小企业开展研发活动中实际发生的研发费用,未形成无形资产计入当期损益的,在按规定据实扣除的基础上,在2017年1月1日至2019年12月31日期间,再按照实际发生额的75%在税前加计扣除;形成无形资产的,在上述期间按照无形资产成本的175%在税前摊销。根据《财政部税务总局科技部关于提高研究开发费用税前加计扣除比例的通知》(财税〔2018〕99号)规定,该研发费用加计扣除政策适用时限延长至2020年12月31日。

(2)科技型中小企业享受研发费用税前加计扣除政策的其他政策口径按照《财政部国家税务总局科技部关于完善研究开发费用税前加计扣除政策的通知》(财税〔2015〕119号)中的规定执行。

(3)科技型中小企业的条件和管理办法由科技部、财政部和国家税务总局另行发布。科技、财政和税务部门应建立信息共享机制,及时共享科技型中小企业的相关信息,加强协调配合,保障优惠政策落实到位。

3. 企业安置残疾人员所支付的工资

企业安置残疾人员所支付的工资,是指企业安置残疾人员的,在按照支付给残疾职工工资据实扣除的基础上,按照支付给残疾职工工资的100%加计扣除残疾人员的范围适用《中华人民共和国残疾人保障法》的有关规定。企业安置国家鼓励安置的其他就业人员所支付的工资的加计扣除办法,由国务院另行规定。

4. 企业委托境外的研发费用

企业委托境外的研发费用按照费用实际发生额的80%计入委托方的委托境外研发费用,不超过境内符合条件的研发费用2/3的部分,可以按规定在企业所得税前加计扣除。

六、创投企业优惠

创投企业优惠是指创业投资企业采取股权投资方式投资于未上市的中小高新技术企业2年以上的,可以按照其投资额的70%在股权持有满2年的当年抵扣该创业投资企业的应纳税所得额;当年不足抵扣的,可以在以后纳税年度结转抵扣。

七、加速折旧优惠

企业的固定资产由于技术进步等原因,确需加速折旧的,可以缩短折旧年限或者采取加速折旧的方法,可采用以上折旧方法的固定资产是指:

（1）由于技术进步，产品更新换代较快的固定资产；

（2）常年处于强震动、高腐蚀状态的固定资产。

采取缩短折旧年限方法的，最低折旧年限不得低于规定折旧年限的60%。采取加速折旧方法的，可以采用双倍余额递减法或年数总和法。

八、减计收入优惠

企业综合利用资源，生产符合国家产业政策规定的产品所取得的收入，可以在计算应纳税所得额时减按90%计入收入。

综合利用资源，是指企业以《资源综合利用企业所得税优惠目录》规定的资源作为主要原材料，生产国家非限制和禁止并符合国家和行业相关标准的产品取得的收入，减按90%计入收入总额。

上述所称原材料占生产产品材料的比例不得低于《资源综合利用企业所得税优惠目录》规定的标准。

九、税额抵免优惠

税额抵免，是指企业购置并实际使用《环境保护专用设备企业所得税优惠目录》《节能节水专用设备企业所得税优惠目录》和《安全生产专用设备企业所得税优惠目录》规定的环境保护、节能节水、安全生产等专用设备的，该专用设备投资额的10%可以从企业当年的应纳税额中抵免；当年不足抵免的，可以在以后5个纳税年度结转抵免。

享受前款规定的企业所得税优惠的企业，应当实际购置并自身实际投入使用前款规定的专用设备；企业购置上述专用设备在5年内转让、出租的，应当停止享受企业所得税优惠，并补缴已经抵免的企业所得税税款。转让的受让方可以按照该专用设备投资额的10%抵免当年企业所得税应纳税额；当年应纳税额不足抵免的，可以在以后5个纳税年度结转抵免。

企业所得税的优惠目录，由国务院财政、税务主管部门商国务院有关部门制定，报国务院批准后公布施行。

企业同时从事适用不同企业所得税待遇的项目的，其优惠项目应当单独计算所得，并合理分摊企业的期间费用；没有单独计算的，不得享受企业所得税优惠。

自2009年1月1日起，增值税一般纳税人购进固定资产发生的进项税额可从其销项税额中抵扣。如增值税进项税额允许抵扣，其专用设备投资额不再包括增值税进项税额；如增值税进项税额不允许抵扣，其专用设备投资额应为增值税专用发票上注明的价税合计金额。企业购买专用设备取得普通发票的，其专用设备投资额为普通发票上注明的金额。

十、民族自治地方的优惠

民族自治地方的自治机关对本民资自治地方的企业应缴纳的企业所得税中属于地方分享的部分，可以决定减征或免征。自治州、自治县决定减征或者免征的，须报省、自治区、直辖市人民政府批准。

民族自治地方在新税法实施前已经按照《财政部、国家税务总局、海关总署关于西部大开发税收优惠政策问题的通知》(财税〔2001〕202号)第二条第二款欧冠减免税规定批准享受减免企业所得税(包括减免中央分享企业所得税的部分)的,2008年1月1日起计算,对减免税期限在5年以内(含5年)的,继续执行至期满后停止;对减免税期超过5年的,从第6年起按新税法第二十九条规定执行。

十一、非居民企业优惠

非居民企业减按10%的税率征收企业所得税。

这里的非居民企业,是指在中国境内未设立机构、场所的,或者虽设立机构、场所但取得的所得与其所设机构、场所没有实际联系的企业。该类非居民企业取得下列所得免征企业所得税。

(1) 外国政府向中国政府提供贷款取得的利息所得。

(2) 国际金融组织向中国政府和居民企业提供优惠贷款取得的利息所得。

(3) 经国务院批准的其他所得。

十二、其他有关行业的优惠

1. 关于鼓励软件产业和集成电路产业发展的优惠政策

为进一步鼓励软件产业和集成电路产业发展,《财政部税务总局发展改革委工业和信息化部公告》(财政部税务总局发展改革委工业和信息化部公告2020年第45号,以下简称本公告)规定,根据《国务院关于印发新时期促进集成电路产业和软件产业高质量发展若干政策的通知》(国发〔2020〕8号)有关要求,为促进集成电路产业和软件产业高质量发展,有关企业所得税政策公告如下:

(1) 国家鼓励的集成电路线宽小于28纳米(含),且经营期在15年以上的集成电路生产企业或项目,第1年至第10年免征企业所得税;国家鼓励的集成电路线宽小于65纳米(含),且经营期在15年以上的集成电路生产企业或项目,第1年至第5年免征企业所得税,第6年至第10年按照25%的法定税率减半征收企业所得税;国家鼓励的集成电路线宽小于130纳米(含),且经营期在10年以上的集成电路生产企业或项目,第1年至第2年免征企业所得税,第3年至第5年按照25%的法定税率减半征收企业所得税(以下简称"两免三减半")。对于按照集成电路生产企业享受税收优惠政策的,优惠期自获利年度起计算;对于按照集成电路生产项目享受税收优惠政策的,优惠期自项目取得第一笔生产经营收入所属纳税年度起计算,集成电路生产项目需单独进行会计核算、计算所得,并合理分摊期间费用。国家鼓励的集成电路生产企业或项目清单由国家发展改革委、工业和信息化部会同财政部、国家税务总局等相关部门制定。

(2) 国家鼓励的线宽小于130纳米(含)的集成电路生产企业,属于国家鼓励的集成电路生产企业清单年度之前5个纳税年度发生的尚未弥补完的亏损,准予向以后年度结转,总结转年限最长不得超过10年。

（3）国家鼓励的集成电路设计、装备、材料、封装、测试企业和软件企业，自获利年度起，享受"两免三减半"的企业所得税优惠待遇，按照 25% 的法定税率减半征收企业所得税。国家鼓励的集成电路设计、装备、材料、封装、测试企业和软件企业条件，由工业和信息化部会同国家发展改革委、财政部、国家税务总局等相关部门制定。

（4）国家鼓励的重点集成电路设计企业和软件企业，自获利年度起，第 1 年至第 5 年免征企业所得税，接续年度减按 10% 的税率征收企业所得税。国家鼓励的重点集成电路设计和软件企业清单由国家发展改革委、工业和信息化部会同财政部、国家税务总局等相关部门制定。

（5）符合原有政策条件且在 2019 年（含）之前已经进入优惠期的企业或项目，2020 年（含）起可按原有政策规定继续享受至期满为止，如也符合本公告第（1）条至第（4）条规定，可按本公告规定享受相关优惠，其中定期减免税优惠，可按本公告规定计算优惠期，并就剩余期限享受优惠至期满为止。符合原有政策条件，2019 年（含）之前尚未进入优惠期的企业或项目，2020 年（含）起不再执行原有政策。

（6）集成电路企业或项目、软件企业按照本公告规定同时符合多项定期减免税优惠政策条件的，由企业选择其中一项政策享受相关优惠。其中，已经进入优惠期的，可由企业在剩余期限内选择其中一项政策享受相关优惠。

（7）上述规定的优惠，采取清单进行管理的，由国家发展改革委、工业和信息化部于每年 3 月底前按规定向财政部、国家税务总局提供上一年度可享受优惠的企业和项目清单；不采取清单进行管理的，税务机关按照《财政部国家税务总局发展改革委工业和信息化部关于软件和集成电路产业企业所得税优惠政策有关问题的通知》（财税〔2016〕49 号）第十条的规定转请发展改革、工业和信息化部门进行核查。

（8）集成电路企业或项目、软件企业按照原有政策规定享受优惠的，税务机关按照《财政部国家税务总局发展改革委工业和信息化部关于软件和集成电路产业企业所得税优惠政策有关问题的通知》（财税〔2016〕49 号）第十条的规定转请发展改革、工业和信息化部门进行核查。

（9）上述所称原有政策，包括：《财政部国家税务总局关于进一步鼓励软件产业和集成电路产业发展企业所得税政策的通知》（财税〔2012〕27 号）、《财政部国家税务总局发展改革委工业和信息化部关于进一步鼓励集成电路产业发展企业所得税政策的通知》（财税〔2015〕6 号）、《财政部国家税务总局发展改革委工业和信息化部关于软件和集成电路产业企业所得税优惠政策有关问题的通知》（财税〔2016〕49 号）、《财政部税务总局国家发展改革委工业和信息化部关于集成电路生产企业有关企业所得税政策问题的通知》（财税〔2018〕27 号）、《财政部税务总局关于集成电路设计和软件产业企业所得税政策的公告》（财政部税务总局公告 2019 年第 68 号）、《财政部税务总局关于集成电路设计企业和软件企业 2019 年度企业所得税汇算清缴适用政策的公告》（财政部税务总局公告 2020 年第 29 号）。

（10）自 2020 年 1 月 1 日起执行。《财政部国家税务总局关于进一步鼓励软件产业和集成电路产业发展企业所得税政策的通知》（财税〔2012〕27 号）第二条中"经认定后，减按 15% 的税率征收企业所得税"的规定和第四条"国家规划布局内的重点软件企业和集成电路设计企业,如当年未享受免税优惠的,可减按 10% 的税率征收企业所得税"同时停止执行。

2. 关于鼓励证券投资基金发展的优惠政策

(1) 对证券投资基金从证券市场中取得的收入,包括买卖股票、债券的差价收入,股权的股息、红利收入,债券的利息收入及其他收入,暂不征收企业所得税。

(2) 对投资者从证券投资基金分配中取得的收入,暂不征收企业所得税。

(3) 对证券投资基金管理人运用基金买卖股票、债券的差价收入,暂不征收企业所得税。

3. 节能服务公司的优惠政策

自 2011 年 1 月 1 日起,对符合条件的节能服务公司实施合同能源管理项目,符合《企业所得税法》有关规定的,自项目取得第 1 笔生产经营收入所属纳税年度起,享受"三免三减半"的优惠待遇,按照 25% 的法定税率减半征收企业所得税。

4. 电网企业电网新建项目

根据《企业所得税法》及其《实施条例》的有关规定,居民企业从事符合《公共基础设施项目企业所得税优惠目录(2008 年版)》规定条件和标准的电网(输变电设施)的新建项目,可依法享受"三免三减半"的企业所得税优惠政策。基于企业电网新建项目的核算特点,暂以资产比例法,即以企业新增输变电固定资产原值占企业总输变电固定资产原值的比例,合理计算电网新建项目的应纳税所得额,并据此享受"三免三减半"的企业所得税优惠政策。

5. 从事污染防治的第三方企业

自 2019 年 1 月 1 日起至 2021 年 12 月 31 日,对符合条件的从事污染防治的第三方企业(以下简称第三方防治企业)减按 15% 的税率征收企业所得税。第三方防治企业是指受排污企业或政府委托,负责环境污染治理设施(包括自动连续监测设施,下同)运营维护的企业。第三方防治企业应当同时符合以下条件:

① 在中国境内(不包括港、澳、台地区)依法注册的居民企业。

② 具有 1 年以上连续从事环境污染治理设施运营实践,且能够保证设施正常运行。

③ 具有至少 5 名从事本领域工作且具有环保相关专业中级及以上技术职称的技术人员,或具有至少 2 名从事本领域工作且具有环保相关专业高级及以上技术职称的技术人员。

④ 从事环境保护设施运营服务的年度营业收入占总收入的比例不低于 60%。

⑤ 具备检验能力,拥有自有实验室,仪器配置可满足运行服务范围内常规污染物指标的检测需求。

⑥ 保证其运营的环境保护设施正常运行,使污染物排放指标能够连续稳定达到国家或者地方规定的排放标准要求。

⑦ 具有良好的纳税信用,近 3 年内纳税信用等级未被评定为 C 级或 D 级。

十三、海南自由贸易港企业所得税优惠

(1) 自 2020 年 1 月 1 日起至 2024 年 12 月 31 日,对注册在海南自由贸易港并实质性

运营的鼓励类产业企业,减按 15％的税率征收企业所得税。鼓励类产业企业,是指以海南自由贸易港鼓励类产业目录中规定的产业项目为主营业务,且其主营业务收入占企业收入总额 60％以上的企业。所称实质性运营,是指企业的实际管理机构设在海南自由贸易港,并对企业生产经营、人员、账务、财产等实施实质性全面管理和控制。对不符合实质性运营的企业,不得享受优惠。海南自由贸易港鼓励类产业目录包括《产业结构调整指导目录(2019 年版)》《鼓励外商投资产业目录(2019 年版)》和海南自由贸易港新增鼓励类产业目录。上述目录在执行期限内修订的,自修订版实施之日起按新版本执行。对总机构设在海南自由贸易港的符合条件的企业,仅就其设在海南自由贸易港的总机构和分支机构的所得,适用 15％税率;对总机构设在海南自由贸易港以外的企业,仅就其设在海南自由贸易港内的符合条件的分支机构的所得,适用 15％税率。具体征管办法按照国家税务总局有关规定执行。

(2) 对在海南自由贸易港设立的旅游业、现代服务业、高新技术产业企业新增境外直接投资取得的所得,免征企业所得税。新增境外直接投资所得应当符合以下条件:①从境外新设分支机构取得的营业利润,或从持股比例超过 20％(含)的境外子公司分回的,与新增境外直接投资相对应的股息所得。②被投资国(地区)的企业所得税法定税率不低于5％。上述所称旅游业、现代服务业、高新技术产业,按照海南自由贸易港鼓励类产业目录执行。

(3) 对在海南自由贸易港设立的企业,新购置(含自建、自行开发)固定资产或无形资产,单位价值不超过 500 万元(含)的,允许一次性计入当期成本费用在计算应纳税所得额时扣除,不再分年度计算折旧和摊销;新购置(含自建、自行开发)固定资产或无形资产,单位价值超过 500 万元的,可以缩短折旧、摊销年限或采取加速折旧、摊销的方法。上述所称固定资产,是指除房屋、建筑物以外的固定资产。

十四、其他优惠

《企业所得税法》公布前(2007 年 3 月 16 日)已经批准设立(已经完成工商登记注册)的企业,按照当时的法税收法律、行政法规规定 5 年内,逐步过渡到税法规定的税率;享受定期减免税优惠的,可以在《企业所得税法》施行后继续享受到期满为止,但因未获利二尚未享受优惠的,优惠期限从税法施行年度起计算。具体规定如下。

1. 低税率优惠过渡政策

自 2008 年 1 月 1 日起,原享受低税率优惠政策的企业,在新税法施行后 5 年内逐步过渡到法定税率。其中:享受企业所得税 15％税率的企业,2008 年按 18％税率执行;2009 年按 20％税率执行;2010 年按 22％税率执行;2011 年按 24％税率执行;2012 年按25％税率执行。原执行 24％税率的企业自 2008 年起按 25％税率执行。

2. 两免三减半、五免五减半过渡政策

自 2008 年 1 月 1 日起原享受企业所得税"两免三减半""五免五减半"等定期减免税优惠的企业,新税法施行后继续按原税收法律、行政法规及相关文件规定的优惠办法及年限享受到期满为止。但因未获利而尚未享受税收优惠的其他优惠期限自 2008 年度起

计算。

适用 15％企业所得税税率并享受企业所得税定期减半优惠过渡的企业,应一律按照规定的过渡税率计算的应纳税额实行减半征税,即 2008 年按 18％毛税率计算的应纳税额实行减半征税,2009 年按 20％税率计算的应纳税额实行减半征税,2010 年按 22％税率计算的应纳税额实行减半征税,2011 年按 24％税率计算的应纳税额实行减半征税,2012 年及以后年度按 25％税率计算的应纳税额实行减半征税。

对原适用 24％或 33％企业所得税税率并享受国发[2007]39 号文件规定的企业所得税定期减半优惠过渡的企业,2008 年及以后年度一律按 25％税率计算的应纳税额实行减半征税。

3. 原外商投资企业税收优惠的处理

(1) 2008 年 1 月 1 日之前外商投资企业形成的累积未分配利润,在 2008 年以后分配给外国投资者的,免征企业所得税;2008 年及以后年度外商投资企业新增利润分配给外国投资者的,依法缴纳企业所得税。

(2) 外国投资者从外商投资企业取得的税后利润直接再投资本企业增加注册资本,或者作为资本投资开办其他外商投资企业,凡在 2007 年年底以前完成再投资事项,并在国家工商管理部门完成变更或注册登记的,可以按照原《外商投资企业和外国企业所得税法》及其有关规定,给予办理再投资退税;对在 2007 年年底以前用 2007 年度预分配利润进行再投资的,不给予退税。

(3) 外国企业向我国转让专有技术或提供贷款等取得所得,凡上述事项所涉及的合同是在 2007 年年底以前签订,且符合《外商投资企业和外国企业所得税法》规定免税条件,经税务机关批准给予免税的,在合同有效期内可继续给予免税,但不包括延期、补充合同或扩大的条款。各主管税务机关应做好合同执行跟踪管理工作,及时开具完税证明。

(4) 外商投资企业按照《外商投资企业和外国企业所得税法》规定享受定期减免税优惠,2008 年后,企业生产经营业务性质或经营期发生变化,导致其不符合《外商投资企业和外国企业所得税法》规定条件的,仍应依据该法规定补缴其此前(包括在优惠过渡期内)已经享受的定期减免税税款。各主管税务机关在每年对这类企业进行汇算清缴时,应对其经营业务内容和经验期限等变化情况进行审核。

4. 西部大开发的税收优惠

(1) 适用范围。本政策的适用范围包括重庆市、四川省、贵州省、云南省、西藏自治区、陕西省、甘肃省、宁夏回族自治区、青海省、新疆维吾尔自治区、新疆生产建设兵团、内蒙古自治区和广西壮族自治区(上述地区统称为“西部地区”)。湖南省湘西土家族苗族自治州、湖北省恩施土家族苗族自治州、吉林省延边朝鲜族自治州、江西省赣州市,可以比照西部地区的税收优惠政策执行。

(2) 具体内容:①对设在西部地区国家鼓励类产业的内资企业,在 2021 年 1 月 1 日至 2030 年 12 月 31 日期间,减按 15％的税率征收企业所得税。收入达到比例的,实行企业自行申请,税务机关审核的管理办法。经税务机关审核确认后,企业方可减按 15％的税率缴纳企业所得税。企业未按规定提出申请或未经税务机关审核确认的,不得享受上述税收优惠政策。②经省级人民政府批准,民族自治地方的内资企业可以定期减征或免征企业所得税;凡减免税款涉及中央收入 100 万元(100 万元)以上的,需报国家税务总局批准。

5. 其他事项

(1)享受企业所得税过渡优惠政策的企业,应按照新税法和实施条例中有关收入和扣除的规定计算应纳税所得额。

(2)企业所得税过渡优惠政策与新税法及实施条例规定的优惠政策存在交叉的,由企业选择最优惠的政策执行,不得叠加享受,且一经选择,不得改变。

(3)法律设置的发展对外经济合作和技术交流的特定地区内,以及国务院已规定执行上述地区特殊政策的地区内新设立的国家需要重点扶持的高新技术企业,可以享受过渡性税收优惠,具体办法由国务院规定。

(4)国家已确定的其他鼓励类企业,可以按照国务院规定享受减免税优惠。

课程思政案例

案例一:2020 年 12 月 12 日至 12 月 21 日某税务稽查局根据群众举报,派出 4 人稽查小组对某私营服装加工厂进行了为期 10 天的税务稽查。当稽查进行 6 天后,通过该厂所提供的所有的账簿(包括仓库实物账)、报表、资料,稽查组没能发现任何破绽,只是感觉像他们这样一家有 500 多名一线工人,且生产、销售十分正常的企业,每年的销售收入不过百十万元,不得不令人怀疑。然而,税务稽查的定案必须有确凿的证据,证据在哪里呢?稽查工作一时陷入了僵局。

第七天的上午,稽查组长老张在去厕所回来的路上特意转弯溜进了服装厂的成品仓库,仓库里只有一位保管员,他正在忙着整理货位,根本没有注意到张组长的到来。张组长一进仓库就看到了仓库拐角桌子上那厚厚的账本,他三步并作两步走到桌前时,一手抓过账本,一手亮出自己的《税务检查证》。

就是这本真正的仓库成品账,详细、真实地记录了 2017—2019 年该厂的每一笔销售业务。稽查组经过 4 天的统计、整理得知:该厂在近 3 年的时间里共隐瞒销售收入 1 022 万元,偷税 173.74 万元。

虽然,本案已移交司法机关,等待偷税者的将是法律的严惩。然而,我们回过头来再仔细地想一想,这一偷税案的侦破含有多大成分的偶然性?假如张组长来仓库前,保管员已经将账本收进抽屉,或者明知道抽屉里有账,没有搜查权的稽查组又能把他怎样?无论哪一种假设的成立,都可能造成案件的无法侦破,偷漏税行为无法得到应有的惩处和打击!

案例二:就在今天,某税务稽查组还在为某大型私营名牌服装商场明显具有偷漏税倾向,可又找不到证据而苦苦挣扎。

某私营名牌服装商场从 1995 年开始就一直经营全国各大名牌服装产品,他们聘请了一位高级会计师,账做得漂漂亮亮,没有什么可说的,通过申请、履行有关的手续,税务机关便认定其为增值税一般纳税人。经过几年红红火火地经营,这家服装商场不仅经营的服装越来越高档，而且还开了七八家分店，可上缴国家的税款却少得可怜，每年不过一两万元，税负率只有0.2%左右，照这样计算，每年的毛利还不够他们交纳房租的1/3，该商场明显具有偷漏税的可能。可稽查组查遍他们所提供的全部账簿、凭证、报表、资料（包括银行对账单），均没有发现任何蛛丝马迹，稽查组甚至跑遍他们所有的供货企业，企图从货源上找到突破口。然而，带回的资料表明：他们所购的货物均按实记账。很明显，该商场偷漏税的唯一办法就是销售收入没有全额记账。然而，无论是他们的柜组，还是分店，均说下面没有二级账，也没有库存商品盘存表，每天就简单地核对一下，把销售款全部上缴财务。

稽查组明明知道各柜组、分店肯定有账，账本就在各柜组、分店，可税务执法没有搜查权，稽查组只好干瞪眼。

通过以上两个案例，我们清楚地看到：税务稽查乃至整个税务执法缺少法律赋予的搜查权，造成税收工作很多方面的被动，不利于有效地打击偷漏税等违法、犯罪活动。因此，我国的税务执法，特别是税务稽查迫切需要拥有为打击偷漏税起到关键作用的搜查权！

税务稽查工作是税收征管体系的最后一道"关口"，担负着打击偷漏税的重任，对于维护税法尊严，创造公平、公正、和谐的税收环境，保障国家财政收入，促进社会主义市场经济健康有序发展起着至关重要的作用。

 **本章练习题**

一、名词解释
1. 企业所得税
2. 企业所得税纳税义务人
3. 企业所得税计税依据

二、计算题

1. 某饮料生产企业甲为增值税一般纳税人，适用企业所得税税率25%。2020年度实现营业收入80 000万元，自行核算的2020年度会计利润为5 600万元，2021年5月经聘请的会计师事务所审核后，发现如下事项：

（1）2月份收到市政府支持产业发展拨付的财政激励资金500万元，会计处理全额计入营业外收入，企业将其计入企业所得税不征税收入，经审核符合税法相关规定。

（2）3月份转让持有的部分国债，取得收入1 285万元，其中包含持有期间尚未兑付的利息收入20万元。该部分国债按照先进先出法确定的取得成本为1 240万元。

（3）5月份接受百分之百控股母公司乙无偿划转的一台设备。该设备原值3 000万元，已按税法规定计提折旧500万元，其市场公允价值为2 200万元。该业务符合特殊性重组条件，企业选择采用特殊性税务处理。

（4）6月份购置一台生产线支付的不含税价格为400万元，会计核算按照使用期限5年、预计净残值率5%，计提了累计折旧，企业选择一次性在企业所得税前进行扣除。

（5）发生广告费和业务宣传费用7 300万元，其中300万元用于冠名的真人秀于

2021年2月制作完成并播放,企业所得税汇算清缴结束前尚未取得相关发票。

(6)成本费用中含发放的合理职工工资6 000万元,发生的职工福利费900万元、职工教育经费500万元,取得工会经费代收凭据注明的拨缴工会经费100万元。

(7)发生业务招待费800万元。

要求:根据上述资料,按照下列顺序计算回答问题,如有计算需计算出合计数。

(1)判断业务(1)是否需要缴纳增值税并说明理由。

(2)计算业务(1)应调整的企业所得税应纳税所得额。

(3)回答企业转让不同时间购买的同一品种国债时,税法规定转让成本的确定方法。

(4)计算业务(2)应调整的企业所得税应纳税所得额。

(5)业务(3)符合特殊性税务重组,请确认甲公司接受无偿划转设备的计税基础。

(6)计算业务(4)应调整的企业所得税应纳税所得额。

(7)计算业务(5)应调整的企业所得税应纳税所得额。

(8)计算业务(6)应调整的企业所得税应纳税所得额。

(9)计算业务(7)业务招待费应调整的企业所得税应纳税所得额。

三、思考题

企业所得税作为三大税种之一,是国家税收重要来源之一,也因此企业所得税在企业成本中占有较大的比重,故通过税收策划,降低税收成本成为纳税人的必然选择。然而很多企业老板没能合理进行税收策划,导致用一半左右的利润缴了各种税费。该用的优惠没用好,该交的税没交全,最后两头受损失。那么,企业到底该如何合理地进行税收策划,降低税负,同时规避风险,让企业的利益达到最大化?

第六章　个人所得税税务筹划

本章重点

(1) 个人所得税的特点。
(2) 个人所得税应纳税额的计算。
(3) 综合所得的计税方法。
(4) 个人所得税的申报和缴纳。

第一节　个人所得税体系

一、认识个人所得税

(一) 认知个人所得税

个人所得税是以个人(自然人)取得的各项应税所得为征税对象而征收的一种税。我国于 1980 年 9 月制定了《中华人民共和国个人所得税法》,开始征收个人所得税,统一适用于我国公民和在我国取得收入的外籍人员。

作为征税对象的个人所得,有狭义和广义之分。狭义的个人所得,仅限于每年经常、反复发生的所得。广义的个人所得,是指个人在一定期间内,通过各种方式所获得的一切利益,而不论这种利益是偶然获得的,还是经常获得的,是有价证券,还是实物。目前包括我国在内的世界各国所实行的个人所得税,大多以广义的个人所得概念为基础。基于这种理解,可以根据不同的标准,将个人的各种所得分为毛所得和净所得、劳动所得和非劳动所得、经常所得和偶然所得、自由支配所得和非自由支配所得、积极所得和消极所得等。

(二) 个人所得税的特点

个人所得税是世界各国普遍征收的一个税种,我国现行的个人所得税主要有以下 5 个特点。

1. 实行混合征收

世界各国的个人所得税制大体可分为三种类型:分类所得税制、综合所得税制和混合所得税制。这三种税制各有所长,各国可根据本国具体情况选择运用。在 2018 年 12 月 31 日前我国个人所得税采用的是分类所得税制,即将个人取得的各种所得划分为 11 类分别适用不同的费用减除规定税率和计税方法。实行分类课征制度,可以广泛采用源泉扣缴办法,加强源泉控管,简化纳税手续,方便征纳双方。同时,还可以对不同所得实行不同的征税方法,便于体现国家的政策。自 2019 年 1 月 1 日起,我国个人所得税采用混合征收,即对工资、薪金所得、劳务报酬所得、稿酬所得和特许权使用费所得采用综合征收,对除这些之外的其他各项所得采用分类征收。

2. 超额累进税率与比例税率并用

分类所得税制一般采用比例税率,综合所得税制通常采用超额累进税率。比例税率计算简便,便于实行源泉扣激;超额累进税率可以合理调节收入分配,体现公平。我国现行个人所得税根据各类个人所得的不同性质和特点,将这两种形式的税率综合运用于个人所得税制。其中,对工资薪金所得、劳务报酬所得、稿酬所得、特许权使用费所得、经营所得使用超额累进税率,实现量能负担。其他各项应税所得采用比例税率。

3. 费用扣除额较宽

各国的个人所得税均有费用扣除的规定,只是扣除的方法及额度不尽相同。我国本着费用扣除从宽从简的原则,费用扣除采用定额扣除、核算扣除等方法。对工资薪金所得、劳务报酬所得、稿酬所得、特许权使用费所得适用的减除费用标准为每月 5 000 元的基本费用,在此基础上再扣除专项扣除费用和专项附加扣除费用,取得中低水平所得的个人大多数不用负担个人所得税;对其他各项应税所得采用定额和定率相结合的扣除方法。

4. 计算较复杂

我国个人所得税自 2019 年 1 月 1 日起采用混合征收模式,对综合所得和经营所得的费用扣除既采取总额扣除法,又采取分类分项的多种扣除方法。如专项附加扣除在同一个家庭中还得分不同的纳税主体分别扣除,在按月或按次预缴的基础上,年终要进行汇算清缴,增加了税款的计算复杂程度和税务机关征收管理的难度。

5. 采取源泉扣缴和个人申报两种征纳方法

我国《个人所得税法》规定,对纳税人的应纳税额分别采取由扣缴义务人源泉扣缴和纳税人自行申报两种方法。对凡是可以在应税所得的支付环节扣缴个人所得税的,均由扣缴义务人履行代扣代缴义务;对于没有扣缴义务人的,取得工资、薪金所得、劳务报酬所得、稿酬所得和特许权使用费综合所得的,由纳税人自行申报纳税和年终汇算清缴。此外,对其他不便于扣缴税款的,亦规定由纳税人自行申报纳税。

此外,我国个人所得税目前是以个人作为纳税单位,不实行家庭(夫妻联合)申报纳税。

二、个人所得税的纳税人

(一) 纳税人

个人所得税的纳税人是指在中国境内有住所,或者虽无住所但在境内居住满 183 天,以及无住所又不居住或居住不满 183 天但有从中国境内取得所得的个人,包括中国大陆公民、个体工商户、个人独资企业、合伙企业投资者、在中国有所得的外籍个人(包括无国籍人员,下同)、中国香港、中国澳门、中国台湾地区同胞。

（二）居民纳税人与非居民纳税人的判定标准

按照《个人所得税法》的规定，个人所得税的纳税人包括居民纳税人和非居民纳税人，两者具有不同的纳税义务。

居民纳税人是指在中国境内有住所，或者无住所而一个纳税年度内在中国境内居住累计满183天的个人。居民纳税人从中国境内和境外取得的所得，依照本法规定缴纳个人所得税。

非居民纳税人是指在中国境内无住所又不居住，或者无住所而一个纳税年度内在中国境内居住累计不满183天的个人。非居民纳税人从中国境内取得的所得，依照本法规定缴纳个人所得税。

在现实生活中，习惯性居住地不在中国境内的个人，只有外籍人员、华侨或香港、澳门和台湾同胞。因此，非居民个人，实际上只能是在一个纳税年度中，没有在中国境内居住，或者在中国境内居住天数累计不满183天的外籍人员、华侨或香港、澳门、台湾同胞。

自2019年1月1日起，无住所个人一个纳税年度内在中国境内累计居住天数，按照个人在中国境内累计停留的天数计算。在中国境内停留的当天满24小时的，计入中国境内居住天数，在中国境内停留的当天不足24小时的，不计入中国境内居住天数。

在计算居住天数时，取消了原有的临时离境规定，按纳税人一个纳税年度内在境内的实际居住时间确定。即境内无住所的个人在一个纳税年度内无论出境多少次，只要在我国境内累计住满183天，就可判定为我国的居民个人。

现行《个人所得税法》中"中国境内"的概念，是指中国大陆地区，目前还不包括中国香港、澳门和台湾地区。

纳税年度：自公历1月1日起至12月31日止。

（三）所得税来源判断

那么，何为来源于中国境内的所得？《个人所得税法及其实施条例》对此做了规定，下列所得，不论支付地点是否在中国境内，均为来源于中国境内的所得：

（1）在中国境内任职、受雇而取得的工资、薪金所得；

（2）在中国境内从事生产、经营活动而取得的生产经营所得；

（3）因任职、受雇、履约等在中国境内提供各种劳务取得的劳务报酬所得；

（4）将财产出租给承租人在中国境内使用而取得的所得；

（5）转让中国境内的建筑物、土地使用权等财产，以及在中国境内转让其他财产取得的所得；

（6）提供专利权、非专利技术、商标权、著作权，以及其他特许权在中国境内使用的所得；

（7）因持有中国的各种债券、股票、股权而从中国境内的公司、企业或者其他经济组织及个人取得的利息、股息、红利所得。

（四）扣缴义务人

我国个人所得税实行代扣代缴和个人申报纳税相结合的征收管理制度。税法规定，凡支付应纳税所得的单位或个人，都是个人所得税的扣缴义务人。扣缴义务人在向纳税人支付各项应纳税所得(个体工商户生产、经营所得除外)时,必须履行代扣代缴税款的义务。

三、个人所得税的征税对象

个人所得税的征税对象是个人取得的应税所得。《个人所得税法》列举征税的个人所得,也就是个人所得税的税目共有如下 9 项。《中华人民共和国个人所得税法实施条例》及相关法规具体确定了各项个人所得的征税范围。

(一) 工资、薪金所得

对于大多数人而言,工资、薪金所得最为常见,也是最主要的收入类别之一。工资、薪金所得,是指个人因任职或者受雇而取得的工资、薪金、奖金、年终加薪、劳动分红、津贴、补贴以及与任职或者受雇有关系的其他所得。

一般来说,工资、薪金所得属于非独立个人劳动所得。除工资、薪金以外,奖金、年终加薪、劳动分红也被确定为工资、薪金范畴。

津贴、补贴等则有例外。根据我国目前个人收入的构成情况,规定对于一些不属于工资、薪金性质的补贴、津贴或者不属于纳税人本人工资、薪金所得项目的收入,不予征税。这些收入项目包括:

(1) 独生子女补贴;

(2) 执行公务员工资制度未纳入基本工资总额的补贴、津贴差额和家属成员的副食品补贴;

(3) 托儿补助费;

(4) 差旅费津贴、误餐补助。

其中,误餐补助是指按照财政部规定,个人因公在城区、郊区工作,不能在工作单位或返回就餐的,根据实际误餐顿数,按规定的标准领取的午餐费。单位以误餐补助名义发给职工的补助、津贴不能包括在内。

(5) 外国来华留学生,领取的生活津贴费、奖学金,不属于工资、薪金范畴,不征收个人所得税。

奖金是只有工资性质的奖金,免税奖金的范围在税法中另有规定。

(二) 经营所得

个体工商户的生产、经营所得,是指:

(1) 个体工商户从事生产、经营活动取得的所得,个人独资企业投资人、合伙企业的个人合伙人来源于境内注册的个人独资企业、合伙企业生产、经营的所得;

个体工商户以业主为个人所得税纳税义务人。

(2) 个人依法从事办学、医疗、咨询以及其他有偿服务活动取得的所得;

(3) 个人对企业、事业单位承包经营、承租经营以及转包、转租取得的所得;

(4) 个人从事其他生产、经营活动取得的所得。

从事个体出租车运营的出租车驾驶员取得的收入,按个体工商户的生产、经营所得项目缴纳个人所得税。

出租车属个人所有,但挂靠出租汽车经营单位或企事业单位,驾驶员向挂靠单位缴纳管理费的,或出租汽车经营单位将出租车所有权转移给驾驶员的,出租车驾驶员从事客货运营取得的收入,比照个体工商户的生产、经营所得项目征税。

个体工商户和从事生产、经营的个人,取得与生产、经营活动无关的其他各项应税所得,应分别按照其他应税项目的有关规定,计算征收个人所得税。如取得银行存款的利息所得、对外投资取得的股息所得;应按"利息、股息、红利"税目的规定单独计征个人所得税。

(三)劳务报酬所得

劳务报酬所得,是指个人从事设计、装潢、安装、制图、化验、测试、医疗、法律、会计、咨询、讲学、翻译、审稿、书画、雕刻、影视、录音、录像、演出、表演、广告、展览、技术服务、介绍服务、经纪服务、代办服务以及其他劳务报酬的所得。

通常我们容易将劳务报酬与工资、薪金所得相混,二者的主要区别如下:劳务报酬所得是个人独立从事某种技艺,独立提供某种劳务而取得的所得;工资、薪金所得则是个人非独立劳动,从所在单位领取的报酬。具体表现为:如果从事某项劳务活动取得的报酬不是来自聘用、雇佣或工作的单位,如演员自己"走穴"或与他人合作"走穴"演出取得的报酬,教师自行举办学习班、培训班取得的办班收入或课酬收入,就属于劳务报酬的范围;如演员从剧团领取工资,教师从学校领取工资,就属于工资、薪金项目,而不属于劳务报酬范围。

自2004年1月20日起,对商品营销活动中,企业和单位对其营销业绩突出的非雇员以培训班、研讨会、工作考察等名义组织旅游活动,通过免收差旅费、旅游费对个人实行的营销业绩奖励(包括实物、有价证券等),应根据所发生费用的全额作为该营销人员当期的劳务收入,按照"劳务报酬所得"项目征收个人所得税,并由提供上述费用的企业和单位代扣代缴。

注意:个人由于担任董事职务所取得的董事费收入,属于劳务报酬所得性质,按照"劳务报酬所得"项目征收个人所得税,但仅适用于个人担任公司董事、监事,且不在公司任职、受雇的情形。个人在公司(包括关联公司)任职、受雇,同时兼任董事、监事的,应将董事费、监事费与个人工资收入合并,统一按"工资、薪金所得"项目缴纳个人所得税。

(四)稿酬所得

稿酬所得,是指个人因其作品以图书、报刊形式出版、发表而取得的所得。而对不以图书、报刊形式出版、发表的翻译、审稿、书画所得归为劳务报酬所得。这里所说的作品,包括文学作品、书画作品、摄影作品,以及其他作品。作者去世后,财产继承人取得的遗作稿酬,也应征收个人所得税。

根据2002年2月9日国税函〔2002〕46号,关于个人所得税若干业务问题的批复规定,对报刊、出版等单位的职员在本单位的刊物上发表作品、出版图书取得所得税的问题说明如下。

(1)任职、受雇于报纸、杂志等单位的记者、编辑等专业人员,因在本单位的报纸、杂志上发表作品而取得的所得,属于因任职、受雇而取得的所得,应与其当月工资收入合并,按"工资、薪金所得"项目征收个人所得税。

除上述专业人员以外,其他人员在本单位的报纸、杂志上发表作品取得的所得,应按"稿酬所得"项目征收个人所得税。

(2) 出版社的专业作者撰写、编写或翻译的作品,由本社以图书形式出版而取得的稿费收入,应按"稿酬所得"项目计算缴纳个人所得税。

（五）特许权使用费所得

特许权使用费所得,是指个人提供专利权、商标权、著作权、非专利技术以及其他特许权的使用权取得的所得。特许权主要涉及专利权、商标权、著作权、非专利技术4种权利。这4种权利的具体内容与特点如下所示。

(1) 专利权是指由国家专利主管机关依法授予专利申请人或其权利继承人在一定的时期内对某项发明创造享有的专有利用的权利,它具有专有性(独占性)、地域性、时间性的特点。

(2) 商标权是指商标注册人依法律规定而取得的对其注册商标在核定商品上使用的独占使用权。商标权是一种工业产权,可以依法取得、转让、许可使用、继承、丧失、请求排除侵害。

(3) 著作权即版权,是指作者对其创作的文学、科学和艺术作品依法享有的某些特殊权利,主要包括发表权、署名权、修改权、保护权、使用权和获得报酬权。

(4) 非专利技术即专利技术以外的专有技术,这类技术大多尚处于保密状态,仅为特定人知晓并占有。

（六）利息、股息、红利所得

利息、股息、红利所得,是指个人拥有债权、股权而取得的利息、股息、红利所得。其中:利息一般是指存款、贷款和债券的利息。股息、红利是指个人拥有股权取得的公司、企业分红,按照一定的比率派发的每股息金,称为股息;根据公司、企业应分配的、超过股息部分的利润,按股派发的红股,称为红利。

除个人独资企业、合伙企业以外的其他企业的个人投资者,以企业资金为本人、家庭成员及其相关人员支付与企业生产经营无关的消费性支出及购买汽车、住房等财产性支出,视为企业对个人投资者的红利分配,依照"利息、股息、红利所得"项目计征个人所得税。企业的上述支出不允许在所得税前扣除。

纳税年度内个人投资者从其投资企业(个人独资企业、合伙企业除外)借款,在该纳税年度终了后既不归还又未用于企业生产经营的,其未归还的借款可视为企业对个人投资者的红利分配,依照"利息、股息、红利所得"项目计征个人所得税。

（七）财产租赁所得

财产租赁所得,是指个人出租不动产、机器设备、车船以及其他财产取得的所得。

个人取得的财产转租收入,属于"财产租赁所得"的征税范围。在确定纳税义务人时,应以产权凭证为依据,对无产权凭证的,由主管税务机关根据实际情况确定;产权所有人死亡,在未办理产权继承手续期间,该财产出租而有租金收入的,以领取租金的个人为纳税义务人。

(八) 财产转让所得

财产转让所得,是指个人转让有价证券、股权、合伙企业中的财产份额、不动产、机器设备、车船以及其他财产取得的所得。

对个人取得的各项财产转让所得,除股票转让所得外,都要征收个人所得税。具体规定如下:

(1) 股票转让所得。根据《中华人民共和国个人所得税法实施条例》(以下简称《实施条例》)规定,对股票转让所得征收个人所得税的办法,由国务院另行规定,并报全国人民代表大会常务委员会备案。为了配合企业改制,促进股票市场的稳健发展,经报国务院批准,从1997年1月1日起,对个人转让上市公司股票取得的所得继续暂免征收个人所得税。

(2) 量化资产股份转让。集体所有制企业在改制为股份合作制企业时,对职工个人以股份形式取得的拥有所有权的企业量化资产,暂缓征收个人所得税;待个人将股份转让时,就其转让收入额,减除个人取得该股份时实际支付的费用支出和合理转让费用后的余额,按"财产转让所得"项目计征个人所得税。

(九) 偶然所得

偶然所得,是指个人得奖、中奖、中彩以及其他偶然性质的所得。其中,得奖,是指参加各种有奖竞赛活动,取得名次获得的奖金;中奖、中彩,是指参加各种有奖活动,如有奖销售、有奖储蓄或购买彩票,经过规定程序,抽中、摇中号码而取得的奖金。

个人因参加企业的有奖销售活动而取得的赠品所得,应按"偶然所得"项目计征个人所得税。赠品所得为实物的,应以《中华人民共和国个人所得税法实施条例》第十条规定的方法确定应纳税所得额,计算缴纳个人所得税。税款由举办有奖销售活动的企业(单位)负责代扣代缴。

个人取得的企业向个人支付的不竞争款项,应按照偶然所得计算缴纳个人所得税。

四、个人所得税的税率

个人所得税法根据不同的个人所得项目,规定了超额累进税率和比例税率两种形式。居民个人取得工资薪金所得、劳务报酬所得、稿酬所得和特许权使用费所得(以下称综合所得),按纳税年度合并计算个人所得税;非居民个人取得工资薪金所得、劳务报酬所得、稿酬所得和特许权使用费所得,按月或者按次分项计算个人所得税。纳税人取得经营所得,利息、股息、红利所得,财产租赁所得,财产转让所得,偶然所得,依照规定分别计算个人所得税。

(一) 综合所得

居民个人取得的工资薪金所得、劳务报酬所得、稿酬所得和特许权使用费所得,简称为综合所得,按纳税年度合并计算个人所得税,适用3%～45%的七级超额累进税率,具体规定如表6-1所示。

表 6-1　　　　　　　　　　　个人所得税税率表（综合所得适用）

级数	累计预扣预缴应纳税所得额	预扣率	速算扣除数
1	不超过 36 000 元的部分	3%	0
2	超过 36 000 元至 144 000 元的部分	10%	2 520
3	超过 144 000 元至 300 000 元的部分	20%	16 920
4	超过 300 000 元至 420 000 元的部分	25%	31 920
5	超过 420 000 元至 660 000 元的部分	30%	52 920
6	超过 660 000 元至 960 000 元的部分	35%	85 920
7	超过 960 000 元的部分	45%	181 920

（二）经营所得

个体工商户的生产经营所得、对企事业单位的承包承租经营所得、个人独资企业和合伙企业的生产经营所得适用 5%～35% 的五级超额累进税率，如表 6-2 所示。

表 6-2　　　　　　　　　　　个人所得税税率表（经营所得）

级数	全年应纳税所得额	税率	速算扣除（元）
1	不超过 30 000 元的部分	5%	0
2	超过 30 000 元至 90 000 元的部分	10%	1 500
3	超过 90 000 元至 300 000 元的部分	20%	10 500
4	超过 300 000 元至 500 000 元的部分	30%	40 500
5	超过 500 000 元的部分	35%	65 500

这里值得注意的是，由于目前实行承包（租）经营的形式较多，分配方式也不相同，因此，承包、承租人按照承包、承租经营合同（协议）规定取得所得的适用税率也不一致。

（1）承包、承租人对企业经营成果不拥有所有权，仅是按合同（协议）规定取得一定所得的，其所得按"工资、薪金所得"项目征税，纳入年度综合所得，适用 3%～45% 的七级超额累进税率。

（2）承包、承租人按合同（协议）的规定只向发包、出租方缴纳一定费用后，企业经营成果归其所有的，承包、承租人取得的所得，按"对企事业单位的承包经营、承租经营所得"项目，适用 5%～35% 的五级超额累进税率征税。

（三）财产租赁所得、财产转让所得、利息股息、红利所得、偶然所得和其他所得适用税率

特许权使用费所得、财产租赁所得、财产转让所得、股息、红利所得、偶然所得和其他所得适用 20% 的比例税率。从 2001 年 1 月 1 日起，对个人出租房屋取得的所得减按 10% 的税率征收个人所得税。从 2008 年 10 月 9 日开始，暂免征收储蓄存款的个人所得税。

（四）非居民所得适用税率

非居民个人工资、薪金所得，劳务报酬所得，稿酬所得，特许权使用费所得适用，适用七级超额累进税率，如表 6-3 所示。

表 6 - 3　　　　　非居民所得适用税率表（按月换算后的综合所得税率表）

级数	应纳税所得额	税率	速算扣除数
1	不超过 3 000 元的部分	3%	0
2	超过 3 000 元至 12 000 元的部分	10%	210
3	超过 12 000 元至 25 000 元的部分	20%	1 410
4	超过 25 000 元至 35 000 元的部分	25%	2 660
5	超过 35 000 元至 55 000 元的部分	30%	4 410
6	超过 55 000 元至 80 000 元的部分	35%	7 160
7	超过 80 000 元的部分	45%	15 160

五、个人所得税应纳税额的计算

（一）如何确定计税依据

个人所得税的应纳所得税额是个人取得的各项收入减去税法规定的扣除项目或扣除金额之后的余额。正确计算应纳税所得额，是依法征收个人所得税的基础和前提。我国现行的个人所得税采取分项确定、分类扣除，根据其所得的不同情况分别实行定额、定率和会计核算三种扣除办法。

（1）对工资、薪金所得涉及的个人基本生活费用，采取定额扣除的办法；

（2）个体工商户的生产、经营所得和对企事业单位的承包经营、承租经营所得及财产转让所得，涉及生产、经营及有关成本或费用的支出，采取会计核算办法扣除有关成本、费用或规定的必要费用；

（3）对劳务报酬所得、稿酬所得、特许权使用费所得、财产租赁所得，因涉及既要按一定比例合理扣除费用，又要避免扩大征税范围等两个需同时兼顾的因素，故采取定额和定率两种扣除办法；

（4）利息、股息、红利所得和偶然所得，因不涉及必要费用的支付，所以规定不得扣除任何费用。

计税依据的特殊规定如下：

（1）个人将其所得通过中国境内的社会团体、国家机关向教育和其他社会公益事业以及遭受严重自然灾害地区、中国初级卫生保健基金会、贫困地区的捐赠，捐赠额未超过纳税人申报的应纳税所得额 30% 的部分，可以从应纳税所得额中扣除，超过部分不得扣除；

（2）个人通过非营利性的社会团体和国家机关向红十字事业、农村义务教育、公益性青少年活动场所、教育事业、公益基金会和灾区的捐赠等，在计算缴纳个人所得税时，准予在税前的所得额中全额扣除。

（二）综合所得的计税方法

居民个人取得综合所得，按年计算个人所得税；有扣缴义务人的，由扣缴义务人按月或者按次预扣预缴税款；需要办理汇算清缴的，应当在取得所得的次年 3 月 1 日至 6 月 30 日内办理汇算清缴。

居民个人的综合所得，以每一纳税年度的收入额减除费用 6 万元以及专项扣除、专项附加扣除和依法确定的其他扣除后的余额，为应纳税所得额。计算公式为：

$$\begin{array}{l}综合\\所得\end{array} = \begin{array}{l}纳税年度的\\综合收入\end{array} - \begin{array}{l}基本费用\\60\,000\,元\end{array} - \begin{array}{l}专项\\扣除\end{array} - \begin{array}{l}专项附\\加扣除\end{array} - \begin{array}{l}其他\\扣除\end{array}$$

（1）专项扣除，包括居民个人按照国家规定的范围和标准缴纳的基本养老保险、基本医疗保险、失业保险等社会保险费和住房公积金等。

（2）专项附加扣除，包括子女教育、继续教育、大病医疗、住房贷款利息或者住房租金、赡养老人等支出，具体范围、标准和实施步骤由国务院确定，并报全国人民代表大会常务委员会备案。

（3）依法确定的其他扣除，包括个人缴付符合国家规定的企业年金、职业年金，个人购买的符合国家规定的商业健康保险、税收递延型商业养老保险的支出，以及国务院规定可以扣除的其他项目。

其中，专项扣除、专项附加扣除和依法确定的其他扣除，以居民个人一个纳税年度的应纳税所得额为限额；一个纳税年度扣除不完的，不结转以后年度扣除。

劳务报酬所得、稿酬所得、特许权使用费所得，属于一次性收入的，以取得该项收入为次；属于同项目连续性收入的，以一个月内取得的收入为一次。

非居民个人的工资、薪金所得，以每月收入额减除费用5 000元后的余额为应纳税所得额；劳务报酬所得、稿酬所得、特许权使用费所得，以每次收入额为应纳税所得额。计算公式为：

$$应纳税额 = 应纳税所得额 × 税率 - 速算扣除数$$

1. 居民个人的预扣预缴方法

居民个人的工资、薪金所得的个人所得税，日常采取累计预扣法进行预扣预缴；非居民个人则依照税法规定计算并扣缴个人所得税。居民个人预缴税额与年度应纳税额之间的差额，年度终了后可通过综合所得汇算清缴申报，税款多退少补。

累计预扣法主要是通过各月累计收入减去对应扣除，对照综合所得税率表计算累计应缴税额，再减去已缴税额，确定本期应缴税额的一种方法。具体预扣预缴税款方法为：扣缴义务人向居民个人支付工资、薪金所得时，应当按照累计预扣法计算预扣税款，并按月办理全员全额扣缴申报。具体计算公式如下：

$$\begin{array}{l}本期应预扣\\预缴税额\end{array} = \left(\begin{array}{l}累计预扣预缴\\应纳税所得额\end{array} × 预扣率 - \begin{array}{l}速算\\扣除数\end{array}\right) - \begin{array}{l}累计减\\免税额\end{array} - \begin{array}{l}累计已预扣\\预缴税额\end{array}$$

$$\begin{array}{l}累计预扣预缴\\应纳税所得额\end{array} = \begin{array}{l}累计\\收入\end{array} - \begin{array}{l}累计免\\税收入\end{array} - \begin{array}{l}累计减\\除费用\end{array} - \begin{array}{l}累计专\\项扣除\end{array} - \begin{array}{l}累计专项\\附加扣除\end{array} - \begin{array}{l}累计依法确定\\的其他扣除\end{array}$$

其中：累计减除费用，按照5 000元/月乘以纳税人当年截至本月在本单位的任职受雇月份数计算。计算居民个人工资、薪金所得预扣预缴税额的预扣率、速算扣除数，按个人所得税预扣率表（居民个人工资、薪金所得预扣预缴适用）执行。

2. 非居民个人的扣缴方法

非居民个人的工资、薪金所得，以每月收入额减除费用5 000元后的余额为应纳税所得额;劳务报酬所得、稿酬所得、特许权使用费所得,以每次收入额为应纳税所得额,非居民个人取得工资、薪金所得,劳务报酬所得,稿酬所得和特许权使用费所得,有扣缴义务人的,由扣缴义务人按月或者按次代扣代缴税款,不办理汇算清缴,扣缴义务人向非居民个人支付工资、薪金所得、劳务报酬所得、稿酬所得和特许权使用费所得时,个人所得税按以下方法按月或者按次代扣代缴:

非居民个人的工资、薪金所得,以每月收入额减除费用 5 000 元后的余额为应纳税所得额;劳务报酬所得、稿酬所得、特许权使用费所得,以每次收入额为应纳税所得额。

其中,劳务报酬所得、稿酬所得、特许权使用费所得以收入减除 20% 的费用后的余额为收入额。稿酬所得的收入额减按 70% 计算。

上述四项所得的应纳税额=应纳税所得额×税率-速算扣除数。

3. 减除费用的具体规定

1) 附加减除费用

个人所得税法对工资、薪金所得规定的普遍适用的减除费用标准,为每月 5 000 元。但是,对在中国境内无住所而在中国境内取得工资、薪金所得的纳税义务人和在中国境内有住所而在中国境外取得工资、薪金所得的纳税义务人,税法根据其平均收入水平、生活水平以及汇率变化情况,确定每月再附加减除费用 1 300 元。其应纳税所得额的计算公式为:

$$应纳税所得额 = 月工资、薪金收入 - 5\ 000\ 元 - 1\ 300\ 元$$

附加减除费用所适用的具体范围是:

中国境内的外商投资企业和外国企业中工作的外籍人员;

应聘在中国境内企业、事业单位、社会团体、国家机关中工作的外籍专家;

中国境内有住所而在中国境外任职或者受雇取得工资薪金所得的个人;

财政部确定的其他人员。此外,附加减除费用也适用于华侨和香港、澳门、台湾同胞。

2) 专项附加扣除标准

专项附加扣除是本次《个人所得税法》修订后引入的新的费用扣除标准,遵循公平合理、利于民生、简便易行的原则,目前包含了子女教育、继续教育、大病医疗、住房贷款利息、住房租金、赡养老人 6 项支出,并将根据教育、医疗、住房、养老等民生支出变化情况,适时调整专项附加扣除的范围和标准。取得综合所得和经营所得的居民个人可以享受专项附加扣除。

(1) 子女教育。纳税人年满 3 岁的子女接受学前教育和学历教育的相关支出,按照每个子女每月 1 000 元(每年 12 000 元)的标准定额扣除。学前教育包括年满 3 岁至小学入学前教育;学历教育包括义务教育(小学、初中教育)、高中阶段教育(普通高中、中等职业、技工教育)、高等教育(大学专科、大学本科、硕士研究生、博士研究生教育)。父母可以选择由其中一方按扣除标准的 100% 扣除,也可以选择由双方分别按扣除标准的 50% 扣除,具体扣除方式在一个纳税年度内不能变更。纳税人子女在中国境外接受教育的,纳税人应当留存境外学校录取通知书、留学签证等相关教育的证明资料备查。

（2）继续教育。纳税人在中国境内接受学历（学位）继续教育的支出，在学历（学位）教育期间按照每月400元（每年4 800元）定额扣除。同一学历（学位）继续教育的扣除期限不能超过48个月（4年）。纳税人接受技能人员职业资格继续教育、专业技术人员职业资格继续教育支出，在取得相关证书的当年，按照3 600元定额扣除。个人接受本科及以下学历（学位）继续教育，符合税法规定扣除条件的，可以选择由其父母扣除，也可以选择由本人扣除。纳税人接受技能人员职业资格继续教育、专业技术人员职业资格继续教育的，应当留存相关证书等资料备查。

（3）大病医疗。在一个纳税年度内，纳税人发生的与基本医保相关的医药费用支出，扣除医保报销后个人负担（指医保目录范围内的自付部分）累计超过15 000元的部分，由纳税人在办理年度汇算清缴时，在80 000元限额内据实扣除。纳税人发生的医药费用支出可以选择由本人或者其配偶扣除；未成年子女发生的医药费用支出可以选择由其父母一方扣除。纳税人及其配偶、未成年子女发生的医药费用支出，应按前述规定分别计算扣除额。纳税人应当留存医药服务收费及医保报销相关票据原件（或复印件）等资料备查。医疗保障部门应当向患者提供在医疗保障信息系统记录的本人年度医药费用信息查询服务。

（4）住房贷款利息。纳税人本人或配偶，单独或共同使用商业银行或住房公积金个人住房贷款，为本人或其配偶购买中国境内住房，发生的首套住房贷款利息支出，在实际发生贷款利息的年度，按照每月1 000元（每年12 000元）的标准定额扣除，扣除期限最长不超过240个月（20年）。纳税人只能享受一套首套住房贷款利息扣除。所称首套住房贷款是指购买住房享受首套住房贷款利率的住房贷款。经夫妻双方约定，可以选择由其中一方扣除，具体扣除方式确定后，在一个纳税年度内不得变更。夫妻双方婚前分别购买住房发生的首套住房贷款，其贷款利息支出，婚后可以选择其中一套购买的住房，由购买方按扣除标准的100%扣除，也可以由夫妻双方对各自购买的住房分别按扣除标准的50%扣除，具体扣除方式在一个纳税年度内不能变更。纳税人应当留存住房贷款合同、贷款还款支出凭证备查。

（5）住房租金。纳税人在主要工作城市没有自有住房而发生的住房租金支出，可以按照以下标准定额扣除：直辖市、省会（首府）城市、计划单列市以及国务院确定的其他城市，扣除标准为每月1 500元（每年18 000元）。除上述所列城市外，市辖区户籍人口超过100万的城市，扣除标准为每月1 100元（每年13 200元）；市辖区户籍人口不超过100万的城市，扣除标准为每月800元（每年9 600元）。市辖区户籍人口，以国家统计局公布的数据为准。所称主要工作城市是指纳税人任职受雇的直辖市、计划单列市、副省级城市、地级市（地区、州、盟）全部行政区域范围；纳税人无任职受雇单位的，为受理其综合所得汇算清缴的税务机关所在城市。夫妻双方主要工作城市相同的，只能由一方扣除住房租金支出。住房租金支出由签订租赁住房合同的承租人扣除。纳税人及其配偶在一个纳税年度内不得同时分别享受住房贷款利息专项附加扣除和住房租金专项附加扣除。纳税人应当留存住房租赁合同、协议等有关资料备查。

（6）赡养老人。纳税人赡养一位及以上被赡养人的赡养支出，统一按以下标准定额扣除;纳税人为独生子女的,按照每月2 000元(每年24 000元)的标准定额扣除;纳税人为非独生子女的,由其与兄弟姐妹分摊每月2 000元(每年24 000元)的扣除额度,每人分摊的额度最高不得超过每月1 000元(每年12 000元)。可以由赡养人均摊或者约定分摊,也可以由被赡养人指定分摊。约定或者指定分摊的须签订书面分摊协议,指定分摊优于约定分摊。具体分摊方式和额度在一个纳税年度内不得变更。所称被赡养人是指年满60岁的父母,以及子女均已去世的年满60岁的祖父母、外祖父母。

4. 全年一次性奖金、中央企业负责人年度绩效薪金延期兑现收入和任期奖励

(1)居民个人取得全年一次性奖金,符合《国家税务总局关于调整个人取得全年一次性奖金等计算征收个人所得税方法问题的通知》(国税发〔2005〕9号)规定的,在2021年12月31日前,不并入当年综合所得,以全年一次性奖金收入除以12个月得到的数额,按照本通知所附按月换算后的综合所得税率表(以下简称月度税率表),确定适用税率和速算扣除数,单独计算纳税。计算公式为:

$$应纳税额 = 全年一次性奖金收入 \times 适用税率 - 速算扣除数$$

居民个人取得全年一次性奖金,也可以选择并入当年综合所得计算纳税。

自2022年1月1日起,居民个人取得全年一次性奖金,应并入当年综合所得计算缴纳个人所得税。

(2)中央企业负责人取得年度绩效薪金延期兑现收入和任期奖励,符合《国家税务总局关于中央企业负责人年度绩效薪金延期兑现收入和任期奖励征收个人所得税问题的通知》(国税发〔2007〕118号)规定的,在2021年12月31日前,参照上述第(1)项执行;2022年1月1日之后的政策另行明确。

5. 应纳税额的计算方法

首先,工资、薪金所得全额计入收入额;而劳务报酬所得、特许权使用费所得的收入额为实取得劳务报酬、特许权使用费收入的80%;此外,稿酬所得收入额在扣除20%费用的基础上,再减按70%计算,即稿酬所得的收入额为实际取得稿酬收入的56%。

其次,居民个人的综合所得,以每一纳税年度的收入额减除费用6万元以及专项扣除、专项附加扣除和依法确定的其他扣除后的余额,为应纳税所得额。居民个人综合所得应纳税额的计算公式为:

$$应纳税额 = \sum(每一级数的全年应纳税所得额 \times 对应级数的适用税率)$$
$$= \sum\left\{\left[每一级数\left(\frac{全年}{收入额} - 60\,000元 - \frac{专项}{扣除} - \frac{享受的专项}{附加扣除} - \frac{享受的}{其他扣除}\right)\right.\right.$$
$$\left.\left.\times 对应级数的适用税率\right]\right\}$$

这里需要说明的是,由于居民个人的全年综合所得在计算应纳个人所得税额时,适用的是超额累进税率,所以,计算比较烦琐。运用速算扣除数计算法,可以简化计算过程。

这样,居民个人综合所得应纳税额的计算公式为:

$$\begin{array}{l} \text{应纳} \\ \text{税额} \end{array} = \begin{array}{l} \text{全年应纳} \\ \text{税所得额} \end{array} \times \begin{array}{l} \text{适用} \\ \text{税率} \end{array} - \begin{array}{l} \text{速算} \\ \text{扣除数} \end{array}$$

$$= \left(\begin{array}{l} \text{全年} \\ \text{收入额} \end{array} - 60\,000\,\text{元} - \begin{array}{l} \text{社保和住} \\ \text{房公积金} \end{array} - \begin{array}{l} \text{享受的} \\ \text{专项扣除} \end{array} - \begin{array}{l} \text{享受的} \\ \text{其他扣除} \end{array} \right) \times \begin{array}{l} \text{适用} \\ \text{税率} \end{array} - \begin{array}{l} \text{速算} \\ \text{扣除数} \end{array}$$

非居民个人取得工资、薪金所得,劳务报酬所得,稿酬所得和特许权使用费所得应纳税额的计算。

需要明确的是,同居民个人取得的劳务报酬所得、稿酬所得和特许权使用费所得一样,非居民个人取得的这些项目的所得同样适用劳务报酬所得、稿酬所得、特许权使用费所得以收入减除 20% 的费用后的余额为收入额;稿酬所得的收入额减按 70% 计算。

非居民个人的工资、薪金所得,以每月收入额减除费用 5 000 元后的余额为应纳税所得额;劳务报酬所得、稿酬所得、特许权使用费所得,以每次收入额为应纳税所得额。

非居民个人取得工资、薪金所得,劳务报酬所得,稿酬所得和特许权使用费所得,依照表 6-1 按月换算后计算应纳税额,非居民个人从我国境内取得这些所得时,适用的税率如表 6-4 所示。

表 6-4 综合所得个人所得税税率表(适用非居民个人)

级数	全年应纳税所得额	税率	速算扣除数(元)
1	不超过 3000 元的	3%	0
2	超过 3 000 元至 12 000 元的部分	10%	210
3	超过 12 000 元至 25 000 元的部分	20%	1 410
4	超过 25 000 元至 35 000 元的部分	25%	2 660
5	超过 35 000 元至 55 000 元的部分	30%	4 410
6	超过 55 000 元至 80 000 元的部分	35%	7 160
7	超过 80 000 元的部分	45%	15 160

【例 6-1】

假定某居民个人纳税人为独生子女,2020 年交完社保和住房公积金后共取得税前工资收入 20 万元,劳务报酬 1 万元,稿酬 1 万元。该纳税人有两个小孩且均由其扣除子女教育专项附加,纳税人的父母健在且均已年满 60 岁。

要求:计算其当年应纳个人所得税税额。

(1) 全年应纳税所得额 = 200 000 + 10 000 × (1-20%) + 10 000 × 70% × (1-20%) - 60 000 - 12 000 × 2 - 24 000 = 213 600 - 108 000 = 105 600(元)

(2) 应纳税额 = 105 600 × 10% - 2 520 = 8 040(元)

 【例6-2】

假定某外商投资企业中工作的美国专家(假设为非居民纳税人),2020年2月取得由该企业发放的含税工资收入10 400元人民币,此外还从别处取得劳务报酬5 000元人民币。

要求:请计算当月其应纳个人所得税税额。

(1) 该非居民个人当月工资、薪金所得应纳税额=(10 400-5 000)×10%-210=330(元)

(2) 该非居民个人当月劳务报酬所得应纳税额=5 000×(1-20%)×10%-210=190(元)

1) 一般工资、薪金所得应纳个人所得税的计算

工资、薪金所得适用七级超额累进税率,按每月收入定额扣除5 000元或6 300元,就其余额作为应纳税所得额,按适用税率计算应纳税额。其计算公式为:

$$应纳税额 = 应纳税所得额 × 适用税率 - 速算扣除数$$

或 $$= (每月收入额 - 5\ 000\ 或\ 6\ 300\ 元) × 适用税率 - 速算扣除数$$

由于个人所得税适用税率中的各级距均为扣除费用后的应纳税所得额,因此,在确定适用税率时,不能以每月全部工资、薪金所得为依据,而只能是以扣除规定费用后的余额为依据,找出对应级次的税率。

2) 雇主为其雇员负担个人所得税额的计算

在实际工作中,有的雇主(单位或个人)常常为纳税人负担税款,即支付给纳税人的报酬(包括工资、薪金、劳务报酬等所得)是不含税的净所得或称为税后所得,纳税人的应纳税额由雇主代为缴纳。这种情况下,就不能以纳税人实际取得的收入直接乘以适用税率计算应纳税额,否则,就会缩小税基,降低适用税率。正确的方法是,将纳税人的不含税收入换算为应纳税所得额,即含税收入,然后再计算应纳税额。

我们主要讲解雇主全额为雇员负担税款的情况。应将雇员取得的不含税收入换算成应纳税所得额后,计算单位或个人应当代付的税款。计算公式为:

公式1:应纳税所得额=(不含税收入额-费用扣除标准-速算扣除数)/(1-税率)

公式2:应纳税额=应纳税所得额×适用税率-速算扣除数

公式1中的税率,是指不含税所得按不含税级距对应的税率;公式2中的税率,是指应纳税所得额按含税级距对应的税率。对此,在计算过程中应特别注意,不能混淆。

3) 个人一次取得数月奖金应纳个人所得税的计算

对个人一次取得的数月奖金、年终加薪或劳动分红,可单独作为一个月的工资、薪金所得,不再从中减除费用,就以一次取得的奖金总额作为应纳税所得额,按规定税率计算纳税。

4) 不满一个月的工资、薪金所得应纳个人所得税的计算

在中国境内无住所的个人,凡在中国境内不满一个月,并仅就不满一个月期间的工

资、薪金所得申报纳税的,均应按全月工资、薪金所得为依据计算实际应纳税额。其计算公式为:

$$\text{应纳}\atop\text{税额}=\left(\begin{array}{l}\text{当月工资、薪金}\\\text{应纳税所得额}\end{array}\times\begin{array}{l}\text{适用}\\\text{税率}\end{array}-\begin{array}{l}\text{速算}\\\text{扣除数}\end{array}\right)\times\begin{array}{l}\text{当月实际在}\\\text{中国境内的天数}\end{array}\Big/\begin{array}{l}\text{当月}\\\text{天数}\end{array}$$

如果属于上述情况的个人取得的是日工资、薪金,应以日工资、薪金乘以当月天数换成月工资、薪金后,再按上述公式计算应纳税额。

【例 6-3】

某职员 2015 年入职,2020 年每月应发工资均为 10 000 元,每月减除费用 5 000 元,"五险一金"等专项扣除为 1 500 元,从 1 月起享受子女教育专项附加扣除 1 000 元,没有减免收入及减免税额等情况,以前 3 个月为例,应当按照以下方法计算预扣预缴税额:

1 月份:(10 000-5 000-1 500-1 000)×3%=75(元)

2 月份:(10 000×2-5 000×2-1 500×2-1 000×2)×3%-75=75(元)

3 月份:(10 000×3-5 000×3-1 500×3-1 000×3)×3%-75-75=75(元)

【例 6-4】

某职员 2015 年入职,2020 年每月应发工资均为 30 000 元,每月减除费用 5 000 元,"五险一金"等专项扣除为 4 500 元,享受子女教育、赡养老人两项专项附加扣除共计 2 000 元,没有减免收入及减免税额等情况,以前三个月为例,应当按照以下方法计算各月应预扣预缴税额:

1 月份:(30 000-5 000-4 500-2 000)×3%=555(元)

2 月份:(30 000×2-5 000×2-4 500×2-2 000×2)×10%-2 520-555=625(元)

3 月份:(30 000×3-5 000×3-4 500×3-2 000×3)×10%-2 520-555-625=1 850(元)

【例 6-5】

如某居民个人取得劳务报酬所得 2 000 元,则这笔所得应预扣预缴税额计算过程为:

收入额:2 000-800=1 200(元)

应预扣预缴税额：1 200×20%＝240(元)

例4：假如某居民个人取得稿酬所得40 000元，则这笔所得应预扣预缴税额计算过程为：

收入额：(40 000－40 000×20%)×70%＝22 400(元)

应预扣预缴税额：22 400×20%＝4 480(元)

【例6-6】

假如某非居民个人取得劳务报酬所得20 000元，则这笔所得应扣缴税额为：

(20 000－20 000×20%)×20%－1 410＝1 790(元)

【例6-7】

假如某非居民个人取得稿酬所得10 000元，则这笔所得应扣缴税额为：

(10 000－10 000×20%)×70%×10%－210＝350(元)

（三）经营所得的计税方法

1. 个体工商户的生产、经营所得的计税方法

1) 应纳税所得额

对于实行查账征收的个体工商户，其生产、经营所得或应纳税所得额，以每一纳税年度的收入总额，减除成本、费用、税金、损失、其他支出以及允许弥补的以前年度亏损后的余额，为应纳税所得额。计算公式为：

$$\begin{matrix}应纳税\\所得额\end{matrix} = \begin{matrix}收入\\总额\end{matrix} - \left(成本 + 费用 + 损失 + \begin{matrix}准予扣除\\的税金\end{matrix} + \begin{matrix}其他\\支出\end{matrix} + \begin{matrix}弥补的以前\\年度亏损\end{matrix}\right)$$

（1）收入总额。个体工商户的收入总额，是指个体工商户从事生产经营以及与生产经营有关的活动(以下简称生产经营)取得的货币形式和非货币形式的各项收入，包括销售货物收入、提供劳务收入、转让财产收入、利息收入、租金收入、接受捐赠收入、其他收入。以上各项收入应当按照权责发生制原则确定。

（2）准予扣除的项目。在计算个体工商户的应纳税所得额时，准予从收入总额中扣除的项目包括成本、费用、损失、其他支出以及允许弥补的以前年度亏损。

① 成本、费用。成本是指个体工商户在生产经营活动中发生的销售成本、销货成本、业务支出以及其他耗费。费用是指个体工商户在生产经营活动中发生的销售费用、管理费用和财务费用，已经计入成本的有关费用除外。

"直接支出和分配计入成本的间接费用"，是指个体工商户在生产、经营过程中实际消耗的各种原材料、辅助材料、备品配件、外购半成品、燃料、动力、包装物等直接材料和发生

的商品进价成本、运输费、装卸费、包装费、折旧费、修理费、水电费、差旅费、租赁费（不包括融资租赁费）、低值易耗品等，以及支付给生产经营从业人员的工资。

销售费用，是指个体工商户在销售产品、自制半成品和提供劳务过程中发生的各项费用，包括：运输费、装卸费、包装费、委托代销手续费、广告费、展览费、销售服务费，以及其他销售费用。

管理费用，是指个体工商户为管理和组织生产经营活动而发生的各项费用，包括：劳动保险费、咨询费、诉讼费、审计费、土地使用费、低值易耗品摊销、开办费摊销、无法收回的账款（坏账损失）、业务招待费，以及其他管理费用。

财务费用，是指个体工商户为筹集生产经营资金而发生的各项费用，包括：利息净支出、汇兑净损失、金融机构手续费，以及筹资中的其他财务费用。

② 损失，是指个体工商户在生产经营活动中发生的固定资产和存货的盘亏、毁损、报废损失，转让财产损失，坏账损失，自然灾害等不可抗力因素造成的损失以及其他损失。

个体工商户发生的损失，减除责任人赔偿和保险赔款后的余额，参照财政部、国家税务总局有关企业资产损失税前扣除的规定扣除。

个体工商户已经作为损失处理的资产，在以后纳税年度又全部收回或者部分收回时，应当计入收回当期的收入。

③ 税金，是指个体工商户在生产经营活动中发生的除个人所得税和允许抵扣的增值税以外的各项税金及其附加。

纳税人不能提供有关的收入、成本、费用、损失等的完整、准确的纳税资料，不能正确计算应纳税所得额，应由主管税务机关核定其应纳税所得额。

④ 其他支出，是指除成本、费用、税金、损失外，个体工商户在生产经营活动中发生的与生产经营活动有关的、合理的支出。

（3）准予在所得税前列支的其他项目及列支标准。除过上文所讲的准予扣除的项目以外，税法对于一些特殊的支出项目进行了特殊的明确的规定，以确保我们在计算个体工商户的应纳税所得额时，能够合理处理问题。

① 个体工商户生产经营活动中，应当分别核算生产经营费用和个人、家庭费用。对于生产经营与个人、家庭生活混用难以分清的费用，其40%视为与生产经营有关费用，准予扣除。

② 个体工商户纳税年度发生的亏损，准予向以后年度结转，用以后年度的生产经营所得弥补，但结转年限最长不得超过5年。

③ 个体工商户实际支付给从业人员的、合理的工资薪金支出，准予扣除。个体工商户业主的工资薪金支出不得税前扣除。个体工商户代其从业人员或者他人负担的税款，不得税前扣除。个体工商户发生的合理的劳动保护支出，准予扣除。

④ 个体工商户按照规定缴纳的摊位费、行政性收费、协会会费等，按实际发生数额扣除。

⑤ 个体工商户按照国务院有关主管部门或者省级人民政府规定的范围和标准为其业主和从业人员缴纳的基本养老保险费、基本医疗保险费、失业保险费、生育保险费、工伤

保险费和住房公积金,准予扣除;个体工商户为从业人员缴纳的补充养老保险费、补充医疗保险费,分别在不超过从业人员工资总额5%标准内的部分据实扣除;超过部分,不得扣除;个体工商户业主本人缴纳的补充养老保险费、补充医疗保险费,以当地(地级市)上年度社会平均工资的3倍为计算基数,分别在不超过该计算基数5%标准内的部分据实扣除;超过部分,不得扣除;个体工商户参加财产保险,按照规定缴纳的保险费,准予扣除。

⑥ 除个体工商户依照国家有关规定为特殊工种从业人员支付的人身安全保险费和财政部、国家税务总局规定可以扣除的其他商业保险费外,个体工商户业主本人或者为从业人员支付的商业保险费,不得扣除。

⑦ 个体工商户在生产经营活动中发生的合理的不需要资本化的借款费用,准予扣除。

⑧ 个体工商户在生产经营活动中发生的下列利息支出,准予扣除:

向金融企业借款的利息支出;向非金融企业和个人借款的利息支出,不超过按照金融企业同期同类贷款利率计算的数额的部分。

⑨ 个体工商户在货币交易中,以及纳税年度终了时将人民币以外的货币性资产、负债按照期末即期人民币汇率中间价折算为人民币时产生的汇兑损失,除已经计入有关资产成本部分外,准予扣除。

⑩ 个体工商户向当地工会组织拨缴的工会经费、实际发生的职工福利费支出、职工教育经费支出分别在工资薪金总额的2%、14%、2.5%的标准内据实扣除。

⑪ 个体工商户发生的与生产经营活动有关的业务招待费,按照实际发生额的60%扣除,但最高不得超过当年销售(营业)收入的5‰。

⑫ 个体工商户每一纳税年度发生的与其生产经营活动直接相关的广告费和业务宣传费不超过当年销售(营业)收入15%的部分,可以据实扣除;超过部分,准予在以后纳税年度结转扣除。

⑬ 个体工商户根据生产经营活动的需要租入固定资产支付的租赁费,按照以下方法扣除:

以经营租赁方式租入固定资产发生的租赁费支出,按照租赁期限均匀扣除;以融资租赁方式租入固定资产发生的租赁费支出,按照规定构成融资租入固定资产价值的部分应当提取折旧费用,分期扣除。

⑭ 个体工商户自申请营业执照之日起至开始生产经营之日止所发生符合本办法规定的费用,除为取得固定资产、无形资产的支出,以及应计入资产价值的汇兑损益、利息支出外,作为开办费,个体工商户可以选择在开始生产经营的当年一次性扣除,也可自生产经营月份起在不短于3年期限内摊销扣除,但一经选定,不得改变。开始生产经营之日为个体工商户取得第一笔销售(营业)收入的日期。

⑮ 个体工商户通过公益性社会团体或者县级以上人民政府及其部门,用于《中华人民共和国公益事业捐赠法》规定的公益事业的捐赠,捐赠额不超过其应纳税所得额30%的部分可以据实扣除,但直接对受益人的捐赠不得扣除。

⑯ 个体工商户研究开发新产品、新技术、新工艺所发生的开发费用,以及研究开发新产品。

(4) 不得在所得税前列支的项目。在计算个体工商户的个人所得税时,并不是所有的支出项目都可以从收入中减去,有些支出就不能减除,如下所示:

① 与生产经营无关的其他支出;

② 被没收的财物、支付的罚款;

③ 缴纳的个人所得税滞纳金、罚金和罚款;

④ 各种赞助支出;

⑤ 不符合扣除规定的捐赠支出;

⑥ 个人所得税税款;

⑦ 用于个人和家庭的支出;

⑧ 与生产经营无关的其他支出;

⑨ 国家税务总局规定不准扣除的支出。

2) 应纳税额的计算方法

个体工商户的生产、经营所得适用五级超额累进税率,以其应纳税所得额按适用税率计算应纳税额。在交纳方法上,一般实行每月预交,年终汇算清缴的方法。每年(月)应纳税额的计算公式为:

$$应纳税额 = 应纳税所得额 \times 适用税率 - 速算扣除数$$

每月(季度)预缴税款的计算公式:

$$本月应预缴税额 = 本月累计应纳税所得额 \times 适用税率 - 速算扣除数 - 上月累计已预缴税额$$

年终汇算清缴时,应该补交(或退还)税款金额的计算公式:

$$年终汇算清缴时应补交(或退还)税额 = 全年应纳税额 - 全年累计已预缴税额$$

2. 对企事业单位承包、承租经营所得的计税方法

个人在承租、承包经营期间,按照企业所得税的有关规定,凡承租经营后,未改变被租企业名称,未变更工商登记,仍以被承租企业名义对外从事生产经营活动,不论被承租企业与承租方如何分配经营成果,均以被承租企业为纳税义务人,即按照企业所得税的有关规定先缴纳企业所得税,然后才按个人承包所得的规定计算缴纳个人所得税。

对企事业单位承包经营、承租经营所得以每一纳税年度的收入总额减除必要费用后的余额,为应纳税所得额。其中,收入总额是指纳税人按照承包经营、承租经营合同规定分得的经营利润和工资、薪金性质的所得。具体计算方法如下。

(1) 计算应纳税所得额。"减除必要费用"是指按月减除 5 000 元,实际减除的是相当于个人的生计及其他费用。其计算公式为:

$$应纳税所得额 = 个人承包、承租经营收入总额 - 每月 5 000 元 \times 实际承包或承租月数$$

(2) 计算应纳税额。对企事业单位承包经营、承租经营所得适用五级超额累进税率,以其应纳税所得额按适用税率计算应纳税额。计算公式为：

$$应纳税额 = 应纳税所得额 \times 适用税率 - 速算扣除数$$

 【例 6 - 8】

某小型运输公司系个体工商户，账证健全，2×20 年 12 月取得营业额为 220 000 元，准许扣除的当月成本、费用及相关税金共计 170 600 元。1～11 月累计应纳税所得额 68 400 元，1～11 月累计已预缴个人所得税 1 020 元。计算该个体工商户 2×20 年度应补缴的个人所得税。

按照税收法律、法规和文件规定，先计算全年应纳税所得额，再计算全年应纳税额。

(1) 全年应纳税所得额＝220 000－170 600＋68 400－5 000×12＝57 800(元)；

(2) 全年应缴纳个人所得税＝57 800×10%－1 500＝4 280(元)；

(3) 该个体工商户 2×19 年度应补缴的个人所得税＝4 280－1 020＝3 260(元)。

(四) 利息、股息、红利所得的计税方法

利息、股息、红利所得以个人每次取得的收入额为应纳税所得额，不得从收入额中扣除任何费用。其中，每次收入是指支付单位或个人每次支付利息、股息、红利时，个人所取得的收入。根据有关规定，自 2008 年 10 月 9 日起，暂免征收储蓄存款利息的个人所得税。对于股份制企业在分配股息、红利时，以股票形式向股东个人支付应得的股息、红利(即派发红股)，应以派发红股的股票票面金额为收入额，计算征收个人所得税。自 2015 年 9 月 8 日起，个人从公开发行和转让市场上取得的上市公司股票，持有期限超过一年的，股利、红利所得暂免征收个人所得税，对个人持股一年以内的，上市公司暂不扣缴个人所得税，待个人转让股票时，证券结算登记公司根据其持股期限计算应纳数额。利息、股息、红利所得适用 20% 的比例税率。其应纳税额的计算公式为：

$$应纳税额 = 应纳税所得额(每次收入额) \times 适用税率$$

(五) 财产租赁所得的计税方法

和其他形式所得的计算过程不同，在计算财产租赁所得的应纳税所得额时，除需要从收入中定额或定率减除一定的费用之外，还可以扣除一些其他项目的支出。在确定财产租赁的应纳税所得额时，纳税人在出租财产过程中缴纳的税金和教育费附加，可持完税(缴款)凭证，从其财产租赁收入中扣除。准予扣除的项目除了规定费用和有关税费外，还准予扣除能够提供有效、准确凭证，证明由纳税人负担的该出租财产实际开支的修缮费用。其相应的应纳税额的计算过程如下：

(1) 计算应纳税所得额。财产租赁所得一般以个人每次取得的收入，定额或定率减除规定费用后的余额为应纳税所得额。

每次收入不超过 4 000 元的：

应纳税所得额 = 每次(月)收入额 − 准予扣除项目 − 修缮费用(800元为限)− 800元

每次收入在 4 000 元以上的:

$$\text{应纳税所得额} = \left[\text{每次(月)收入额} - \text{准予扣除项目} - \text{修缮费用(800元为限)} \right] \times (1 - 20\%)$$

注意事项:财产租赁所得以一个月内取得的收入为一次。个人出租财产取得的财产租赁收入,在计算缴纳个人所得税时,应依次扣除以下费用:财产租赁过程中缴纳的税费;由纳税人负担的该出租财产实际开支的修缮费用;税法规定的费用扣除标准。

(2) 计算应纳税额。财产租赁所得适用 20% 的比例税率。但对个人按市场价格出租的居民住房取得的所得,自 2001 年 1 月 1 日起暂减按 10% 的税率征收个人所得税。其应纳税额的计算公式为:

$$\text{应纳税额} = \text{应纳税所得额} \times \text{适用税率}$$

在实际征税过程中,有时会出现财产租赁所得的纳税人不明确的情况。对此,在确定财产租赁所得纳税人时,应以产权凭证为依据。无产权凭证的,由主管税务机关根据实际情况确定纳税人。如果产权所有人死亡,在未办理产权继承手续期间,该财产出租且有租金收入的,以领取租金的个人为纳税人。

 【例 6 − 9】

刘某于 2×20 年 1 月将其自有的面积为 150 平方米的公寓按市场价出租给张某居住。刘某每月取得租金收入 2 500 元,全年租金收入 30 000 元。计算刘某全年租金收入应缴纳的个人所得税。

财产租赁收入以每月内取得的收入为一次,按市场价出租给个人居住适用 10% 的税率,因此,刘某每月及全年应纳税额为:

(1) 每月应纳税额 =(2 500 − 800)× 10% = 170(元);

(2) 全年应纳税额 = 170 × 12 = 2 040(元)。

(六) 财产转让所得的计税方法

财产转让所得以个人每次转让财产取得的收入额减除财产原值和相关税费后的余额为应纳税所得额。其中,"每次"是指以一件财产的所有权一次转让取得的收入为一次。其相应的应纳税额的计算过程如下:

(1) 计算应纳税所得额。财产转让所得以个人每次转让财产取得的收入额减除财产原值和相关税费后的余额为应纳税所得额。应纳税所得额的计算公式为:

应纳税所得额 = 每次收入额 − 准予扣除项目 = 收入总额 − 财产原值 − 合理税费

(2) 计算应纳税额。财产转让所得适用 20% 的比例税率,其应纳税额的计算公式为:

$$\text{应纳税额} = \text{应纳税所得额} \times \text{适用税率}$$

【例 6－10】

某个人建房一幢，造价 360 000 元，支付其他费用 50 000 元。该个人建成后将房屋出售，售价 600 000 元，在售房过程中按规定支付交易费等相关税费 35 000 元，其应纳个人所得税税额的计算过程如下。

(1) 应纳税所得额＝财产转让收入－财产原值－合理费用＝600 000－(360 000＋50 000)－35 000＝155 000(元)；

(2) 应纳税额＝155 000×20％＝31 000(元)。

(七) 偶然所得和其他所得的计税方法

偶然所得和其他所得以个人每次取得的收入额为应纳税所得额，不扣除任何费用，除有特殊规定外，每次收入额就是应纳税所得额，以每次取得该项收入为一次。

(1) 计算应纳税所得额。偶然所得和其他所得以个人每次取得的收入额为应纳税所得额，不扣除任何费用。应纳税所得额的计算公式为：

$$应纳税所得额 ＝ 每次收入额$$

(2) 计算应纳税额。偶然所得和其他所得适用 20％的比例税率，其应纳税额的计算公式为：

$$应纳税额 ＝ 应纳税所得额(每次收入额)×适用税率$$

(八) 扣除捐赠款的计税方法

税法规定，个人将其所得对教育事业和其他公益事业捐赠的部分，允许从应纳税所得额中扣除。捐赠是指个人将其所得通过中国境内的社会团体、国家机关向教育和其上鼓励他社会个人向公益事业及灾区和贫困地区的捐赠。我国的个人所得税在政策上鼓励个人向社会公益事业以及严重自然灾害地区、贫困地区的捐赠，以推动公益事业的发展。规定对教育和公益事业的捐赠给予扣除不仅体现了国家的政策，也符合国际惯例。

一般捐赠额的扣除以不超过纳税人申报应纳税所得额的 30％为限。计算公式为：

$$捐赠扣除限额 ＝ 申报的应纳税所得额×30％$$

允许扣除的捐赠额＝实际捐赠额≤捐赠扣除限额的部分；实际捐赠额大于捐赠扣除限额时，只能按捐赠扣除限额扣除。

$$应纳税额 ＝ (应纳税所得额－允许扣除的捐赠额)×适用税率－速算扣除数$$

(九) 两人以上共同取得同一项目收入的计税方法

两个或两个以上的个人共同取得同一项目收入的，如编著一本书、参加同一场演出等，应当对每个人取得的收入分别按照税法规定减除费用后计算纳税，即实行"先分、后扣、再税"的办法。

六、境外缴纳税额抵免的计税方法

在中国境内有住所,或者虽无住所,但在中国境内居住累计满 183 天以上的个人,从中国境内和境外取得的所得,都应缴纳个人所得税。实际上,纳税人的境外所得一般均已缴纳或负担了有关国家的所得税额。为了避免发生国家间对同一所得的重复征税,同时维护我国的税收权益,税法规定,纳税人从中国境外取得的所得,准予其在应纳税额中扣除已在境外实缴的个人所得税税款,但扣除额不得超过该纳税人境外所得依照本法规定计算的应纳税额。具体规定及计税方法如下:

$$\text{应纳税额} = \sum \left(\text{来自某国或地区的所得} - \text{费用减除标准} \right) \times \text{适用税率} - \text{速算扣除数} - \text{允许抵免额}$$

1. 实缴境外税款

实缴境外税款,即实际已在境外缴纳的税额,是指纳税人从中国境外取得的所得,依照所得来源国或地区的法律应当缴纳并且实际已经缴纳的税额。

2. 抵免限额

准予抵免(扣除)的实缴境外税款最多不能超过境外所得按我国税法计算的抵免限额(应纳税额或扣除限额)。我国个人所得税的抵免限额采用分国限额法,即分别来自不同国家或地区和不同应税项目,依照税法规定的费用减除标准和适用税率计算抵免限额。对于同一国家或地区的不同应税项目,以其各项的抵免限额之和作为来自该国或该地区所得的抵免限额。其计算公式为:

$$\text{来自某国或地区的抵免限额} = \sum \left(\text{来自某国或地区的某应税项目的所得} - \text{费用减除标准} \right) \times \text{适用税率} - \text{速算扣除数}$$

或

$$= \sum \left(\text{来自某国或地区的某一种应税项目的净所得} + \text{境外实缴税款} - \text{费用减除标准} \right) \times \text{适用税率} - \text{速算扣除数}$$

3. 允许抵免额

允许在纳税人应纳我国个人所得税税额中扣除的税额,即允许抵免额要分国确定,即在计算出的来自一国或地区所得的抵免限额与实缴该国或地区的税款之间相比较,以数额较小者作为允许抵免额。

4. 超限额与不足限额结转

在某一纳税年度,如发生实缴境外税款超过抵免限额,即发生超限额,超限额部分不允许在应纳税额中抵扣,但可以在以后纳税年度仍来自该国家或地区的不足限额,即实缴境外税款低于抵免限额的部分中补扣。这一做法称为限额的结转或轧抵。下一年度结转后仍有超限额的,可继续结转,但每年发生的超限额结转期最长不得超过 5 年。

5. 申请抵免

境外缴纳税款的抵免必须由纳税人提出申请,并提供境外税务机关填发的完税凭证原件。

6. 应纳税额的计算

在计算出抵免限额和确定了允许抵免额之后,便可对纳税人的境外所得计算应纳税额。其计算公式为:

$$\text{应纳税额} = \sum \left(\text{来自某国或地区的所得} - \text{费用减除标准} \right) \times \text{适用税率} - \text{速算扣除数} - \text{允许抵免额}$$

七、个人所得税的申报和缴纳

个人所得税是以自然人个人为纳税人的税种,因此在税款的缴纳上同其他的税种有很大的区别,下面是关于个人所得税代扣代缴、申报、缴纳的一些具体规定。

（一）代扣代缴情况下的申报和缴纳

税法规定,个人所得税以取得应税所得的个人为纳税义务人。但是由于个人所得税的纳税人人数众多,过于分散,非常不便于国家税务机关的税款征收,因此,税法规定以支付所得的单位或者个人为扣缴义务人,包括企业（公司）、事业单位、财政部门、机关事务管理部门、个体工商户等单位或个人。按照税法规定代扣代缴个人所得税,是扣缴义务人的法定义务,必须依法履行。

扣缴义务人在向个人支付下列所得时,应代扣代缴个人所得税:

（1）工资、薪金所得;

（2）劳务报酬所得;

（3）稿酬所得;

（4）特许权使用费所得;

（5）利息、股息、红利所得;

（6）财产租赁所得;

（7）财产转让所得;

（8）偶然所得。

（二）自行申报情况下的申报纳税?

自行申报时指个人所得税的纳税人直接向国家税务机关申报、缴纳个人所得税的情形,其具体的操作方法如下。

1. 需要自行申报个人所得税的情形

（1）取得综合所得且符合下列情形之一的纳税人,应当依法办理汇算清缴:

① 从两处以上取得综合所得,且综合所得年收入额减除专项扣除后的余额超过 6 万元;

② 取得劳务报酬所得、稿酬所得、特许权使用费所得中一项或者多项所得,且综合所得年收入额减除专项扣除的余额超过 6 万元;

③ 纳税年度内预缴税额低于应纳税额;

④ 纳税人申请退税。

（2）个体工商户业主、个人独资企业投资者、合伙企业个人合伙人、承包承租经营者个人以及其他从事生产、经营活动的个人取得经营所得。

（3）纳税人取得应税所得,扣缴义务人未扣缴税款的。

（4）居民个人从中国境外取得所得的。

（5）纳税人因移居境外注销中国户籍的。

（6）非居民个人在中国境内从两处以上取得工资、薪金所得的。

（7）国务院规定的其他情形。

2. 纳税申报的地点

申报纳税地点一般应为收入来源地的税务机关。但是,纳税人在两处或两处以上任职、受雇单位的,可选择并固定在一地税务机关申报纳税;纳税人没有任职、受雇单位的,向户籍所在地或经常居住地主管税务机关办理纳税申报;从境外取得所得的,应向境内户籍所在丛或经常居住地税务机关电报纳税。

纳税人要求变更申报纳税地点的,须经原主管税务机关备案。

3. 纳税申报期限的规定

（1）居民个人取得综合所得,按年计算个人所得税;有扣缴义务人的,由扣缴义务人按月或者按次预扣预缴税款;需要办理汇算清缴的,应当在取得所得的次年 3 月 1 日至 6月 30 日内办理汇算清缴。

居民个人向扣缴义务人提供专项附加扣除信息的,扣缴义务人按月预扣预缴税款时应当按照规定予以扣除,不得拒绝。

非居民个人取得工资、薪金所得、劳务报酬所得、稿酬所得和特许权使用费所得,有扣缴义务人的,由扣缴义务人按月或者按次代扣代缴税款,不办理汇算清缴。

（2）纳税人取得经营所得,按年计算个人所得税,由纳税人在月度或者季度终了后 15日内向税务机关报送纳税申报表,并预缴税款;在取得所得的次年 3 月 31 日前办理汇算清缴;纳税人取得利息、股息、红利所得、财产租赁所得、财产转让所得和偶然所得,按月或者按次计算个人所得税,有扣缴义务人的,由扣缴义务人按月或者按次代扣代缴税款。

（3）纳税人取得应税所得没有扣缴义务人的,应当在取得所得的次月 15 日内向税务机关报送纳税申报表,并缴纳税款。

（4）纳税人取得应税所得,扣缴义务人未扣缴税款的,纳税人应当在取得所得的次年 6 月 30 日前缴纳税款;税务机关通知限期缴纳的,纳税人应当按照期限缴纳税款。

（5）居民个人从中国境外取得所得的,应当在取得所得的次年 3 月 1 日至 6 月 30 日内申报纳税。

（6）非居民个人在中国境内从两处以上取得工资、薪金所得的,应当在取得所得的次月 15 日内申报纳税。

（7）纳税人因移居境外注销中国户籍的,应当在注销中国户籍前办理税款清算。

（8）扣缴义务人每月或者每次预扣、代扣的税款,应当在次月 15 日内缴入国库,并向税务机关报送扣缴个人所得税申报表。

4. 纳税人办理汇算清缴退税或者扣缴义务人为纳税人办理汇算清缴退税

税务机关审核后,按照国库管理的有关规定办理退税。

（1）投资者应纳的个人所得税税款,按年计算,分月或者分季预缴,由投资者在每月或者每季度终了后 7 日内预缴,年度终了后 3 个月内汇算清缴,多退少补;

（2）企业在年度中间合并、分立、终止时,投资者应当在停止生产经营之日起 60 日内,向主管税务机关办理当期个人所得税汇算清缴;

（3）企业在纳税年度的中间开业,或者由于合并、关闭等原因,使该纳税年度的实际

经营期不足 12 个月的,应当以其实际经营期为一个纳税年度;

（4）投资者在预缴个人所得税时,应向主管税务机关报送《个人独资企业和合伙企业投资者个人所得税申报表》,并附送会计报表;

（5）年度终了后 29 日内,投资者应向主管税务机关报送《个人独资企业和合伙企业投资者个人所得税申报表》,并附送年度会计决算报表和预缴个人所得税纳税凭证;

（6）投资者兴办两个或两个以上企业的,向企业实际经营管理所在地主管税务机关办理年度纳税申报时,应附注从其他企业取得的年度应纳税所得额;其中含有合伙企业的,应报送汇总从所有企业取得的所得情况的《合伙企业投资者个人所得税汇总申报表》,同时附送所有企业的年度会计决算报表和当年度已缴个人所得税纳税凭证。

（三）个人所得税扣缴申报表

表6-5

个人所得税扣缴申报表

税款所属期：　年　月　日至　年　月　日

扣缴义务人名称：

扣缴义务人纳税人识别号（统一社会信用代码）：□□□□□□□□□□□□□□□□□□

序号	姓名	身份证件类型	身份证件号码	纳税人识别号	是否为非居民个人	所得项目	本月（次）情况												累计情况									减按计税比例	准予扣除的捐赠额	税款计算							备注
							收入额计算			减除费用	专项扣除				其他扣除				累计收入额	累计减除费用	累计专项扣除	累计专项附加扣除					累计其他扣除			应纳税所得额	税率/预扣率	速算扣除数	应纳税额	减免税额	已缴税额	应补/退税额	
							收入	费用	免税收入		基本养老保险费	基本医疗保险费	失业保险费	住房公积金	年金	商业健康保险	税延养老保险	财产原值	允许扣除的税费	其他				子女教育	赡养老人	住房贷款利息	住房租金	继续教育										
1	2	3	4	5	6	7	8	9	10	11	12	13	14	15	16	17	18	19	20	21	22	23	24	25	26	27	28	29	30	31	32	33	34	35	36	37	38	39	40
会计合计																																						

谨声明：本表是根据国家税收法律法规及相关规定填报的,是真实的、可靠的、完整的。

扣缴义务人（签章）：　年　月　日

经办人签字：

经办人身份证件号码：

代理机构签章：

代理机构统一社会信用代码：

受理人：

受理税务机关（章）：

受理日期：　年　月　日

第二节　个人所得税筹划方略与分析

一、税收筹划原理

(一) 价格平台原理

价格平台原理是指纳税人利用市场经济中经济主体的自由定价权,以价格的上下浮动作为税收筹划的操作空间而形成的一个范畴,其核心内容是转让定价。转让定价,是指在经济活动中,有经济联系的企业各方为均摊利润或转移利润,在产品交换或买卖过程中,不是依照市场买卖规则和市场价格进行交易,而是根据他们之间的共同利益,或为了最大限度地维护他们之间的收入,进行的产品或非产品转让。在这种转让中,凡是由业务关系决定价格的行为,多半是以少纳税为目的的交易。

(二) 优惠平台原理

优惠平台原理是指纳税人进行的税收筹划是凭借国家税法规定的相关优惠政策形成的一种操作空间。它在日常经济生活中被纳税人广泛地运用。利用税收优惠政策进行的税收筹划,是伴随着国家税收优惠政策的出台而产生的。

(三) 规避平台原理

规避平台原理是建立在临界点基础上的,所以相应的税收筹划目标也便集中指向这些临界点。在我国税制中,税点分级有临界点,优惠分级也有临界点。所以,规避平台的对象较多,应用也比较普遍。规避平台有其存在的合理性,也更具公开性。规避平台中的临界点是立法者意图的体现。要平衡税负,提高效率,促进国民经济发展,没有差别待遇不行,没有临界点的界定将使经济秩序混乱不堪。

(四) 弹性平台原理

弹性平台原理,是指利用税法中税率的幅度来达到减轻税负效果的筹划行为。税率提供了法律许可的依据。弹性平台筹划实务中还分为两种幅度。一是优惠鼓励方面的幅度,二是惩罚限制方面的幅度。

二、工资、薪金所得筹划

在日常生活中,常常听到有人抱怨说拿到了一笔外快,但在扣税后,就感觉少了一大笔钱。因此,如何对个人所得税进行税收筹划,怎样合理避税、节税就成了不少市民关心的话题之一。

之前我国的《个人所得税法》将个人的 11 项所得作为课税对象,如工资、薪金所得,个体工商户生产、经营所得,承包经营、承租经营所得,劳务报酬所得,稿酬所得,特许权使用费所得,利息、股息、红利所得,财产租赁所得,财产转让所得,偶然所得,其他所得等。对于这些项目,分别规定了不同的费用扣除标准,适用不同的税率和不同的计税方法。2018年,我国《个人所得税法》实施了重大改革,将我国个人所得税中的工资、薪金所得,劳务报酬所得,稿酬所得,特许权使用费所得,以及其他所得合并征收,这五项不再实行之前的分类征收,也不再按月进行个人所得税计算,而是按年综合申报清缴。此次改革对社会影响较大,关系每个人的点滴生活。工资、薪金所得税涉及面广、占税收的比例大,特别是在减税降费的大环境下,如何根据《个人所得税法》的要求,选择最佳的节税方案,是广大企业和职工,尤其是工薪族最关心的事情。

(一)收入福利化

企业一味地增加员工的现金收入,从税收的角度来看并不完全可取。企业可以通过提高员工的福利水平降低其名义工资,通过减少员工的税金支出,达到增加实际收入的目的。常用的方法有以下四种。

一是为员工提供交通设施。员工上下班一般都要花一定的交通费,企业可以通过提供免费的接送服务,或者将单位的车租给员工使用,再相应地从员工的工资中扣除部分予以调整。对企业来讲,当职工支付的税金影响其消费水平时,就要考虑采取加薪措施,增薪必然会引起税收变化,反而会导致企业支付量的扩大。因此,由企业承担部分费用的做法,往往会使职工、企方受益。

二是为员工提供免费工作餐。企业为员工提供免费的工作餐,必须具有不可变现性。即不可转让、不能兑换现金。

三是为员工提供培训机会。随着知识更新速度的加快,参加各种培训已经成为个人获取知识的重要途径。如果企业每年给予员工一定费用额度的培训机会,职工在考虑个人的报酬总额时,一般也会把这些考虑进去。这样职工也会减少一些税收负担。

四是为员工提供旅游机会。随着生活水平的提高,旅游开支已经成为许多家庭必不可少的支出。个人支付的旅游支出不能抵减个人所得税。但是企业在制定员工福利计划时,可以给部分员工及其家属提供旅游机会,再进行相应费用扣除以体现在薪金上。企业支付的职工旅游费用不能在税前扣除,可以考虑从工会会费、公益金中支出。

(二)变换应税项目

1. 住房公积金

根据《关于基本养老保险费、基本医疗保险费、失业保险费、住房公积金有关个人所得税政策的通知》(财税[2006]10号)的规定,实际缴存的住房公积金,单位和个人分别在不超过职工本人上一年度月平均工资12%的幅度内允许在个人应纳税所得额中扣除。单位和职工个人缴存住房公积金的月平均工资不得超过职工工作地所在设区城市上一年度职工月平均工资的3倍。单位和个人超过上述规定比例和标准缴付的住房公积金,应将超过部分并入个人当期的工资、薪金收入,计征个人所得税。

 【例 6 - 11】

某公司所在市在2020年度在岗职工年平均工资为81 034元,折算为在岗职工月平均工资6 753元,也就是说,A公司提高张某住房公积金缴费基数至20 259元

（6 753×3），则全年可以税前扣除金额为 29 173 元（20 259×12％×12）。

若公司每月为张某交的住房公积金为 2 000 元，而住房公积金的免税限额标准为 29 173/12＝2 431（元），则张某可以追加补交 431 元住房公积金，此 431 元是不需要缴纳个人所得税的，并且很有可能会降低自己原先薪资适用的税率，从而达到良好的避税效果。

案例解读：A 公司提高张某年金缴费基数至 20 259 元，则在税前免税扣除金额为 9 724.32 元（20 259×4％×12）。

2. 企业年金

企业年金、职业年金递延纳税，也属于一种税收优惠。递延纳税是指在年金缴费环节和年金基金投资收益环节暂不征收个人所得税，将纳税义务递延到个人实际领取年金的环节。根据《财政部、人力资源社会保障部、国家税务总局关于企业年金、职业年金个人所得税有关问题的通知》（财税［2013］103 号），个人根据国家有关政策规定缴付的年金中个人缴费部分，在不超过本人缴费工资计税基数的 4％标准内的部分，暂从个人当期的应纳税所得额中扣除；在年金基金投资环节，企业年金或职业年金基金投资运营收益分配计入个人账户时，暂不征收个人所得税；在年金领取环节，个人达到国家规定的退休年龄领取的企业年金或职业年金，按照"工资、薪金所得"项目适用的税率，计征个人所得税。

 **【例 6－12】**

福州市某公司员工林某 2020 年 1 月工资为 10 000 元，若按 2％缴付企业年金 200 元，则只能扣除 200 元；若按 4％缴付企业年金 400 元，均可税前扣除；若按 5％缴付企业年金 500 元，则只允许扣除 400 元（根据财税［2013］103 号规定，个人根据国家有关政策规定缴付的年金个人缴费部分，在不超过本人缴费工资计税基数的 4％标准内的部分，暂从个人当期的应纳税所得额中扣除），超出的 100 元须并入当年综合所得缴税。林某 2020 年 2 月工资15 000 元，若其按 2％缴付企业年金 300元，均可税前扣除；若按 4％缴付 600 元，由于允许扣除金额最高为 480.89 元（福州市上一年度在岗职工年平均工资 48 089 元，48 089÷12×3×4％＝480.89），超出的119.11 元须并入全年工资、薪金所得缴税。

在此情况下，只有按照年金免税限额进行缴纳方能达到年金递延纳税效果的最大化。

 **【例 6－13】**

某市 2020 年度在岗职工年平均工资为 59 010 元，年金个人缴费的税前扣除限额为 590.1 元（59 010÷12×3×4％），市税务局将根据市统计公报数据每年调整扣

除限额标准。

（1）A先生2020年5月工资为8 000元，假设企业年金缴费工资计税基数为8 000元，若其按4％缴付年金320元，均可税前扣除；若按3％缴付年金240元，则只能扣除240元；若按5％缴付年金400元，仍只允许扣除320元，超出的80元须并入当年综合所得缴税。

（2）B先生2020年5月工资为2万元，若其按4％缴付800元年金，由于允许扣除金额最高为590.1元，超出的210元须并入当年综合所得缴税。

3. 商业养老保险递延纳税

2018年4月2日，财政部、国家税务总局、人力资源和社会保障部、中国银行保险监督管理委员会、证监会等五部委联合下发《关于开展个人税收递延型商业养老保险试点的通知》（财税〔2018〕22号），决定自2018年5月1日起，在上海市、福建省（含厦门市）和苏州工业园区实施个人税收递延型商业养老保险试点。试点期限暂定1年。

试点政策主要内容如下。

对试点地区个人通过个人商业养老资金账户购买符合规定的商业养老保险产品的支出，允许在一定标准内税前扣除；计入个人商业养老资金账户的投资收益，暂不征收个人所得税；个人领取商业养老金时再征收个人所得税。

对取得工资、薪金所得和连续性劳务报酬所得的个人，其缴纳的保费准予在申报扣除当月计算应纳税所得额时予以限额据实扣除，扣除限额按照当月工资、薪金所得和连续性劳务报酬所得的6％和1 000元孰低办法确定。取得连续性劳务报酬所得，是指纳税人连续6个月以上（含6个月）为同一单位提供劳务而取得的所得。

其主要筹划空间与缴纳年金类似，缴纳时暂不征收个人所得税，领取时再征收，可获得货币的时间价值。

4. 变工资为房租收入、租车收入等

随着生活水平的提高，汽车基本成了每个家庭的标配，养车费用更是必不可少；对于高收入阶层的人而言，可将车租给公司使用，可以将工资收入转化为租金收入，达到降低个税税负的效果。

具体操作：员工与公司签订租车协议，将自家的车租给公司，公司按月向员工支付租金；同时还可以在协议中约定因公务发生的相关的车辆非固定费用（如汽油费、过桥费、停车费等）由公司承担。

【例6-14】

李某为一家非租车公司员工，今年年底劳动合同到期，准备重新签订劳动合同，之前李某的月薪为3 000元，租车的市场价格为每月3 000元，包含个人自负各种费用。

若李某仍像以前一样签订劳动合同,则李某每月应该预缴的个人所得税为:
(31 000−5 000)×25%−2 660＝3 840(元)

若李某与公司签订协议,公司租用李某的车,并且租用后把车子分配给李某使用,李某的工资改为28 000元,另外获得每月租车收入3 000元。则李某应该缴纳的个人所得税为:

李某工资薪金应缴纳的个人所得税＝(28 000−5 000)×20%−1 410＝3 190(元)

李某租车收入缴纳的个人所得税＝(3 000−800)×20%＝440(元)

李某总共缴纳个人所得税3 630元,相比较于之前每月可少缴纳个人所得税210元,此种避税方法对于收入越高的纳税人,避税效果就越明显,特别在跨越边际税率的薪水范围内尤为有效。

注意:

(1)租车的租金必须按照市场的价格设定;

(2)员工需要携带租车协议和身份证到税务局代开租车发票,公司才能在税前列支该项费用;

(3)汽车的固定费用(如保险费、车船税、折旧费等),不能由公司承担;

(4)在公司报销的本辆费用必须取得发票。

5. 将"工资收入"转化为"房屋租金收入"

住房是员工生存的必要场所,为住房而支付的费用是必需的开支,利用税前的收入支付这部分开支能够达到很好的节税效果。

筹划成本:个人出租住宅、转租住宅只需要按照个人所得税中出租财产项目征收个人所得税,若为居民唯一自用住房,则税率更低,且采取比例税率,而非综合所得的累进税率。但值得注意的是,若自身没有房产,通过与公司签订合同,说明公司福利包括提供员工住房、用以支付员工较少的工资、薪金,以适用较低税率的,会导致纳税人失去《个人所得税法》中的住房租金的专项附加扣除的机会,因此在实际操作中需要衡量两者之间的优劣关系。

筹划效果:个人出租住宅的个税税率在高净值人群中远低于综合所得的累进税率,以租金收入代替工资收入节税效果明显;同时,由公司承担房屋的水电费、物业管理费等固定费用,相当于利用员工的税前收入支付这部分必要费用。

三、经营所得筹划

(一)身份认定筹划

个体工商户、合伙制企业和个独资企业均采用5%～35%的五级超额累进税率,但在费用扣除方面有所不同。

个人独资企业也称为个人业主制企业。个人企业,是指由个人出资兴办,完全归个人所有和控制的企业组织形式。这种企业在法律上是自然人企业,不具有法人资格。个人独资企业是最早产生的也是最简单的企业组织形式,流行于小规模生产时期。但即使在现代经济社会中,这种企业在数量上也占多数。如在美国,个人独资企业就占企业总数的70%以上。这类企业往往规模较小,在小型加工、零售商业、服务业等领域较为活跃。

个体工商户应纳税所得额的计算,以权责发生制为原则。属于当期的收入和费用,不论款项是否收付,均作为当期的收入和费用;不属于当期的收入和费用,即使款项已经在当期收付,也不作为当期的收入和费用。但法律法规另有规定的除外。根据国家税务总局令第35号文(2018年修正)第七条,个体工商户的生产、经营所得,以每一纳税年度的收入总额,减除成本、费用、税金、损失、其他支出以及允许弥补的以前年度亏损后的余额,为应纳税所得额。

个体工商户在生产经营活动中,应当分别核算生产经营费用和个人、家庭费用。对于生产经营与个人、家庭生活混用难以分清的费用,其中的40%视为与生产经营有关费用,准予扣除。

个人独资企业和合伙企业在费用扣除时,投资者及其家庭发生的生活费用不允许在税前扣除,投资者及其家庭发生的生活费用与企业生产经营费用混在一起并且难以划分的,全部视为投资者个人及其家庭发生的生活费用,不允许在税前扣除。因此,个人独资企业应将投资者及其家庭发生的生活费用和企业生产经营费用严格划分,否则便不能在个人所得税前扣除。可以通过这种费用扣除标准来选择和进行筹划。

除此之外,个体工商户、合伙制企业以及个人独资企业都适用5%～35%的五级超额累进税率征收个人所得税,而有限责任公司则需要缴纳企业所得税并且在向股东分配利润时股东需要再缴纳一次个人所得税。

从递延纳税的角度来看,一人公司优于以上几种企业。对于个人独资企业和合伙制企业而言,作为应纳税所得额计算基础的生产经营所得,包括企业分配给投资者个人的所得和企业当年留存的所得(利润)。因此,个人独资企业不具有对留存收益递延纳税的功能。而一人公司,只有在公司分红时才会产生个人所得税的纳税义务,具有递延纳税的功能,可以抵扣后续年度的经营亏损。而在所得税方面,目前我国小型微利企业生产经营所得限额已经提高到500万元,一般个人及家庭生产经营不会超过这个限额,如果一人公司能够申请小型微利企业优惠,则可以免去企业所得税负担。

 【例 6 - 15】

张某等4人欲成立一家正装修补兼销售商场,预估每年利润总额为1 000 000元,暂时无纳税调整项目。

从张某等4人的角度来看,在不影响商场正常经营的情况下,将企业的组织形式从股份有限公司、有限责任公司转化为个人独资企业和合伙制企业,可以规避企业所得税,虽然个人所得税相较于交过企业所得税后缴纳的个人所得税多了,但是总体税负却下降很多,只是合伙制企业不会像股份制公司那样融资方便。

若选择成立有限责任公司并且税后利润全部分配给股东,所获利润既要缴纳企业所得税又要缴纳个人所得税。

应该缴纳的企业所得税＝1 000 000×25％＝250 000(元)

4位股东缴纳的个人所得税总额＝(1 000 000－250 000)/4×20％×4＝150 000(元)

共缴纳税额＝250 000＋150 000＝400 000(元)

若选择成立合伙制企业,则4位股东只需要缴纳个人所得税。

缴纳个人所得税总额＝(1 000 000/4×20％－10 500)×4＝15 800(元)

相较于上面成立有限责任公司,4位股东有效避税400 000－158 000＝242 000(元)

值得注意的是,目前我国小型微利企业销售额标准为500万元,若该企业能够得到国家小型微利企业认定,那么建立有限责任公司的税负比较轻,而且,建立公司还能有递延纳税的效果。

(二) 征收方式筹划

查账征收和核定征收是计算个体工商户应纳税额的两种方法。

个体工商户的生产经营的应纳税额的计算公式为:

$$\left(\begin{matrix}全年收\\入总额\end{matrix}-\begin{matrix}成本费用\\以及损失\end{matrix}\right)\times\begin{matrix}适用\\税率\end{matrix}-\begin{matrix}速算\\扣除数\end{matrix}=\begin{matrix}应纳税\\额\end{matrix}=\begin{matrix}应纳税\\所得额\end{matrix}\times\begin{matrix}适用\\税率\end{matrix}$$

个体工商户应纳税所得额的计算,以权责发生制为原则。而对于合伙制企业以及独资企业则分为查账征收和核定征收。

一般情况下,如果个体工商户的利润较高且稳定,采用核定征收方式比较好;如果利润不稳定,或者盈利能力较差,则采用查账征收较好。

【例 6 - 16】

张某自己开了一家小商店,预计一年的销售额大概在50万元,张某认为自己需要建立会计账簿,采用查账征收方式计算应纳税额。经查实,张某经营发生的可合理扣除的费用为20万元,此时张某需要缴纳个人所得税＝(500 000－200 000)×20％－10 500＝49 500(元)。

但若张某建立的会计账簿不能如实反映自身经营情况,税务局采用核定征收方式计算应纳税额的,张某应缴纳个人所得税＝500 000×3％＝15 000(元),相较查账征收的49 500元节省了34 500元。

(三) 多支费用,减少收入

本节主要针对个体工商户采用查账征收的方式进行一系列税收筹划。针对通过查账征收方式缴纳个人所得税的纳税人,主要针对收入和成本费用进行筹划。

1. 分散收入形式(雇用家人)

个体工商户通过分散收入,可以适用较低的税率,从而达到合法避税的目的。常用的方法主要有:(1)区分收入的性质,不同性质的收入采用不同的税目;(2)合理变更投资人数,分散收入总额。

【例6-17】

王某是一个体工商户,因自家空闲一处商业店面,便经营了一家服装店。但是由于地点不佳及经营不善,客流量较少,打算缩小经营规模,出租空闲的几处房间。王某以服装店的名义打出出租广告,假如王某服装店年应纳税所得额为90 000元,房屋出租每年取得的净收益为6 000元。

若王某以服装店的名义出租空闲房屋,则王某应缴纳个人所得税为:

(90 000+6 000)×20%-10 500=8 700(元)

假如王某以其妻子的身份出租空闲房屋,而不以服装店的身份出租,则出租房屋的收入不算在服装店的收入范围内,则王某总共应缴纳的个人所得税为:

服装店缴纳的个人所得税:90 000×10%-1 500=7 500(元)

王某妻子缴纳的个人所得税:6 000×(1-20%)×20%=960(元)

总共缴纳个人所得税8 460元,相较于第一种方法合理节税240元。当然重点是能否降低应纳税所得额的税率等级。

2. 分期销售(通过签订跨年销售合同)

采用查账征收方式缴纳个人所得税的个体工商户,采用的是按月预缴,年终汇算清缴的征管方式。由于个体工商户个人所得税的税率采用的是超额累进税率,如果个体工商户某纳税年度的应纳税所得额过高,就必须按照较高的税率来缴纳个人所得税,所以,个体工商户可以在法律允许的范围内,通过递延收入的方式实现合理避税,其中最常用的方法就是分期销售。

【例6-18】

假设李某2020年在一处街区开了一家家常菜馆。由于这个街区只有李某一家菜馆,所以生意十分火爆,李某当年取得应纳税所得额为100 000元,其中包含了年末预定春节酒席收到的支付款20 000元。由于周围街坊看李某如此赚钱,2020年纷纷开设各种饭馆,预估李某2020年的应纳税所得额应该在40 000元左右,请大家为李某算下何种方式最能帮李某省钱?

若按李某自己的计划,则李某预估缴纳个人所得税为:

2020年缴纳个人所得税=100 000×20%-10 500=9 500(元)

2021 年缴纳个人所得税＝40 000×10％－1 500＝2 500(元)

个体工商户第二税率层级的限额为 90 000 元,如果我们把当年 20 000 元预定款,放到年后去收,并入后一年应纳税所得额,则可以使 2019 年的应纳税所得额适用的税率降低一个层次,并且晚支付款项,顾客总是乐意的。

则采用此种方法,李某应缴纳的个人所得税为:

2020 年缴纳的个人所得税＝80 000×10％－1 500＝6 500(元)

2021 年缴纳的个人所得税＝60 000×10－1 500＝4 500(元)

根据此方法,李某所缴的个人所得税相较于李某自己原来的方法少了 1 000 元,帮助李某在合理合法的范围内减少了税收支出。

3. 合理增加费用扣除

合理扩大成本费用类的支出,是个体工商户减少应纳税所得额的常用手段,值得注意的是,要合法合理,依据法律法规避税。

增加费用通常可以考虑使用以下方法:在法律的允许范围内,将一些家庭支出转换成费用支出。因为对于很多家庭而言,其生产经营的场所往往就是其居住场所,很多家庭的日常开支与生产经营都分不开,故而可以将譬如电话费、水费、电费等支出计入个体工商户生产经营成本中。如果是用自家房产经营,还可以通过对自家房产进行修缮、维修等增加成本费用,实现自家房产的保值、增值。不过这种方法只限于个体工商户,对于独资企业和合伙制企业,根据规定,家庭开支与生产经营开支难以区分的,不得在税前扣除,即不能增加成本费用:(1)个体工商户对于不能区分开来的费用可以按 40％计入成本费用;(2)雇用家庭成员或临时工,以扩大工资等费用支出范围。

四、劳务报酬所得的筹划

(一) 合理分配劳务次数与人数

根据新《个人所得税法》规定,劳务报酬所得是指独立性劳务所得、非雇佣关系所得。个人从事劳务取得的所得,包括从事设计、装潢、安装、制图、化验、测试、医疗、法律、会计、咨询、讲学、翻译、审稿、书画、雕刻、影视、录音、录像、演出、表演、广告、展览、技术服务、介绍服务、经纪服务、代办服务以及其他劳务取得的所得。

税法所说的每次,按照以下方法确定。

(1) 劳务报酬所得,属于一次性收入的,以取得该项收入为一次;属于同项目连续性收入的,以一个月内取得的收入为一次。

(2) 稿酬所得,以每次出版、发表取得的收入为一次。

(3) 特许权使用费所得,以一项特许权的一次许可使用所取得的收入为一次。

(4) 财产租赁所得,以一个月内取得的收入为一次。

(5) 利息、股息、红利所得,以支付利息、股息、红利时取得的收入为一次。

(6) 偶然所得,以每次取得该项收入为一次。

筹划思路:劳务报酬所得 2019 年正式和工资、薪金所得,特许权使用费所得,稿酬所得一并并入综合所得,按照七级累进税率征收个人所得税。在这种情况下,可以通过分次甚至分人数来分拆应税所得,使其尽量靠近税前扣除额或税率级次较低的范围,以达到避税的目的。

 【例 6 - 19】

张先生为某企业设计广告,其妻子在其设计期间参与讨论并提出建议,事后企业支付给张先生劳务报酬 6 000 元。

若劳务报酬全部为张先生所得,则张先生应预交个人所得税:6 000×(1—20%)×20%=960(元)。

若通过事先与企业协商,表示广告设计劳务是张先生与公司通过两次合作完成的,在合同中表明此劳务报酬为张先生两次劳务所得,则应预缴个人所得税:(3 000—800)×20%×2=880(元)。

相较于前者,张先生少交了 80 元个人所得税,采用此种方法,在年终汇算清缴时,张先生无法达到少缴纳个人所得税的结果,但可以通过尽量少预缴来获取报酬的时间价值,若是想要节省缴纳的个人所得税,可以通过将劳务报酬等相关的合同拆分成跨年合同,这样会降低本年综合所得,以防止超过税率边界。

 【例 6 - 20】

陈女士是一位业余作家,因为陈女士爱好写作,所以会在当地报刊上发表一些自己写的文章和小说。近日,陈女生收到一笔之前的稿酬 5 000 元,陈女士的丈夫在陈女士写作之时提供了一些构思和想法。

若稿酬仅为陈女士一人所得,则陈女士就此稿酬应预缴个人所得税:

$$5 000×(1—20\%)×20\%×(1—30\%)=560(元)$$

筹划方法:

若陈女士声明小说由她与地丈夫共同创作,稿酬平均分为两份,则陈女士应预缴个人所得税:

$$(2 500—800)×20\%×(1—30\%)×2=476(元)$$

此筹划方法相较于第一种少交 84 元,不过值得注意的是,可以将劳务报酬所得和稿酬所得多分为几份,使其单个薪酬低于 4 000 元。如此不仅可以降低自身综合征收的整体应纳税所得额,也可以通过尽量少预缴个人所得税达到获取剩余报酬的货币时间价值。

（二）合理增加扣除费用

个人获得劳务报酬和稿酬所得只能在一定限额内扣除费用,税率是累进的,应纳税所得额越大,应纳税额就越大。如果在现有的扣除标准下,多扣除一些费用,就可以减少个人的所得税额,故将些合理的费用支出添加到合同当中,从而降低名义劳务报酬,能够产生良好的避税效果。

 【例 6-21】

王先生利用业余时间经常创作一些画作,A 公司请王先生为其公司画幅画,劳务报酬为 5 000 元,王先生因耗费大量水彩,花费 1 500 元补充材料。本案例中王先生业应预缴个人所得税:5 000×(1−20％)×20％＝800(元)。

若王先生与 A 公司商量好在合同中签订材料费由 A 公司负责,则王先生应预缴个人所得税:(3 500−800)×20％＝540(元)。此方法为王先生节税 260 元。

（三）变换收入形式

根据新《个人所得税法》的规定,劳务报酬与其他三项收入项目并入综合所得合并征税,但对于财产租赁、财产转让以及经营所得并未合并统一征税,依旧采用分类征收个人所得税,故而产生的筹划空间则是将劳务报酬转化为综合所得以外的收入项目,如可将劳务报酬转化成经营所得。

筹划思路:根据新《个人所得税法》规定,综合所得采用七级超额累进税率,最高税率为 45％,而经营所得采用五级超额累进税率,最高边际税率为 35％,因此此种筹划方法相对有利于劳务报酬较多的人群。劳务报酬较多的人群可注册一个工作室,以工作室的名义签订合同,这样一来,可以合理地将劳务报酬转化为经营所得收入,有效降低综合所得的应纳税所得额和自身适用税率,从而达到合法合理避税的目的。

 【例 6-22】

刘先生在一家企业工作,一年工资、薪金为 20 万元,因为刘先生本科学习的是计算机相关专业,所以在业余时间会接一些修理电脑、组装软件等业务。今年年底刘先生因出国工作原因,只接了一个组装软件的业务,收取劳务报酬 3 万元。假设刘先生今年未取得其他相关个人所得,请问怎样筹划才能使刘先生收入最大化?

若刘先生照常交税,根据我国新《个人所得税法》规定,劳务报酬在年底汇算清缴时并入综合所得与工资、薪金一并计税,应缴纳个税＝(200 000＋30 000−5 000×12)×20％−16 920＝17 080(元)

筹划方案:若刘先生以自己名义开设一个工作室,将自身的劳务报酬收入以工作室名义与对方签订合同,则此部分收入应按照经营所得计税,无须与工资、薪金合并计税,这样一来,刘先生工资、薪金需要缴纳的个人所得税＝(200 000－5 000×12)×10％－2 520＝11 480(元)

刘先生经营所得需要缴纳的个人所得税＝30 000×5％＝1 500(元)

刘先生总计缴纳个人所得税 1 500＋11 480＝12 980(元),相较之前少缴的4 100 元。

五、稿酬所得筹划

(一) 系列丛书筹划法

我国《个人所得税法》规定,个人以图书、报刊方式出版、发表同一作品(文字作品、书画作品、摄影作品以及其他作品),不论出版单位是预付还是分笔支付稿酬,或者加印该作品再付稿酬,均应合并稿酬所得按一次计征个人所得税。但对于不同的作品却是分开计税,这就给纳税人的筹划创造了条件。如果一本书可以分成几个部分,以系列丛书的形式出现,则该作品将被认定为几个单独的作品,单独计算纳税,这在某些情况下可以节省纳税人不少税款。

使用该种方法应该注意以下几点:首先,该著作可以被分解成一套系列著作,而且该种发行方式不会对发行量有太大的影响,当然最好能够促进发行。如果该种分解导致著作的销量或者学术价值大受影响,则采用这种方式将得不偿失。其次,该种发行方式要想充分发挥作用,最好与后面的著作组筹划法相结合。最后,该种发行方式应保证每本书的人均稿酬小于 4 000 元,因为这种筹划法利用的是抵扣费用的临界点,即在稿酬所得小于 4 000 元时,实际抵扣标准大于 20％。

【例 6－23】

某税务专家经过一段时间的辛苦工作,准备出版 1 本关于纳税筹划的著作,预计稿酬所得 12 000 元。试问,该税务专家如何筹划?

(1) 如果该纳税人以 1 本书的形式出版该著作,则应纳税额＝12 000×(1－20％)×20％×(1－30％)＝1 344(元)。

(2) 如果在可能的情况下,该纳税人以 4 本一套系列丛书的形式出版,则该纳税人的纳税情况如下:每本稿酬为:12 000÷4＝3 000 元,每本应纳税额为:(3 000－800)×20％×(1－30％)＝308 元,总的应纳税额为 308×4＝1 232(元)。由此可见,在这种情况下,该税务专家采用系列丛书法可以节省税款 112 元,他可以考虑选择该种筹划法。

(二) 著作组筹划法

如果一项稿酬所得预计数额较大,还可以考虑使用著作组筹划法,即改 1 本书由 1 个人写为多个人合作创作。和系列丛书筹划法一样,该种筹划方法利用的是低于 4 000 元稿酬的 800 元费用抵扣标准,该项抵扣的标准是大于 20％抵扣标准的。

该种筹划方法,除了可以使纳税人少缴税款外,还具有以下好处:首先,这种著作方法可以加快创作的速度,使一些社会急需的书籍早日面市,使各种新观点以最快的方式出现,从而促进知识的进步。其次,集思广益,一本书在几个水平相当的作者的共同努力下,其水平一般会比一个人单独创作更高,但这要求各个创作人具有一定的水平,而且各人都应尽自己最大努力写其擅长的部分。最后,对于著作人来说,其著作成果更容易积累。

但使用这种筹划方法应当注意,由于成立著作组,各人的收入可能会比单独创作时少,虽然少缴了税款,但对于个人来说最终收益减少了。因此,该种筹划方法一般适用著作任务较多(比如有一套书要出版),或者成立长期合作的著作组的情况,而且由于长期的合作,节省税款的数额也会由少积多。

【案例 6 - 24】

某财政专家准备写一本财政学教材,出版社初步同意该书出版之后支付稿费 24 000 元。如果该财政专家单独著作,则可能的纳税情况是:应纳税额＝24 000×(1－20％)×20％×(1－30％)＝2 688 元。如果财政专家采取著作组筹划法,并假定该著作组共 10 人,则可能的纳税情况是:应纳税额＝(2 400－800)×20％×(1－30％)×10＝2 240 元。

(三)再版筹划法

这种筹划方法就是在作品被市场看好时,与出版社商量采取分批印刷的办法,以减少每次收入量,节省税款。《个人所得税法》规定,个人以图书的形式在两处或两处以上出版、发表或再版同一作品而取得的稿酬所得,则可分别将各处取得的所得或再版所得按分次所得计征个人所得税。因此,在某些情况下也可以考虑再版筹划方法。

由于出版社对一本书再版比较麻烦,因此这种筹划方法具有一定的局限性,而且一般也只是作为辅助的筹划方法使用。比如,在运用前两种方法进行筹划仍不能奏效时,再考虑这种方法。再有,这种筹划方法只在待出版物市场前景时,即预期销路较好时适用。因为如果该出版物的销路不好,第一次出版后出版社便不愿意再次出版,其筹划便失去了意义。

(四)增加前期写作费用筹划法

根据税法规定,个人取得的稿酬所得只能在一定限额内扣除费用。众所周知,应纳税款的计算是用应纳税所得额乘以税率而得,税率是固定不变的,应纳税所得额越大,应纳税额就越大。如果能在现有扣除标准下,再多扣除一定的费用,或想办法将应纳税所得额减少,就可以减少应纳税额。

一般的做法就是和出版社商量,让其提供尽可能多的设备或服务,这样就将费用转移给了出版社,自己基本上不负担费用,自己的稿酬所得相当于享受到两次费用抵扣,从而减少应纳税额。可以考虑由出版社负担的费用有以下几种：资料费、稿纸、绘画工具、作图工具、书写工具、其他材料费、交通费、住宿费、实验费、用餐费、实践费等，有些行业甚至可以要求提供办公室以及电脑等办公设备。

现在对收入明晰化的呼声普遍较强，而且由出版社提供条件容易造成不必要的浪费，出版社可以考虑采用限额报销制，问题其实就好解决了。

【例 6 - 25】

某经济学家欲创作一本关于中国经济发展状况与趋势的专业书籍，需要到广东某地区进行实地考察研究，由于该经济学家学术水平很高，预计这本书的销路很好。出版社与该经济学家达成协议：全部稿费 20 万元，预计到广东考察费用支出 5 万元。如果该经济学家自己负担费用，则应纳税额为：$200\,000 \times (1-20\%) \times 20\% \times (1-30\%) = 22\,400$ 元，实际收入为：$200\,000 - 22\,400 - 50\,000 = 127\,600$ 元。如果改由出版社支付费用，限额为 50 000 元，则实际支付给该经济学家的稿费为 15 万元，应纳税额为：$150\,000 \times (1-20\%) \times 20\% \times (1-30\%) = 16\,800$ 元，实际收入为：$150\,000 - 16\,800 = 133\,200$ 元，第二种方法可以节约税款：$133\,200 - 127\,600 = 5\,600$ 元。

六、利息、股息和红利所得筹划

（一）专项基金筹划法

科教兴国是我国的一项国策。国家为了发展教育事业，加大了对教育的投入，同时在制定各项政策时，也给予教育一定的优惠。因此，国务院《对储蓄存款利息所得征收个人所得税的实施办法》第 5 条规定，对个人取得的教育储蓄存款利息所得，以及国务院财政部门确定的其他专项储蓄存款或者储蓄性专项基金存款的利息所得，免征个人所得税。这也就为个人进行纳税筹划创造了有利的条件。

所谓教育储蓄是指个人按照国家有关规定在指定银行开户、存入规定数额资金、用于教育目的的专项储蓄。在我国，中国工商银行是唯一一家开办教育储蓄业务的指定银行，在其《教育储蓄试行办法》中也提出要鼓励城乡居民以储蓄存款方式，为其子女接受非义务教育储蓄资金，促进国家教育事业的健康发展。对教育储蓄给予利率上的优惠，即存期分为 3 年和 5 年两种，其中 3 年期按照开户日中国人民银行公告的 3 年期整存整取定期储蓄存款利率计付利息；5 年期按照开户日中国人民银行公告的 5 年期整存整取定期储蓄存款利率计付利息。

财税字〔1999〕267 号文件规定，根据国务院《对储蓄存款利息所得征收个人所得税实施办法》第 5 条，"对个人取得的教育储蓄存款利息所得以及国务院财政部门确定的其他专项储蓄存款或者储蓄性专项基金存款的利息所得，免征个人所得税"的规定，为保证和支持社会保障制度和住房制度改革顺利实施，先明确按照国家或各级地方政府规定的比例交付的下列专项基金或资金存入银行个人账户所取得的利息收入免征个人所得税：住房公积金、医疗保险金、基本养老保险金、失业保险基金。

现在利用这些政策进行纳税筹划，一般的做法就是将个人的存款以教育基金或其他免税基金的形式存入金融机构，以减轻自己的税收负担。纳税人可以利用税法的优惠，认真做好筹划，合理安排子女的教育资金、家庭的住房公积金、医疗保险金等支出，这样不仅自己少缴税款，而且也能保障子女将来的教育开销和家庭的正常生活秩序。

但使用这种方式进行纳税筹划具有一定的局限，这些基金的存放一般都规定了一个最高数额限制，比如教育储蓄每一账户的最高限额为 2 万元，对于拥有大量资金的储户来说不适用。加上我国已经出台的储蓄存款实名制度，使运用该种方法进行纳税筹划活动受到一定的限制。

（二）所得再投资筹划法

对于个人因持有某公司的股票、债券而取得的股息、红利所得，税法规定予以征收个人所得税。但为了鼓励企业和个人进行投资和再投资，各国都不对企业留存未分配利润征收所得税。如果个人对企业的前景看好，就可以将本该领取的股息、红利所得留在企业，作为对公司的再投资，而企业则可以将这部分所得以股票或债券的形式记在个人名下。这种做法既可以避免缴纳个人所得税，又可以更好地促进企业的发展，使自己的股票价值更加可观。但这种方法的前提是个人对企业的前景比较乐观，如果个人感觉另一公司的发展前景更为乐观，即使缴纳个人所得税后再购买另一公司的股票收益仍然很大，则另当别论。

（三）投资方式筹划法

个人进行投资决策时，最重要的因素就是投资的净收益。如果一项收益的表面收益很高，但要缴纳的税收和规费同样也很高，则净收益不一定能够吸引人；相反，虽然某些投资的表面收益率不是很高，但是其净收益却较高，则这项投资也会吸引众多投资者。对于我国投资者来说，有如下几种投资方法可供考虑。

（1）储蓄。储蓄的优点就是安全、可靠，缺点就是利率较低，尤其是经过几次降息以后，投资收益率更是少得可怜。

（2）教育基金储蓄。教育基金储蓄可以享受到免征个人所得税的优惠，而且对于个人储户来说，该项存款的利率也较高。根据有关规定，教育储蓄分别按照开户口中国人民银行公告的 3 年期和 5 年期整存整取定期储蓄存款利率计付利息，两者的实际利率都超过 2.7％，当然，这种筹划具有最高限额限制。

（3）国债投资。除教育储蓄投资外，购买国债是一种值得考虑的投资方向。国债和教育储蓄一样，也是免征个人所得税的项目，而且相对于教育储蓄来说，其票面利率更高一点。比如，1999 年第二期的三年期国债票面利率为 3.02％，比教育储蓄的 2.7％略高一点。不过值得注意的是，国债是一次性投入，教育储蓄是分次投入。

（4）水平较高的投资者也可以考虑投资股票，如果能保证投资回报率比其他投资高就可以实行。

（5）具有一定条件的投资者也可以考虑投资外汇，对于外汇的投资有炒外汇和外汇储蓄两种方式,这种投资的投资回报率一般比国债利率高,很值得考虑。

(6)保险。保险投资也是投资决策中应该考虑的,目前保险公司约定给付的复利水平大致在2.5%左右,而且其计息基数只是投保人有权提起的那部分返还金,实际利率相对较低,但保险投资的目的不在于投资,而在于投保,因而在某些情况下也是一种不错的选择。

(四)充分利用国家优惠政策

根据《个人所得税法》第4条规定,个人取得的储蓄存款利息、国债和国家发行的金融债券利息所得免税。由于国家从1999年11月1日起对个人存款利息所得征税,因此现在实际上只对国债利息、金融债券利息所得免税。这里所说的国债利息是指个人持有中华人民共和国财政部发行的债券而取得的利息所得;所说的国家发行的金融债券利息,是指个人持有经国务院批准发行的金融债券而取得的利息所得。

根据财税字[1998]55号文件规定,对个人投资者买卖基金单位获得的差价收入,在对个人买卖股票的差价收入恢复征收个人所得税以前,暂不征收个人所得税。对投资者从基金分配中获得的国债利息和个人买卖股票差价收入,在国债利息收入和个人买卖股票差价收入未恢复征收个人所得税以前,暂不征收个人所得税。

第三节　个人所得税优惠政策解读

一、免税项目

根据《个人所得税法》和相关法规、政策,对下列各项个人所得,免征个人所得税。

(1)省级人民政府、国务院部委和中国人民解放军军以上单位,以及外国组织、国际组织颁发的科学、教育、技术、文化、卫生、体育、环境保护等方面的奖金(奖学金)。

(2)国债和国家发行的金融债券利息。其中,国债利息,是指个人持有中华人民共和国财政部发行的债券而取得的利息和2012年及以后年度发行的地方政府债券(以省、自治区、直辖市和计划单列市政府为发行和偿还主体)取得的利息所得;国家发行的金融债券利息,是指个人持有经国务院批准发行的金融债券而取得的利息所得。

(3)按照国家统一规定发给的补贴、津贴。是指按照国务院规定发给的政府特殊津贴、院士津贴和国务院规定免纳个人所得税的补贴、津贴。

(4)福利费、抚恤金、救济金。其中,福利费是指根据国家有关规定,从企业、事业单位、国家机关、社会团体提留的福利费或者从工会经费中支付给个人的生活补助费;救济金是指国家民政部门支付给个人的生活困难补助费。

(5)保险赔款。

(6)军人的转业安置费、复员费。

(7)按照国家统一规定发给干部、职工的安家费、退职费、退休工资、离休工资、离休生活补助费。其中,退职费是指符合《国务院关于工人退休、退职的暂行办法》规定的退职条件,并按该办法规定的退职费标准所领取的退职费。

离退休人员按规定领取离退休工资或养老金外,另从原任职单位取得的各类补贴、奖金、实物,不属于免税的退休工资、离休工资、离休生活补助费应按"工资、薪金所得"应税项目的规定缴纳个人所得税。

(8) 依照我国有关法律规定应予免税的各国驻华使馆、领事馆的外交代表、领事官员和其他人员的所得。

(9) 中国政府参加的国际公约、签订的协议中规定免税的所得。

(10) 对乡、镇(含乡、镇)以上人民政府或经县(含县)以上人民政府主管部门地方的有机构、有章程的见义勇为基金或者类似性质组织,奖励见义勇为者的奖金或奖品。经主管税务机关核准,免征个人所得税。

(11) 企业和个人按照省级以上人民政府规定的比例缴付的住房公积金、医疗保险金、基本养老保险金、失业保险金,允许在个人应纳税所得额中扣除,免予征收个人所得税。超过规定的比例缴付的部分并入个人当期的工资、薪金收入,计征个人所得税。

个人领取原提存的住房公积金、医疗保险金、基本养老保险金时,免予征收个人所得税。

对按照国家或省级地方政府规定的比例缴付的住房公积金、医疗保险金、基本养老保险金和失业保险金存入银行个人账户所取得的利息收入,免征个人所得税。

(12) 对个人取得的教育储蓄存款利息所得以及国务院财政部门确定的其他专项储蓄存款或者储蓄性专项基金存款的利息所得,免征个人所得税。自 2008 年 10 月 9 日起,对居民储蓄存款利息,暂免征收个人所得税。

(13) 储蓄机构内从事代扣代缴工作的办税人员取得的扣缴利息税手续费所得,免征个人所得税。

(14) 生育妇女按照县级以上人民政府根据国家有关规定制定的生育保险办法,取得的生育津贴、生育医疗费或其他属于生育保险性质的津贴、补贴,免征个人所得税。

(15) 对工伤职工及其近亲属按照《工伤保险条例》规定取得的工伤保险待遇,免征个人所得税。工伤保险待遇,包括工伤职工按照该条例规定取得的一次性伤残补助金、伤残津贴、一次性工伤医疗补助金、一次性伤残就业补助金、工伤医疗待遇、住院伙食补助费、外地就医交通食宿费用、工伤康复费用、辅助器具费用、生活护理费等,以及职工因工死亡,其近亲属按照该条例规定取得的丧葬补助金、供养亲属抚恤金和一次性工亡补助金等。

(16) 对个体工商户或个人,以及个人独资企业和合伙企业从事种植业、养殖业、饲养业和捕捞业(以下简称"四业"),取得的"四业"所得暂不征收个人所得税。

(17) 个人举报、协查各种违法、犯罪行为而获得的奖金。

(18) 个人办理代扣代缴税款手续,按规定取得的扣缴手续费。

(19) 个人转让自用达 5 年以上并且是唯一的家庭居住用房取得的所得。

(20) 对按《国务院关于高级专家离休退休若干问题的暂行规定》和《国务院办公厅关于杰出高级专家暂缓离休审批问题的通知》精神,达到离休、退休年龄,但确因工作需要,适当延长离休、退休年龄的高级专家，其在延长离休、退休期间的工资、薪金所得，视同退休工资、离休工资免征个人所得税。

（21）外籍个人从外商投资企业取得的股息、红利所得。

（22）凡符合下列条件之一的外籍专家取得的工资、薪金所得可免征个人所得税：

根据世界银行专项贷款协议由世界银行直接派往我国工作的外国专家；

联合国组织直接派往我国工作的专家；

为联合国援助项目来华工作的专家；

援助国派往我国专为该国无偿援助项目工作的专家，除工资、薪金外，其取得的生活津贴也免税。

根据两国政府签订文化交流项目来华工作2年以内的文教专家，其工资、薪金所得由该国负担的，免征个人所得税。此外，外国来华文教专家，在我国服务期间，由我方发工资、薪金，并对其住房、使用汽车、医疗实行免费"三包"，可只就其工资、薪金所得按照税法规定征收个人所得税；对我方免费提供的住房、使用汽车、医疗，可免予计算纳税。

根据我国大专院校国际交流项目来华工作2年以内的文教专家，其工资、薪金所得由该国负担的，免征个人所得税。

通过民间科研协定来华工作的专家，其工资、薪金所得由该国政府机构负担的，免征个人所得税。

（23）股权分置改革中非流通股股东通过对价方式向流通股股东支付的股份、现金等收入，暂免征收流通股股东应缴纳的个人所得税。

（24）对被拆迁人按照国家有关城镇房屋拆迁管理办法规定的标准取得的拆迁补偿款（含因棚户区改造而取得的拆迁补偿款），免征个人所得税。

（25）对个人投资者从投保基金公司取得的行政和解金，暂免征收个人所得税。

（26）对个人转让上市公司股票取得的所得暂免征收个人所得税。自2008年10月9日起，对证券市场个人投资者取得的证券交易结算资金利息所得，暂免征收个人所得税，即证券市场个人投资者的证券交易结算资金在2008年10月9日后（含10月9日）孳生的利息所得，暂免征收个人所得税。

（27）个人从公开发行和转让市场取得的上市公司股票，持股期限超过1年的，股息红利所得暂免征收个人所得税。个人从公开发行和转让市场取得的上市公司股票，持股期限在1个月以内（含1个月）的，其股息红利所得全额计入应纳税所得额；持股期限在1个月以上至1年（含1年）的，暂减按50%计入应纳税所得额；上述所得统一适用20%的税率计征个人所得税。本规定自2015年9月8日起施行。

自2019年7月1日至2024年6月30日，全国中小企业股份转让系统挂牌公司股息红利差别化个人所得税政策也按上述政策执行。

（28）个人取得的下列中奖所得，暂免征收个人所得税：

单张有奖发票奖金所得不超过800元（含800元）的，暂免征收个人所得税；个人取得单张有奖发票奖金所得超过800元的，应全额按照个人所得税法规定的"偶然开得"项目征收个人所得税。

购买社会福利有奖募捐奖券、体育彩票一次中奖收入不超过 10 000 元的暂免征收个人所得税,对一次中奖收入超过 10 000 元的,应按税法规定全额征税。

(29) 乡镇企业的职工和农民取得的青苗补偿费,属种植业的收益范围,同时,也属经济损失的补偿性收入,暂不征收个人所得税。

(30) 对由亚洲开发银行支付给我国公民或国民(包括为亚行执行任务的专家)的薪金和津贴,凡经亚洲开发银行确认这些人员为亚洲开发银行雇员或执行项目专家的,其取得的符合我国税法规定的有关薪金和津贴等报酬,免征个人所得税。

(31) 自原油期货对外开放之日起,对境外个人投资者投资中国境内原油期货取得的所得,三年内暂免征收个人所得税。

(32) 自 2018 年 1 月 1 日至 2020 年 12 月 31 日,对易地扶贫搬迁贫困人口按规定取得的住房建设补助资金、拆旧复垦奖励资金等与易地扶贫搬迁相关的货币化补偿和易地扶贫搬迁安置住房,免征个人所得税。

(33) 自 2020 年 1 月 1 日起,对参加疫情防治工作的医务人员和防疫工作者按照政府规定标准取得的临时性工作补助和奖金,免征个人所得税。政府规定标准包括各级政府规定的补助和奖金标准。对省级及省级以上人民政府规定的对参与疫情防控人员的临时性工作补助和奖金,比照执行。

单位发给个人用于预防新型冠状病毒感染的肺炎的药品、医疗用品和防护用品等实物(不包括现金),不计入工资、薪金收入,免征个人所得税。

(34) 经国务院财政部门批准免税的所得。

二、减税项目

(1) 个人投资者持有 2019—2023 年发行的铁路债券取得的利息收入,减按 50% 计入应纳税所得额计算征收个人所得税。税款由兑付机构在向个人投资者兑付利息时代扣代缴。铁路债券是指以中国铁路总公司为发行和偿还主体的债券,包括中国铁路建设债券、中期票据、短期融资券等债务融资工具。

(2) 自 2019 年 1 月 1 日起至 2023 年 12 月 31 日,一个纳税年度内在船航行时间累计满 183 天的远洋船员,其取得的工资、薪金收入减按 50% 计入应纳税所得额,依法缴纳个人所得税。这里所称的远洋船员是指在海事管理部门依法登记注册的国际航行船舶船员和在渔业管理部门依法登记注册的远洋渔业船员。在船航行时间是指远洋船员在国际航行或作业船舶和远洋渔业船舶上的工作天数。一个纳税年度内的在船航行时间为一个纳税年度内在船航行时间的累计天数。远洋船员可选择在当年预扣预缴税款或者次年个人所得税汇算清缴时享受上述减征优惠政策。

(3) 有下列情形之一的,经批准可以减征个人所得税:

① 残疾、孤老人员和烈属的所得。

② 因严重自然灾害造成重大损失的。

③ 其他经国务院财政部门批准减税的。

上述减税项目的减征幅度和期限,由省、自治区、直辖市人民政府规定。

对残疾人个人取得的劳动所得才适用减税规定,具体所得项目为:工资薪金所得、个体工商户的生产经营所得和经营所得、对企事业单位的承包和承租经营所得、劳务报酬所得、稿酬所得和特许权使用费所得。

 课程思政案例

老外欠税　不能出境

2020 年 7 月中旬,开封市地税局涉外分局获悉,开封人造板集团公司利用世行贷款从德国进口机器设备,且有德国技术人员正在对该批设备进行安装调试。开封人造板集团公司从德国引进中密板生产线的商务合同显示:外国企业除向中方企业销售机器设备外,还提供售后服务和包括安装、调试、培训等方面的劳务。时间自 2016 年 10 月到 2018 年 10 月。开封市地税局涉外分局依据合同条款,对照有关法律、法规、政策及《中德税收协定》,确认德国公司在华提供安装、调试、培训等劳务已构成常驻机构,公司和雇员应在中国境内缴纳营业税、外国企业所得税和个人所得税。他们于 7 月 31 日在省财政厅了解到,此项目贷款由世界银行依据工程进度分期付给境外公司,资金拨付情况中国政府不易掌握。

因世行贷款本身不含税,但世行贷款涉及的贸易活动应依法征税,世行不向境内企业支付贷款资金而直接支付给境外企业,让开封人造板集团公司代扣代缴税款没有法律依据,税务人员必须与外籍人员面对面交涉纳税事宜。税务人员向豪夫曼阐明:德方在开封销售设备并提供劳务,已构成常设机构,其企业和雇员应向中方缴税,责成豪夫曼提供所有在华德方雇员的护照、身份证件、派遣证明、工资证明及有关公证机关的有效证明。并按工作规程向外方企业送达了《责令限期改正通知书》,限其于 8 月 13 日前向开封市地税局涉外分局申报缴纳营业税和个人所得税。然而,豪夫曼声称其在德国已经完税,拒绝在《责令限期改正通知书》上签字。但按征管程序规定,送达者两人以上签字,视同文书送达。因此,《责令限期改正通知书》于 8 月 11 日生效。

8 月 14 日,开封市地税涉外分局没有得到德国公司和雇员的任何音讯。8 月 15 日,开封市地税局涉外分局获悉,豪夫曼要通过北京出境回德国。他们立即到企业核实情况,得到豪夫曼留下的一句话:有事可与德国克瓦纳公司驻京代表处马杭清女士联系。外方拒不申报,中方企业不积极配合,税务机关征税必将困难重重,弄不好,一分钱的税也征不到,税务人员心急如焚。他们决定向上级请示,申请对豪夫曼实行边防控制。

经过一系列烦琐的布控程序后,税务人员对他宣传了政策,要求他在规定的期间内提供德国的完税证原件等有关文书,又通知他,我方的政策依据及有关征税事宜随后以传真形式送达他们代表处,请他立即按传真内容回开封纳税,否则,税务机关无法撤控,他本人暂时无法出境。豪夫曼一时语塞。

而后德国公司代表处告诉税务人员,豪夫曼在德国没缴税,他现在在哈尔滨,他本人同意回京申报纳税,并希望税务机关原谅。初战告捷,8 月 21 日税务人员返回河南。8 月 24 日,北京代表处突然通知河南税务机关,他们要照会大使馆!声称他们已咨询了德国

律师,豪夫曼及雇员在中国的劳务不用向中国政府缴税。税务人员义正词严地告诉代理处:"《中德税收协定》所有条款对中国和德国法人及自然人是对等的。中国的税法更不容任何人加以歪曲。如果对中方税务机关执行政策有疑义,可以咨询德国国家税务机构,更可以咨询中国的国家税务总局。"

在税法的严肃性与一致性面前,对方终于放弃了打官司的念头。9月6日,德国企业驻京代表处将豪夫曼所欠税款及滞纳金共计13.1万元汇到开封入库。税务机关及时办理了撤控手续。

布控的成功,捍卫了我国税法的尊严。慑于税法的威严,德方企业及雇员又向开封税务机关缴纳营业税11.28万元、外国企业所得税12万元、个人所得税及滞纳金5万元。包括豪夫曼已缴纳的13.1万元,目前我方税务机关共向该德国企业及雇员征收税款及滞纳金41.38万元。

阻止出境是出入境管理机关依法对违反我国法律或者有未了结民事案件,以及其他法律不能离境等原因的外国人、中国公民告之不准离境、听候处理的一项法律制度,是国家实施主权管理的重要方面。

 **本章练习题**

一、名词解释

1. 个人所得税

2. 个人所得税征税对象

3. 个人所得税扣缴义务人

二、计算题

1. 居民个人张某与其妻子在某城市工作并居住。2020年与个人所得税汇算清缴相关的收入及支出如下:

(1) 全年从单位领取扣除按规定比例缴纳的社保费用和住房公积金后的工资共计120 000元,单位已为其预扣预缴个人所得税款1 404元。

(2) 出版一部作品,取得出版方分两次向其支付的稿酬20 000元。

(3) 每月按首套住房贷款利率为其购于某县城的自有房产偿还房贷2 000元。

(4) 在居住城市无自有住房,与其妻子一起租房居住,每月支付房租3 000元。

(其他相关资料:张某工作地城市为除直辖市、省会城市、计划单列市及国务院确定其他城市之外的市辖区人口超过100万的城市;以上专项附加扣除均由张某100%扣除)

附:综合所得个人所得税税率表(部分)

级数	全年应纳税所得额	税率(%)	速算扣除数
1	不超过36 000元的	3	0
2	超过36 000元至144 000元的部分	10	2 520
3	超过144 000元至300 000元的部分	20	16 920

要求:根据上述资料,按照下列序号回答问题,如有计算需计算出合计数。

(1) 从税后所得最大化出发,回答张某应选择享受的专项附加扣除并说明理由。

(2) 计算出版方支付稿酬所得应预扣预缴的个人所得税款。

(3) 计算张某可申请的个人所得税退税款。

(4) 张某如需办理 2020 年度个人所得税汇算清缴,回答其可选择哪些办理的渠道及受理的税务机关。

2. 国内某高校张教授 2020 年取得部分收入项目如下:

(1) 5 月份出版了一本书稿,获得稿酬 15 000 元,后因出版社添加印数,获得追加稿酬 5 000 元。

(2) 9 月份,教师节期间获得全国教学名师奖,获得教育部颁发的资金 50 000 元。

(3) 10 月份取得 5 年期国债利息收入 8 700 元,一年期储蓄存款利息收入 500 元,某上市公司发行的企业债利息收入 1 500 元。

(4) 11 月份因持有两年前购买的某上市公司股票 10 000 股,取得该公司年中股票分红所得 2 000 元,随后将该股票卖出,获得股票转让所得 50 000 元。

(5) 12 月份应 A 公司邀请给公司财务人员培训,取得收入 30 000 元,A 公司未履行代扣代缴个人所得税义务。

要求:根据上述资料,按照下列序号回答问题,如有计算需计算出合计数。

(1) 计算张教授 5 月份稿酬所得应缴纳的个人所得税。

(2) 9 月份张教授获得全国教学名师奖金是否需要纳税,说明理由。如需要,计算其应纳税额。

(3) 10 月份张教授取得的利息收入是否需要纳税,如需要计算器应纳税额。

(4) 11 月份张教授所得股息和股票转让所得是否需要纳税,说明理由,计算其应纳税额。

(5) 回答 A 公司未履行代扣代缴个人所得税义务应承担的法律责任,税务机关应对该项纳税事项如何进行处理?

三、思考题

1. 本章在个人所得税优惠政策解读小节中介绍了《个人所得税法》规定的免税项目、减税项目、暂免征税项目,其细分条目较多,其中不征个人所得税的差旅费津贴和误餐补助指的是什么? 有标准吗?

2. 个人所得税与我们个人联系最为紧密,从我们开始工作开始有收入我们就需要和个人所得税打交道,因此个人所得税的筹划显得尤为重要,如何利用合法合理的手段获取最大的节税效益成为我们需要思考的问题。学习本章的知识后思考可以从那些方面入手,进行个人所得税的筹划。

第七章　税收征收管理

本章重点

(1) 税收征收管理。
(2) 税务登记管理。
(3) 账簿、凭证管理。
(4) 纳税申报管理。
(5) 税务检查。
(6) 涉税双方的法律责任。

第一节　税收征收管理概述

一、税收征收管理的定义及依据

(一) 什么是税收征收管理

税务征收管理,简称税收征管,是指国家税务机关依照税收政策、法令、制度对税收分配全过程所进行的计划、组织、协调和监督控制的一种管理活动。国家的税务征管活动可以划分为两个层次:一是税收政策、法令、制度的制定,即税收立法;二是税收政策、法令、制度的执行,也就是税收的征收管理,即税收执法。

(二) 税收征收管理的法律依据

税收征收管理的基本法律依据有:《中华人民共和国税收征收管理法》《中华人民共和国刑法》《中华人民共和国行政诉讼法》《中华人民共和国行政复议法》等法律。

税收的开征、停征以及减税、免税、退税、补税,都应该按照法律规定来执行;如果法律授权国务院规定的,按照国务院制定的行政法规执行;与税收法律、行政法规相抵触的决定,税务机关有权拒绝执行。

任何单位和个人都有权检举违反税收法律、行政法规的行为,收到检举的机关和负责查处的机关应当为检举人保密,税务机关应当按照规定给予奖励。

二、税收征收管理的内容

税收征收管理工作主要内容包括管理、征收、检查三方面内容。

（1）税务管理。税务管理是指对纳税人的纳税情况进行经常性的指导和督促，包括税务登记、纳税鉴定、纳税辅导、账务票证管理和减免税管理等。

（2）税款征收。税款征收是指基层税务机关依法核定计税依据，依率计征，并按照一定方法，组织税款入库，其中包括申报纳税、税款征收等环节。

（3）税务检查。税务检查是对管理和征收进行事后监督的一种形式，通过检查可以考核管理和征收的质量，发现税务违章行为，并依法给予及时处理。

此外，税收宣传，发动群众协税护税，做好促产增税，也是税收征收管理工作重要的内容。

第二节　税务管理与税务检查

一、税务登记管理

（一）什么是税务登记

税务登记是整个税收征管的首要环节，是税务机关对纳税人的生产经营进行登记管理的一项基本制度，也是纳税人已经纳入税务机关监督管理的一项证明。税务登记是指纳税人为依法履行纳税义务就有关纳税事宜依法向税务机关办理登记的一种法定手续。纳税人必须按照税法规定的期限办理开业税务登记、变更税务登记或注销税务登记。

（二）税务登记管理的内容

税务登记管理的内容包括开业登记，变更登记，停、复业登记，注销登记，《税务登记证》验证、换证，非正常户处理，税收证明管理。

（三）哪些纳税人需要办理开业税务登记

企业、企业在外地设立的分支机构和从事生产经营的场所，个体工商户和从事生产、经营的事业单位（统称从事生产、经营的纳税人）以及非从事生产经营但依照法律、行政法规的规定负有纳税义务的单位和个人，均需办理税务登记或注册税务登记。

（四）纳税人怎样办理开业税务登记

企业、企业在外地设立的分支机构和从事生产、经营的场所，个体工商户和从事生产、经营的事业单位，应当自领取营业执照之日起 30 日内，向其所在地税务机关申请办理税务登记。前款规定以外的纳税人，除国家机关和个人外，应当自纳税义务发生之日起 30 日内，向其所在地税务机关申请办理税务登记。税务登记的审核及发证工作应当自受理之日起 30 日内完成。

1. 申请

纳税人新开业，应在规定的期限内向其所在地税务机关申请办理税务登记，领取并填写《税务登记表》《纳税人税种登记表》；符合增值税一般纳税人、金银首饰消费税纳税人、社会福利企业、校办企业等条件的纳税人，还应领取并填写《增值税一般纳税人申请认定表》《金银首饰消费税纳税人认定登记表》《社会福利企业证书申请表》《校办企业资格审查表》等。

纳税人按规定填好上述表格后,将表格提交给税务机关登记管理环节,并附送下列资料。

(1) 营业执照或其他核准执业证件原件及复印件。

(2) 有关合同、章程、协议书复印件。

(3) 银行账号证明。

(4) 居民身份证、护照或者其他合法证件。

(5) 组织机构统一代码证书及复印件。

(6) 住所或经营场所证明。

(7) 税务机关需要的其他资料。

2. 受理

税务登记管理环节受理、审阅纳税人填报的表格是否符合要求,附送的资料是否齐全。符合条件的,开具《税务文书领取通知单》交给纳税人。

3. 审核

税务登记管理环节对纳税人填报的表格和附送的资料进行审核:

(1) 审核居民身份证号码是否有在案未履行纳税义务的记录。

(2) 审核组织机构统一代码是否有重码问题。

(3) 按程序审批纳税人报送的《增值税一般纳税人申请认定表》《金银首饰消费税纳税人认定登记表》《社会福利企业证书申请表》《校办企业资格审查表》等。

(4) 必要时可对有关情况进行实地调查。

审核后符合规定的,在《税务登记表》中核定税务登记有效期限,加盖税务机关公章或税务登记专用章、经办人员签章等。

4. 发证

税务登记管理环节根据审核意见制作《税务登记证》(正、副本)。纳税人按规定缴纳工本费后,凭《税务文书领取通知单》领取《税务登记证》及《税务登记表》等有关材料。

(五) 纳税人发生哪些情况时应当办理变更税务登记

纳税人改变名称、法定代表人或者业主姓名、经济类型、经济性质、住所或者经营地点(指不涉及改变主管税务机关变动的)、生产经营范围、经营方式、开户银行及账号等内容的,纳税人应当自工商行政管理机关办理变更登记之日起 30 日内,持下列有关证件向原主管国家税务机关提出变更登记书面申请报告。

(六) 纳税人怎样办理变更税务登记

纳税人的税务登记内容发生变化的,应当依法向原税务登记机关申报办理变更税务登记。纳税人变更税务登记有两种情况。

(1) 纳税人变更生产、经营内容,需要有工商行政管理机关或其他机关批准的,要在工商行政管理机关或其他机关办理变更登记之日起 30 日内,持有关证件向主管税务机关申报办理变更税务登记。

(2) 纳税人税务登记内容发生变化,不需要到工商行政管理机关或其他机关办理变更登记的,应当自发生变化之日起30日内,持有关证件向原税务登记机关申报办理变更税务登记。

纳税人办理变更税务需提供以下资料。

(1)变更税务登记申请书。

(2)变更登记的有关证明文件。

(3)税务机关发放的原税务登记证件(包括税务登记证及其副本、税务登记等)。

(4)其他有关资料。

另外,纳税人办理变更税务登记应按规定缴付工本管理费。

(七)纳税人发生哪些情况时应当办理注销税务登记

企业在下列情况下,应当在向工商行政管理机关办理注销登记前,持有关证件,向原税务登记机关申报办理注销税务登记。

(1)纳税人发生解散、破产、撤销的。

(2)纳税人被工商行政管理机关吊销营业执照的。

(3)纳税人因住所、经营地点或产权关系变更而涉及改变主管税务机关的。

(4)纳税人发生的其他应办理注销税务登记情况的。

(八)纳税人怎样办理注销税务登记

纳税人发生解散、破产、撤销以及其他情形,依法终止纳税义务的,应当在向工商行政管理机关办理注销登记前,持有关证件向原税务主管机关申报办理注销税务登记。

按照规定不需要在工商行政管理机关办理注册登记的,应当自有关机关批准或宣告终止之日起15日内,持有关证件向原税务主管机关申报办理注销税务登记。

纳税人因住所、经营地点变动而涉及改变税务登记机关的,应当在向工商行政管理机关申请办理变更或注销登记前或者住所、经营地点变动前,向原税务主管机关申报办理注销税务登记,再向迁入地税务机关申请办理税务登记。

纳税人被工商行政管理机关吊销营业执照的,应当自营业执照被吊销之日起15日内,向原税务主管机关申报办理注销税务登记。

纳税人在办理注销税务登记前,应当向原主管税务机关结清应纳税款、滞纳金、罚款。

(1)以上纳税人向主管税务机关申请办理注销登记,领取并按规定填写《注销税务登记申请审批表》。

(2)纳税人将填写好的《注销税务登记申请审批表》送交主管税务机关,并提供下列有关证件、证明、资料。

① 主管部门或董事会(职代会)的决议以及其他有关证件。

② 原主管税务机关核发的税务登记证件正副本。

③ 发票专用章、《发票领购簿》、剩余的空白发票。

④ 金税卡、IC卡和读卡器(适用于一般纳税人)。

⑤ 主管税务机关要求提供的其他有关证件、证明、资料。

(3)原主管税务机关对纳税人提供的上述证件、证明、资料核实无误后,清理收缴纳税人的原税务登记证件正副本、《发票领购簿》、剩余的空白发票及一般纳税人金税卡、IC

卡和读卡器。

（4）原主管税务机关在纳税人履行相关手续后，将签注审核意见后的《注销税务登记申请审批表》退还一份给纳税人；如纳税人不能按期结清应纳税款、滞纳金、罚款的，原主管税务机关应依法处理。

（5）纳税人属于跨区域迁移的，应凭《纳税人迁移通知书》和变更后的工商执照或其他核准执业证件，以及办理税务登记所需要的资料，到迁达地税务机关或税务登记受理处重新办理税务登记。

（九）如何办理停业、复业登记

（1）纳税人因特殊原因需要停业（歇业）的，应当自开始停业（歇业）之日起 5 日内向主管税务所提出停业书面申请。

（2）纳税人应按下列程序办理停业（歇业）：

① 由纳税人提出书面申请并经有关机关批准后，到办税中心指定窗口领取停业申请审批表一式三份；

② 纳税人应向主管税务所清缴应纳税款，发票及其他税收资料；

③ 按程序逐级审批后，交税务所执行。

（3）纳税人停业期满应复业的，应当自停业期满之日起 5 日内持原停业申请审批表向主管税务所申请复业，具体程序按复业申请表办理，纳税人未按规定期限申请复业或在停业期间进行营业而不申报纳税的，将依照《税收征管法》有关规定处罚。

（十）税务登记证是否需要审验，如何审验

税务机关对税务登记证件实行定期验证和更换制度，1 年验证一次，3 年更换一次。纳税人应当在规定的期限内，持有关证件到主管税务机关办理验证或更换手续。纳税人遗失税务登记证件的，应当在税务机关规定的期限内，向主管税务机关提交书面报告，及时申请补发，经税务机关审核后，予以补发。税务登记证件只限本纳税单位和个人使用，并亮证经营，不得转借、转让给其他单位和个人，严禁涂改或私毁税务登记证件，更不得非法买卖或伪造。纳税人要妥善保管税务登记证件。

（1）税务机关对税务登记证件实行定期验证和换证制度。纳税人应当在规定的期限内持有关证件到主管税务机关办理验证或者换证手续。

（2）纳税人应当将税务登记证件正本在其生产、经营场所或者办公场所公开悬挂，接受税务机关检查。

（3）纳税人遗失税务登记证件的，应当在 15 日内书面报告主管税务机关，并登报声明作废。

（4）从事生产、经营的纳税人到外县（市）临时从事生产、经营活动的，应当持税务登记证副本和所在地税务机关填开的外出经营活动税收管理证明，向营业地税务机关报验登记，接受税务管理。

（5）从事生产、经营的纳税人外出经营，在同一地累计超过 180 天的，应当在营业地办理税务登记手续。

二、账簿、凭证管理

（一）账簿设立

（1）从事生产、经营的纳税人应当在领取营业执照或者发生纳税义务之日起 15 日内按照规定设置总账、明细账、日记账以及其他辅助性账簿，其中总账、日记账必须采用订本式。

生产经营规模小又确无建账能力的个体工商业户，可以聘请注册会计师或者经主管国家税务机关认可的财会人员代为建账和办理账务；聘请注册会计师或者经主管国家税务机关认可的财会人员有实际困难的，经县（市）以上国家税务局批准，可以按照国家税务机关的规定，建立收支凭证粘贴簿、进货销货登记簿等。扣缴义务人应当自税收法律、行政法规规定的扣缴义务发生之日起 15 日内，按照所代扣、代收的税种，分别设置代扣代缴、代收代缴税款账簿。

（2）纳税人、扣缴义务人采用电子计算机记账的，对于会计制度健全，能够通过电子计算机正确、完整计算其收入、所得的，其电子计算机储存和输出的会计记录，可视同会计账簿，但应按期打印成书面记录并完整保存；对于会计制度不健全，不能通过电子计算机正确、完整反映其收入、所得的，应当建立总账和与纳税或者代扣代缴、代收代缴税款有关的其他账簿。

（3）从事生产、经营的纳税人应当自领取税务登记证件之日起 15 日内，将其财务、会计制度或者财务、会计处理办法报送主管国家税务机关备案。纳税人、扣缴义务人采用计算机记账的，应当在使用前将其记账软件、程序和使用说明书及有关资料报送主管国家税务机关备案。

（二）记账核算

（1）纳税人、扣缴义务人必须根据合法、有效凭证进行记账核算。

（2）纳税人、扣缴义务人应当按照报送主管国家税务机关备案的财务、会计制度或财务、会计处理办法，真实、序时逐笔记账核算；纳税人所使用的财务、会计制度和具体的财务、会计处理办法与有关税收方面的规定不一致时，纳税人可以继续使用原有的财务、会计制度和具体的财务、会计处理办法，进行会计核算，但在计算应纳税额时，必须按照税收法规的规定计算纳税。

（三）账簿保管

（1）会计人员在年度结束后，应将各种账簿、凭证和有关资料按顺序装订成册，统一编号、归档保管。

（2）纳税人的账簿（包括收支凭证粘贴簿、进销货登记簿）、会计凭证、报表和完税凭证及其他有关纳税资料，除另有规定者外，保存 10 年，保存期满需要销毁时，应编制销毁清册，经主管国家税务机关批准后方可销毁。

（3）账簿、记账凭证、完税凭证及其他有关资料不得伪造、变造或者擅自损毁。

（四）税收证明管理

（1）实行查账征收方式缴纳税款的纳税人到外地从事生产、经营、提供劳务的，应当向机构所在地主管国家税务机关提出书面申请报告,写明外出经营的理由、外销商品的名称、数量、所需时间,并提供税务登记证或副本,由主管国家税务机关审查核准后签发《外出经营活动税收管理证明》。

(2) 乡、镇、村集体和其他单位及农民个人在本县(市、区)内(含邻县的毗邻乡、镇)集贸市场出售自产自销农、林、牧、水产品需要《自产自销证明》的,应持基层行政单位(村委会)出具的证明,到主管国家税务机关申请办理。

(3) 纳税人销售货物向购买方开具发票后,发生退货或销售折让,如果购货方已付购货款或者货款未付但已作财务处理,发票联及抵扣联无法收回的,纳税人应回购货方索取其机构所在地主管国家税务机关开具的进货退出或者索取折让证明,作为开具红字专用发票的合法依据。

(五) 违反账簿、凭证管理的法律责任

(1) 纳税人有下列行为之一,经主管国家税务机关责令限期改正,逾期不改正的,由国家税务机关处以 2 000 元以下的罚款;情节严重的,处以 2 000 元以上 1 万元以下的罚款:未按规定设置、保管账簿或者保管记账凭证和有关资料的;未按规定将财务、会计制度或者财务会计处理办法报送国家税务机关备查的。

(2) 扣缴义务人未按照规定设置、保管代扣代缴、代收代缴税款账簿或者保管代扣代缴、代收代缴税款记账凭证及有关资料的,经主管国家税务机关责令限期改正,逾期不改正的,由国家税务机关处以 2 000 元以下的罚款;情节严重的,处以 2 000 元以上 5 000 元以下的罚款。

(六) 如何进行发票管理

1. 发票领购的适用范围

(1) 依法办理税务登记的单位和个人,在领取《税务登记证》后可以申请领购发票,属于法定的发票领购对象。

(2) 依法不需要办理税务登记的单位,发生临时经营业务需要使用发票的,可以凭单位介绍信和其他有效证件,到税务机关代开发票。

(3) 临时到本省、自治区、直辖市以外从事经营活动的单位和个人,凭所在地税务机关开具的《出经营税收管理证明》,在办理纳税担保的前提下,可向经营地税务机关申请领购经营地的发票。

2. 发票领购手续

按照发票管理法规的规定:申请领购发票的单位和个人应当提出购票申请,提供经办人身份证明、税务登记证件及财务印章、发票专用章的印模等资料,经主管税务机关审核后发给《发票领购簿》。领购发票的单位和个人凭《发票领购簿》核准的种类、数量以及购票方式,向主管税务机关领购发票。需要临时使用发票的单位和个人,可以直接向税务机关申请办理发票的开具。

对于跨省、市、自治区从事临时经营活动的单位和个人申请领购发票,税务机关要求提供保证人,或者缴纳不超过 1 万元的保证金,并限期缴销发票。

三、纳税申报管理

（一）什么是纳税申报，需要申报哪些材料

纳税人必须依照法律、行政法规规定或者税务机关依照法律、行政法规的规定确定的申报期限、申报内容如实办理纳税申报，报送纳税申报表、财务会计报表以及税务机关根据实际需要要求纳税人报送的其他纳税资料。具体包括：

（1）财务会计报表及其他说明材料。

（2）与纳税有关的合同、协议书及凭证。

（3）税控装置的电子报税资料。

（4）外出经营活动税收管理证明和异地完税凭证。

（5）境内或者境外公证机构出具的有关证明文件。

（6）税务机关规定应当报送的其他有关证件、资料。

扣缴义务人必须依照法律、行政法规规定或者税务机关依照法律、行政法规的规定确定的申报期限、申报内容如实报送代扣代缴、代收代缴税款报告表以及税务机关根据实际需要要求扣缴义务人报送的其他有关资料。具体包括：税种、税目，应纳税项目或者应代扣代缴、代收代缴税款项目，计税依据，扣除项目及标准，适用税率或者单位税额，应退税项目及税额，应减免项目及税额，应纳税额或者应代扣代缴、代收代缴税额，税款所属期限、延期缴纳税款、欠税、滞纳金等。

（二）纳税申报的方式

（1）自行申报。纳税人、扣缴义务人按照规定的期限自行到主管税务机关办理纳税申报手续。

（2）邮寄申报。经税务机关批准，纳税人、扣缴义务人可以采取邮寄申报的方式，将纳税申报表及有关的纳税资料通过邮局寄送主管税务机关。

（3）电文方式。数据电文方式，是指税务机关确定的电话语音、电子数据交换和网络传输等电子方式。纳税人采取电子方式办理纳税申报的，应当按照税务机关规定的期限和要求保存有关资料，并定期书面报送主管税务机关。

（4）代理申报。纳税人、扣缴义务人可以委托注册税务师办理纳税申报。

（三）纳税申报的具体要求

（1）纳税人、扣缴义务人，不论当期是否发生纳税义务，除经税务机关批准外，均应按规定办理纳税申报或者报送代扣代缴、代收代缴税款报告表。

（2）实行定期定额方式缴纳税款的纳税人，可以实行简易申报、简并征期等申报纳税方式。

（3）纳税人享受减税、免税待遇的，在减税、免税期间应当按照规定办理纳税申报。

（4）纳税人、扣缴义务人按照规定的期限办理纳税申报或者报送代扣代缴、代收代缴税款报告表确有困难，需要延期的，应当在规定的期限内向税务机关提出书面延期申请，经税务机关核准，在核准的期限内办理。

（四）纳税人如何进行纳税申报

纳税人办理纳税申报时，应当如实填写纳税申报表，并根据不同的情况相应报送下列有关证件、资料。

（1）财务会计报表及其说明材料。

（2）与纳税有关的合同、协议书及凭证。

（3）税控装置的电子报税资料。

（4）外出经营活动税收管理证明和异地完税凭证。

（5）境内或者境外公证机构出具的有关证明文件。

（五）纳税人怎样办理延期申报

纳税人因特殊原因在征收期内不能按时申报的，可以在征收期结束前 5 日内填写《延期申报申请表》报主管税务所（分局），税务机关审批后，下达《核准延期申报通知书》给纳税人。

纳税人或扣缴义务人经主管税务机关批准，延期向税务机关办理纳税申报、报送纳税申报表、代扣代缴或代收代缴税款报告表及其他纳税资料的行为。在正常情况下，纳税人必须按期进行纳税申报，只有因特殊困难，才能在规定的期限内向税务机关提出书面延期申请，经税务机关核准，在核准的期限内办理。

四、税务检查

（一）什么是税务检查

税务检查是税务机关依照税收法律、行政法规的规定，对纳税人、扣缴义务人履行纳税义务或者扣缴义务及其他有关税务事项进行审查、核实、监督活动的总称。它是税收征收管理工作的一项重要内容，是确保国家财政收入和税收法律、法规贯彻落实的重要手段。

（二）税务检查的形式与方法

（1）检查纳税人的账簿、记账凭证、报表和有关资料；检查扣缴义务人代扣代缴、代收代缴税款账簿、记账凭证和有关资料。

（2）到纳税人的生产、经营场所和货物存放地检查纳税人应纳税的商品、货物或者其他财产；检查扣缴义务人与代扣代缴、代收代缴税款有关的经营情况。

（3）责成纳税人、扣缴义务人提供与纳税或者代扣代缴、代收代缴税款有关的文件、证明材料和有关资料。

（4）询问纳税人、扣缴义务人与纳税或者代扣代缴、代收代缴税款有关的问题和情况。

（5）到车站、码头、机场、邮政企业及其分支机构检查纳税人托运、邮寄应纳税商品、货物或者其他财产的有关单据、凭证和有关资料。

（6）经县以上税务局（分局）局长批准，凭全国统一格式的检查存款账户许可证明，查核从事生产、经营的纳税人、扣缴义务人在银行或者其他金融机构的存款账户；税务机关在调查税收违法案件时，经设区的市、自治州以上税务局（分局）局长批准，可以查询案件涉嫌人员的储蓄存款,税务机关查询所获得的资料,不得用于税收以外的用途。

税务机关派出的人员进行税务检查时,应当出示税务检查证件;无税务检查证件,纳税人、扣缴义务人及其他当事人有权拒绝检查。同时,被检查的纳税人、扣缴义务人及其他当事人应如实反映情况,提供资料,不得拒绝、隐瞒。

第三节 涉税双方的法律责任

一、法律责任的含义

法律责任是指行为人由于违法行为、违约行为,或者由于法律规定而应承受的某种不利的法律后果。法律责任的产生会导致不利后果。法律责任保证法律义务得以履行的手段。

二、纳税人违反税务管理的行为及处罚

(1) 纳税人有下列行为之一的,由税务机关责令限期改正,可以处以 2 000 元以下的罚款;情节严重的,处以 2 000 元以上 1 万元以下的罚款:未按照规定的期限申报办理税务登记、变更或注销登记的;未按照规定设置、保管账簿或者保管记账凭证和有关资料的;未按照规定将财务、会计制度或财务会计处理办法和会计核算软件报送税务机关备案的;未按照规定将其全部银行账号向税务机关报告的;未按照规定安装、使用税控装置,或者损毁或者擅自改动税控装置的;纳税人未按照规定办理税务登记证件验证或者换证手续的。

(2) 纳税人不办理税务登记的,由税务机关责令限期改正;逾期不改正的,经税务机关提请,由工商行政管理机关吊销其营业执照。

纳税人未按照规定使用税务登记证件,或者转借、涂改、损毁、买卖、伪造税务登记证件的,处 2 000 元以上 1 万元以下的罚款;情节严重的,处 1 万元以上 5 万元以下的罚款。

(3) 扣缴义务人未按规定设置、保管代扣代缴、代收代缴税款账簿或者保管代扣代缴、代收代缴税款记账凭证及有关资料的,由税务机关责令改正;可处以 2 000 元以下的罚款;情节严重的,处以 2 000 元以上 5 000 元以下的罚款。

(4) 纳税人、扣缴义务人未按规定的期限办理纳税申报和报送纳税资料的,或者扣缴义务人未按照规定的期限向税务机关报送代扣代缴、代收代缴税款报告表和有关资料的,由税务机关责令限期改正,可处以 2 000 元以下的罚款;情节严重的,可处以 2 000 元以上 1 万元以下的罚款。

三、纳税人的欠税行为及处罚

欠税是指纳税人、扣缴义务人逾期未缴纳税款的行为。纳税人欠缴应纳税款,采取转移或者隐匿财产的手段,妨碍税务机关追缴欠缴的税款的,由税务机关追缴欠缴

的税款、滞纳金，并处以欠缴税款 50％以上 5 倍以下的罚款，构成犯罪的，依法追究刑事责任。扣缴义务人应扣未扣、应收而不收税款的，由税务机关向纳税人追缴税款，对扣缴义务人处应扣未扣、应收未收税款 50％以上 3 倍以下罚款。

四、偷税行为及处罚

偷税是指纳税人采取伪造、变造、隐匿、擅自销毁账簿、记账凭证，在账簿上多列支出或者不列、少列收入，或者经税务机关通知申报而拒不申报或者进行虚假的纳税申报的手段，不缴或者少缴应纳税款的行为。

对纳税人偷税的，由税务机关追缴其不缴或少缴的税款、滞纳金，并处不缴或者少缴的税款 50％以上 5 倍以下的罚款；构成犯罪的，依法追究刑事责任。

扣缴义务人采取前款所列手段，不缴或者少缴已扣、已收税款，由税务机关追缴其不缴或者少缴的税款、滞纳金，并处不缴或者少缴的税款 50％以上 5 倍以下的罚款；构成犯罪的，依法追究刑事责任。

纳税人、扣缴义务人编造虚假计税依据的，由税务机关责令限期改正，并处 5 万元以下罚款。

纳税人不进行纳税申报，不缴或者少缴应纳税款的，由税务机关追缴其不缴或者少缴的税款、滞纳金，并处不缴或者少缴税款 50％以上 5 倍以下的罚款。

五、抗税行为及处罚

抗税是指纳税人、扣缴义务人以暴力威胁方法拒绝缴纳税款的行为。依照《税收征管法》及《刑法》有关条款的规定，情节轻微、未构成犯罪的，由税务机关追缴其拒缴的税款、滞纳金，并处以拒缴税款 1 倍以上 5 倍以下的罚款。构成犯罪的，处 3 年以下有期徒刑或者拘役，并处拒缴税款 1 倍以上 5 倍以下罚金；情节严重的，处 3 年以上 7 年以下有期徒刑，并处拒缴税款 1 倍以上 5 倍以下罚金。以暴力方法抗税，致人重伤或者死亡的，按伤害罪、杀人罪从重处罚，并处罚金。

六、行贿行为及处罚

纳税人向税务人员行贿，不缴或者少缴应纳税款的，依照《刑法》行贿罪追究刑事责任，并处不缴或者少缴的税款 5 倍以下的罚金。《刑法》第三百九十条规定："对犯行贿罪的，处 5 年以下有期徒刑或者拘役；因行贿谋取不正当利益，情节严重的，或者使国家利益遭受重大损失的，处 5 年以上 10 年以下有期徒刑；情节特别严重的，处 10 年以上有期徒刑或者无期徒刑，可以并处没收财产。"

七、骗税行为及处罚

骗税是指纳税人以假报出口或者其他欺骗手段，骗取国家出口退税款的行为。依照《税收征管法》及《刑法》有关条款的规定，由税务机关追缴其骗取的出口退税款，并处骗取税款 1 倍以上 5 倍以下的罚金。构成犯罪的，即以假报出口或者其他欺骗手段，骗取国家出口退税款,数额较大的,处 5 年以下有期徒刑或者拘役,并处骗取税款 1 倍以上 5 倍以下罚金,数额巨大或者有其他严重情节的,处 5 年以上 10 年以下有期徒刑,并处骗取税款 1 倍以上 5 倍以下罚金;数额特别巨大或者有其他特别严重情节的,处 10 年以上有期徒刑,或者无期徒刑,并处骗取税款 1 倍以上 5 倍以下罚金或者没收财产。

纳税人缴纳税款后,采取前款规定的欺骗方法,骗取所缴纳的税款的,依照《刑法》第二百零一条规定处罚;骗取税款超过所缴纳的税款部分,依照前款规定处罚。

对骗取国家出口退税款的,税务机关可以在规定的期间内停止为其办理出口退税。

八、其他违法行为及处罚

(1) 非法印制、转借、倒卖、变造或者伪造完税凭证的,由税务机关责令改正,处 2 000 元以上 1 万元以下的罚款;情节严重的,处 1 万元以上 5 万元以下的罚款;构成犯罪的,依法追究刑事责任。

(2) 银行及其他金融机构未依照《税收征管法》的规定在从事生产、经营的纳税人的账户中登录税务登记证件号码,或者未按规定在税务登记证件中登录从事生产、经营的纳税人的账户账号的,由税务机关责令限期改正,处 2 000 元以上 2 万元以下的罚款;情节严重的,处 2 万元以上 5 万元以下的罚款。

(3) 为纳税人、扣缴义务人非法提供银行账户、发票、证明或者其他方便,导致未缴、少缴税款或者骗取国家出口退税款的,税务机关除没收违法所得外,可以处未缴、少缴或者骗取的税款 1 倍以下的罚款。

(4) 税务机关依照《征管法》,到车站、码头、机场、邮政企业及其分支机构检查纳税人有关情况时,有关单位拒绝的,由税务机关责令改正,可以处 1 万元以下的罚款;情节严重的,处 1 万元以上 5 万元以下的罚款。

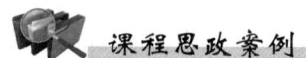 课程思政案例

振东制药:按率核定征收之后补缴税款

2007 年公司采用按率核定征收企业所得税,但是根据国税发〔2008〕30 号《企业所得税核定征收办法(试行)》,公司在此期间已不符合核定征收的法定条件;当地政府为了促进本地产业结构转型,提升本地产业的科技含量,同意公司延续原核定征收方式缴纳企业所得税,实质上减轻了企业税收负担。

为了进一步规范企业管理水平,2010 年 6 月 8 日振东制药向管辖税务机关申请 2007 年度按查账征收方式缴纳企业所得税;并已按照查账征收 33% 所得税税率与核定征收所得税税率之间的差额,补缴了 2007 年度的所得税款 8 565 270.25 元。

2009 年 7 月 22 日,山西省长治县地方税务局出具《关于山西振东制药股份有司公司企业所得税按率核定征收方式的确认函》,内容如下:"为促进本地产业结构转型,提升本地企业的科技含量,根据《企业所得税法》及《细则》征收方式之规定,对我辖区内高新技术企业山西振东制药股份有限公司 2006 年、2007 年企业所得税实行过核定征收方式,现就

此事项予以确认。"

2010年6月8日,管辖税务机关出具《关于山西振东制药股份有限公司企业所得税征收方式的确认文件》对该事项再次确认。全文具体内容如下:我辖区内山西振东制药股份有限公司(以下简称"振东制药")的前身山西金晶药业有限公司(以下简称"金晶药业")于1995年成立,由于当时经营规模较小,经主管税务机关核定,按照核定征收方式缴纳企业所得税。

山西振东实业有限公司(后更名为山西振东实业集团有限公司)于2001年收购重组振东制药前身金晶药业,振东制药2003年初完成GMP认证,2005年后随着振东制药经营规模的不断扩大,企业所得税缴纳方式按相关规定应改为查账征收方式;鉴于振东制药2005年获得高新技术企业证书,但是按当时法律规定注册地不在国家高新技术产业区内不能享受15%的所得税税率优惠,为了促进当地产业结构调整,鼓励高新技术产业发展,当地税收征管部门允许振东制药延续按率核定征收缴纳企业所得税,延续原程序按年申报。

根据《中华人民共和国企业所得税法》(自2008年1月1日起实施)的有关规定,振东制药可以享受15%的高新技术企业所得税优惠税率;该企业经税务机关批准同意从2008年开始改按查账征收方式缴纳企业所得税。

为了进一步规范企业经营,振东制药向管辖税务机关申请2007年度按查账征收方式缴纳企业所得税;目前已按照查账征收33%所得税税率与核定征收所得税税率之间的差额,补缴了2007年度的所得税款8 565 270.25元,并已将企业所得税征收方式自2007年度起变更为查账征收。

根据税务机关历年税务年检及检查情况,振东制药均依法纳税,该企业编制财务报表以实际发生的交易或者事项为依据,2006年至今会计基础工作规范,财务报表的编制符合企业会计准则和相关会计制度的规定。

鉴于公司已将2007年税收征收方式变更为查账征收并补缴相关税款差额,管辖税务机关已出具关于税收征收方式的确认文件、税收合规证明,振东集团出具承诺承担相关责任,保荐机构认为,由税收征收方式引致的影响已消除,振东集团有能力承担该项责任,该事项对发行人已经没有重大影响。

不管采用何种征管方式,都要注意一些易遗漏的申报税种,比如购买方企业可转换债券,在其持有期间按照约定利率取得的利息收入,应当依法申报缴纳。

 **本章练习题**

一、名词解释

1. 税法征收管理
2. 税务登记
3. 纳税申报
4. 税务检查

5. 涉税双方的法律责任

6. 欠税

7. 偷税

8. 抗税

9. 骗税

二、计算题

本章为概念性章节无计算题。

三、思考题

1. 某化妆品厂为增值税一般纳税人,2020 年已缴纳增值税 100 万元,消费税 200 万元,城建税 21 万元,企业所得税 50 万元。2021 年税务机关检查中发现该企业在 2020 年账簿上虚列成本费用 90 万元,假设不考虑除企业所得税以外的其他税费,请思考对这种行为应如何处罚。

2. 本章介绍了税收征收管理涉及的诸多内容,为加强记忆试用表格的形式总结社会双方的法律责任。(对纳税人偷税、骗税、抗税、欠税、虚假申报、不申报行为的认定及其法律责任)

参 考 文 献

［1］蔡昌.税务筹划[M].北京:经济科学出版社,2016.

［2］胡绍雨,熊媛.企业税收筹划[M].2版.上海:立信会计出版社,2017.

［3］黄凤羽.税务会计与税收筹划[M].北京:人民邮电出版社,2017.

［4］丁芸.税收筹划[M].北京:经济科学出版社,2017.

［5］蔡昌.税收筹划:理论、实务与案例[M].3版.北京:中国人民大学出版社,2020.

［6］应小陆.税务筹划[M].2版.上海:上海财经大学出版社,2018.

［7］魏国升.服务企业纳税节税操作实务[M].北京:中华工商联合出版社,2018.

［8］杜威.税收筹划[M].北京:经济科学出版社,2019.

［9］翟继光,倪伟杰.企业纳税筹划实用技巧与典型案例分析[M].上海:立信会计出版
社,2021.

［10］翟继光,李亚雄.新税法下企业纳税筹划[M].7版.北京:电子工业出版社,2021.

［11］计金标.税收筹划[M].7版.北京:中国人民大学出版社,2019.